왕초보 창업자 & 왕초보 주식투자자를 위한 회계지능 100배 키우기
재무제표 100문 100답

재무제표 100문 100답

지은이 | 곽상빈
발행처 | 도서출판 평단
발행인 | 최석두

신고번호 | 제2015-00132호
신고연월일 | 1988년 7월 6일

초판 1쇄 발행 | 2018년 5월 25일
초판 4쇄 발행 | 2020년 8월 20일

우편번호 | 10594
주소 | 경기도 고양시 덕양구 통일로 140(동산동 376)
  삼송테크노밸리 A동 351호
전화번호 | (02) 325-8144(代)
팩스번호 | (02) 325-8143
이 메 일 | pyongdan@daum.net

ISBN | 978-89-7343-508-1 13320

값 · 16,000원

ⓒ 곽상빈, 2018, Printed in Korea

※잘못된 책은 구입하신 곳에서 바꾸어 드립니다.

이 도서의 국립중앙도서관 출판예정도서목록(CIP)은 서지정보유통지원시스템 홈페이지(seoji.nl.go.kr)와 국가자료공동목록시스템
(www.nl.go.kr/kolisnet)에서 이용하실 수 있습니다. (CIP 제어번호: CIP2018014633)
※저작권법에 의하여 저작자 및 출판사 허락 없이 무단 전재 및 복제, 인용을 금합니다.

재무제표
100문 100답

왕초보 창업자 & 왕초보 주식투자자를 위한 회계지능 100배 키우기

곽상빈 지음

기업자금관리사, 증권투자상담사,
공인회계사가 말하는 재무제표 읽는 법

평단

> 프롤로그

경제생활에서 재무제표와
회계지식은 필수다

    회계나 재무제표라는 말만 들으면 경영학을 전공한 전공자라고 해도 "너무 어렵다", "나는 봐도 이해하지 못한다"고 말하곤 한다. 회계會計는 회계사나 되어야 할 수 있는 분야이고, 자신들은 회계나 재무제표를 볼 일이 없다고 생각하는 것이다.

    우리가 평생 회계나 재무제표를 볼 필요가 없다면 얼마나 다행일까. 그 어렵다는 재무제표를 읽고 이해하고 분석할 노력을 하지 않아도 되기 때문이다. 그러나 현실에서는 재무제표를 읽고 이해하고 능숙하게 다룰 수 있는지 여부에 따라 업무, 투자, 대인관계 등 모든 영역에서 차이가 날 수밖에 없다. 돈을 벌고 싶은 사람이라면 적어도 회계와 재무제표에 대한 지식을 쌓아야 한다.

    재무제표는 경영을 하거나 경영과 관련된 분야에서는 일종의 성적표이자 기업의 상태에 대한 진단서와 같다. 우리가 아프면 병원에 가서 진찰을 받고 약을 처방 받는 것과 마찬가지로 기업에 문제가 생기면 가장 먼저 보는 것이 재무제표이고, 이를 통해 문제를 해결해야 가장 객관적인 결과를 만

들어낼 수 있기 때문이다.

  우리는 정보의 홍수 속에서 살고 있다. 뉴스를 보면 온갖 기업 관련 정보가 연일 보도된다. 그중에는 "LG유플러스는 올해 매출액이 200% 증가했지만 영업이익은 오히려 50% 감소했다"는 뉴스도 보인다.

  "아니, 매출액이 증가했으면 이익이 증가하는 게 정상이지 왜 감소했다는 거야?"

  매출액에서 각종 판매비와 관리비를 공제하고 남는 것이 영업이익이라는 구조를 이해하지 못하는 사람이 이런 반응을 보이는 것은 당연하다. 경제 현상에 대해서는 눈 뜬 장님과 마찬가지인 것이다.

  기업의 미래 전망을 알아야 주주는 그 기업에 투자할 수 있고 임직원은 그 기업에 청춘을 바칠 수 있다. 그런데 회계와 재무제표를 모르고서는 기업의 미래 가치와 전망을 객관적 수치로 알 수 없고, 설사 누가 알려준다고 해도 그 이유를 이해하기 어렵다. 재무제표가 진실한 정보인지도 그 이면의 논리를 알아야 해석하고 활용할 수 있다. 즉, 회계를 모르면 기업 관련

사기극에 넘어갈 가능성이 훨씬 크다.

　최근 우리나라 최대의 분식회계 사건이 일어났는데, 바로 대우조선해양 사건이다. 5조 원대의 회계조작 사건은 결국 대우조선해양 주식을 휴지로 만들어버렸다. 공사 진행률을 조작해 수익을 부풀리는 수법과 각종 손익 조작이 있었지만 해당 기업의 업황이나 구조, 회계에 대한 이해가 부족했던 주주들은 속수무책으로 피 같은 돈을 날리고 말았다. 당시 회계감사를 맡았던 A회계법인은 현재 주주들의 손해배상소송으로 골머리를 썩고 있다.

　회계와 재무제표를 조금만 관심 있게 보고 공부를 하면 많은 위험에서 자신을 방어할 수 있다. 적어도 망하는 회사에 취업을 한다거나 투자를 해서 고생하는 일은 없을 것이다. 또한 경영을 하는 입장에서도 의사결정을 제대로 해서 경제적 손실을 줄일 수 있을 것이다.

　특히 창업을 결심한 사람에게는 회계와 재무제표 지식이 더욱 필요하다. 그동안 외식업체 사장님들은 회계와 재무제표를 외면해왔다. 워낙 어려운 분야이기도 하고, 또 회계사나 세무사가 알아서 해주기 때문에 소홀히 했던 것이다. 그런데 안타깝게도 비즈니스를 하는 사람이 회계를 모른다면 낭비를 줄이거나 수익을 탄탄하게 통제할 수 없다. 치열한 경쟁의 시대에서 수익을 창출하고 낮은 원가로 경쟁력을 갖추려면 회계 수치에 밝아야 한다. 이는 생존을 위한 최소한의 지식이라고 해도 과언이 아니다.

　이 책은 회계의 기본 내용을 비롯해 재무제표의 실제 활용과 작성에 대한 깊이 있는 지식을 제공하려는 의도에서 시작되었다. "회계사가 알려주는 회계는 어렵다"는 편견을 깨고 좀 더 쉽게 독자에게 다가가기 위해 최근 이슈가 되고 있는 이야기와 주변의 재무제표를 예시로 사용했다. 모쪼록 이 책이 독자들의 회계지능을 키우는 데 도움을 되어 성공적인 경제활동의 밑거름이 되길 바란다.

CONTENTS

[프롤로그] 경제생활에서 재무제표와 회계지식은 필수다   04

Chapter 01
재무제표의 첫걸음

<u>01</u> 재무제표는 무엇인가 … 019

<u>02</u> 재무제표는 기업의 가치를 보여준다 … 022

<u>03</u> 재무상태표로 알아본 스타벅스 … 025

<u>04</u> 포괄손익계산서로 본 스타벅스 … 027

<u>05</u> 현금흐름표로 본 스타벅스 … 030

<u>06</u> 재무제표 분석의 삼박자 … 033

<u>07</u> 재무제표를 이해하려면 차변과 대변부터 … 036

<u>08</u> 재무제표에 기록되는 계정과목 바로 알기 … 040

<u>09</u> 재무상태표 제대로 알기 … 044

<u>10</u> 실제 기업의 재무상태표 구하기 … 048

<u>11</u> 네이버와 카카오의 재무상태표 비교 … 052

<u>12</u> 재무상태표로 본 자금의 조달과 경영 … 055

13 부채와 자본은 하늘과 땅 차이 … 057

14 기업의 장기적 안정성 검토 … 059

15 단기적으로 망하지 않을 기업 알아보기 … 061

16 재무상태표를 통해 알아보는 분식회계 유형 … 063

17 손익계산서로 기업의 당기 성과 확인 … 066

18 실제로 손익계산서를 확인하는 법 … 069

19 매출액과 당기순이익의 추세로 안정성 파악하기 … 073

20 매출원가는 재고자산과 함께 보자 … 076

21 판매비와 관리비, 영업외손익도 같이 보자 … 078

22 현금흐름표 기본기 다지기 … 081

23 현금흐름표 작성법 익히기 … 085

24 주석도 재무제표다 … 089

CONTENTS

Chapter 02
재무제표의 구성요소 완전분석

25 자산이란 무엇인가 … 095

26 현금 및 현금성자산은 기업의 혈액 … 099

27 매출채권은 받을 수 있는 금액만 기록 … 103

28 재고자산과 매출원가의 관계 … 107

29 기말재고자산을 기록하는 방법 … 110

30 재고자산 가격이 폭락한다면 … 114

31 비유동자산 혹은 고정자산 … 118

32 유형자산은 기업의 일꾼 … 120

33 유형자산은 매년 가치가 감소한다 … 124

34 눈에 보이지 않지만 강력한 무형자산 … 128

35 부동산은 보유목적에 따라 회계처리가 다르다 … 132

36 부채란 무엇인가 … 135

37 위험을 반영한 충당부채 … 138

38 사채란 무엇인가 … 140

39 자본이란 무엇인가 ··· 143

40 자본금, 자본잉여금이란 무엇인가 ··· 146

41 자본조정이란 무엇인가 ··· 150

42 증자와 감자 ··· 153

43 배당은 어떻게 지급되나 ··· 157

44 이익잉여금 처분계산서가 재무제표인가 ··· 159

45 수익이란 무엇인가 ··· 162

46 판매에 따른 수익은 어떻게 기록되나 ··· 165

47 서비스 수익은 어떻게 기록되나 ··· 169

48 영업외수익은 무엇인가 ··· 173

49 급여의 회계처리 ··· 175

50 판매비와 관리비란 무엇인가 ··· 178

51 영업외비용이란 무엇인가 ··· 181

52 지분법회계란 무엇인가 ··· 184

CONTENTS

 Chapter 03
비즈니스에서 반드시 알아야 할 회계지능

53 기업의 언어, 회계 … 191

54 회계의 분류 … 194

55 일상에서 본 회계의 필요성 … 199

56 회계를 잘하려면 … 201

57 우리가 잘 몰랐던 회계의 역사 … 203

58 국제회계기준은 무엇인가 … 207

59 회계의 만능공식, 회계등식 … 211

60 회계상 거래는 어떻게 다른가 … 214

61 혈액순환과 같은 회계의 순환 과정 … 216

62 부기와 기장은 무엇인가 … 221

63 전표란 무엇인가 … 223

64 회계감사란 무엇인가 … 227

65 제품의 원가는 어떻게 계산되나 … 231

66 경영자를 위한 회계, 관리회계 … 233

67 세무신고를 위한 세무회계 … 236

68 주식투자를 위한 재무분석 … 238

69 직장인을 위한 회계지능 … 242

70 사업자들이여, 회계를 하라 … 244

71 회계의 중심, 회사란 무엇인가 … 246

72 회계사 도움 없이 잘못 낸 세금을 돌려받는 방법 … 249

73 비즈니스에서 개인과 법인의 세금차이 … 254

74 공정가치와 공정가치 회계의 문제점 … 258

75 어서 와, 사업자등록은 처음이지? … 263

CONTENTS

Chapter 04
주식투자자를 위한 재무분석

[들어가면서] 초보투자자들이 재무분석 자료를 구하는 방법 ···270

76 망할 기업을 판단하는 안정성 지표 ···277

77 매출총이익률 분석 ···283

78 영업이익률 분석 ···286

79 당기순이익률이란 무엇인가 ···289

80 ROA 분석 ···291

81 ROE 분석 ···294

82 ROIC 분석 ···298

83 총자산회전율 분석 ···301

84 유형자산회전율 분석 ···303

85 재고자산회전율 분석 ···306

86 매출채권회전율 분석 ···308

87 매출액증가율 분석 … 310

88 영업이익증가율 분석 … 312

89 순이익증가율 분석 … 314

90 총자산증가율 분석 … 316

91 유형자산증가율 분석 … 318

92 자기자본증가율 분석 … 320

93 EPS 분석 … 323

94 BPS 분석 … 325

95 PER 분석 … 327

96 PBR 분석 … 330

97 EV/EBITDA 비율 분석 … 332

98 배당 지표 총정리 … 334

99 절대로 사면 안 되는 종목 … 338

100 재무제표를 활용한 가치투자 시 유의사항 … 341

01

재무제표의
첫걸음

# 01 재무제표는 무엇인가

재무제표는 보고서다. 좀 더 정확히 말하면 기업을 객관적인 숫자로 나타내는 회계보고서라 할 수 있다. 재무제표는 회계처리의 '결과물'이자 의사결정의 측면에서 보면 '시작점'이라고 할 수 있다. 재무제표는 기업의 경제적 상황을 나타내며 필요에 따라서 회계기간 말(보통은 연말), 분기, 반기에 작성해서 보고한다.

기업은 보통 1년에 한 번은 이사회를 거쳐 주주총회에 재무상태와 경영성과를 보고하게 되며, 이때 제출하는 것이 재무제표다. 상장회사의 경우에는 전자공시제도를 통해 온 국민에게 재무제표를 공개하기도 한다. 이렇게 공개된 재무제표에 이익이 많이 났다면 주주에게 배당을 주고 종업원에게는 보너스를 주면서 모두 행복한 연말을 맞을 것이다. 반대로 적자가 발생했다면 종업원을 해고하거나 구조조정에 시달리기도 하고, 심각한 경우 폐업을 통해 기업을 청산해야 하는 상황에 처할 수도 있다.

재무제표의 종류

재무제표는 '기업의 진단서' 또는 '기업의 성적표'라 불린다. 왜 기업의 진단서, 기업의 성적표가 재무제표인가?

우리는 매년 정기검진을 받는다. 현재 건강상태가 어떤지 궁금해서 가는 경우도 있고, 회사에서 의무적으로 정기검진을 받는 경우도 있다. 어쨌든 정기검진을 받고 나면 혈압은 정상인지, 당뇨는 없는지, 체지방 정도는 어떤지, 콜레스테롤 수치는 어떤지 등 건강상태에 대한 수치가 요약돼 나오기 마련이다. 기업도 마찬가지다. 기업이 지금 정상적인 상태인지, 부채가 과다하지는 않은지, 자산은 충분한지, 현금이 충분한지, 자본은 적정한지 등 기업의 재산상태를 진단해서 알려주는 것이 있다. 이렇게 현재 시점에서 기업의 상태를 보여주는 재무제표가 바로 '재무상태표'다.

한편, 기업도 사람처럼 매년 성적표를 받는다. 학창 시절 우리는 주기적으로 시험을 치렀고, 그 결과로 자신이 평소 공부를 얼마나 잘했는지를 알 수 있었다. 좋은 성적을 받으면 부모님께 칭찬도 듣고 용돈도 더 받았지만, 반대로 성적이 떨어졌거나 아예 바닥인 경우에는 꾸지람을 듣고 심하면 벌을 받기도 했다.

기업도 이와 마찬가지다. 올해 경영을 잘해서 성과가 좋으면 당기순이익이 많이 나오게 되고, 이렇게 흑자가 나면 주주들에게 배당을 주고 경영자도 보너스를 받는다. 말하자면 칭찬을 듣는 것이다. 이와는 달리 경영성과가 좋지 않아 적자가 나면 그 적자는 고스란히 주주들의 투자자금을 불태우는 '무상감자'라는 것으로 때우게 된다. 또한 경영자는 당연히 연봉삭감이라는 벌을 받게 된다. 이와 같이 한 해의 경영성과를 나타내는 재무제표가 '손익계산서'다.

그 밖에 기업의 혈액이라 할 수 있는 현금이 잘 돌고 있는지, 현금의 유출입이 어떤 경로로 발생했는지를 볼 수 있는 '현금흐름표', 기업의 주인인 주주들의 몫(자본)이 어떤 경로로 변동하는지를 보여주는 '자본변동표'도 재무제표의 일종이다.

아울러 '주석'도 재무제표의 종류에 포함된다. 주석은 숫자와 계정과목으로만 표현돼 있는 다른 재무제표를 설명하고 꾸며주는 역할을 한다. 즉, 구체적으로 왜 그 금액인지, 어떤 사건 때문에 계정과목이 발생했는지 등을 설명해준다. 주석을 보지 않고는 구체적인 거래 내용을 알 수 없다.

〈참고〉 **재무상태표상의 대표적인 계정과목**

재무상태표	• 일정시점 기업의 자산·부채·자본의 상태를 보여준다. • 회계등식인 '자산=부채+자본'의 논리로 작성된다.
손익계산서	• 일정기간 동안 기업의 경영성과를 보여준다. • '수익-비용=순이익'의 논리로 작성된다. • 최종적으로 당기순이익(순손실)이 당기의 경영성과이다.
현금흐름표	• 일정기간 동안 기업의 현금흐름을 보여준다. • 현금흐름은 수익, 비용과 달리 현금이 유입·유출된 것만을 보여준다. • 현금흐름을 영업활동, 투자활동, 재무활동으로 구분해 기록한다.
자본변동표	• 일정기간 동안 자본의 변동내역을 보여준다. • 자본 항목으로는 자본금, 자본잉여금, 이익잉여금, 기타포괄손익누계액, 기타자본구성요소 등이 있다.
주석	• 재무제표의 계정 과목과 금액에 대해 쉽게 이해할 수 있도록 기호를 붙여 페이지 하단이나 별지에 추가한 설명을 뜻한다.

재무제표는 기업의 가치를 보여준다

 재무제표는 기업의 입장에서는 일종의 성적표라고 할 수 있다. 학생 시절 시험을 치르고 성적표를 받았을 때 국어점수는 높은데 수학점수는 낮았을 경우 수학공부에 더 집중해야겠다는 진단과 반성을 한 기억이 있을 것이다. 기업도 마찬가지다. 올해 매출액이 좋으면 그 원인을 밝혀 앞으로 실적을 유지하기 위한 경영활동을 추진해야 할 것이고, 비용이 과다하게 발생했다면 비용을 철저히 통제하는 활동을 추진해야 할 것이다. 이러한 경영활동의 가장 기본적인 자료가 재무제표다. 재무제표에는 기업의 재산상태와 경영성과가 나타나 있으므로 이를 토대로 이후 기업의 의사결정을 할 수 있다.

 실무적으로 기업의 가치는 두 가지로 평가해 볼 수 있다. 하나는 기업의 현재 시점의 모든 자산^{asset}의 합계로 평가하는 방법이다. 그렇다면 우리가 잘 아는 삼성전자의 가치는 어떻게 평가할 수 있을까.

삼성전자의 요약연결재무정보를 보면 유동자산에 현금 및 현금성자산, 단기금융상품 등 합계 약 1,453억과 비유동자산에 장기매도가능금융자산, 관계기업 및 공동기업 투자 등 합계 약 1,513억으로 총자산은 2,966억 정도라는 사실을 알 수 있다. 즉, 삼성전자의 전체 자산 합계액이 2,966억이니 이 기업의 가치도 그 정도가 되리라는 것을 어림잡아 생각해볼 수 있는 것이다.

가. 요약연결재무정보

(단위 : 백만 원)

구분	제49기 2017년 9월말	제48기 2016년 12월말	제47기 2015년 12월말
[유동자산]	145,322,337	141,429,704	124,814,725
• 현금및현금성 자산	30,788,226	32,111,442	22,636,744
• 단기금융상품	41,280,668	52,432,411	44,228,800
• 단기매도가능금융자산	3,964,250	3,638,460	4,627,530
• 매출채권	30,351,245	24,279,211	25,168,026
• 재고자산	27,032,501	18,353,503	18,811,794
• 기타	11,905,447	10,614,677	9,341,831
[비유동자산]	151,256,242	120,744,620	117,364,796
• 장기매도가능금융자산	8,066,146	6,804,276	8,332,480
• 관계기업 및 공동기업 투자	5,914,258	5,837,884	5,276,348
• 유형자산	109,006,091	91,473,041	86,477,110
• 무형자산	15,376,169	5,344,020	5,396,311
• 기타	12,893,578	11,285,399	11,882,547
자산총계	296,578,579	262,174,324	242,179,521

출처 : 금융감독원 전자공시시스템 자료

그러나 재무제표상 자산은 현재 시장에서 거래되는 시장가치(회계상으로는 공정가치라 함)와 과거의 지출액으로 기록한 역사적 원가가 혼재돼 기록되어 있는 것이다. 그렇기 때문에 기업의 가치를 정확히 나타낸다고 보기는 어려울 수 있다.

그래서 기업의 가치를 더 적절히 평가해볼 수 있는 다른 방법은 해당 기업이 미래에 창출하는 영업현금흐름을 기업의 위험을 반영한 할인율로 현재가치를 평가해보는 것이다. 이때 영업현금흐름은 기업의 경영성과인 매출액에서 각종 영업경비를 차감한 후의 영업이익에서 각종 조정을 거쳐 추정하게 된다. 이는 기업가치평가 분야에 해당하는데, 이를 전문적으로 하는 직업이 회계사나 감정평가사다. 좀 더 전문적인 내용을 알고 싶다면 기업가치평가 관련자료를 검색해보기 바란다.

이와 같이 내가 일하는 기업 또는 내가 투자하고 있는 기업의 가치를 알고 싶다면 반드시 거쳐야 하는 것이 재무제표 분석이다. 재무제표를 모르면서 투자를 한다는 것은 말도 안 되는 일이다. 또한 내가 일하는 회사가 얼마짜리인지, 나에게 급여를 얼마나 잘 줄 수 있는 회사인지 알고 싶다면 가장 먼저 봐야 하는 것이 바로 그 회사의 재무제표다.

03 재무상태표로 알아본 스타벅스

현재 우리나라에서 가장 흔히 볼 수 있는 커피전문점이 어디일까? 보통 지하철역 근처나 동네에서 사람들이 많이 몰리는 곳을 가보면 어느 브랜드의 커피전문점인지 금방 알 수 있는데, 바로 스타벅스다. 스타벅스에 대해서 물어보면 그냥 커피 맛 좋은 커피전문점 정도로만 생각하는 사람들이 많다. 그런데 스타벅스가 한국에서 얼마나 많은 수익을 올리고 있으며, 자산규모는 어느 정도인지 아는 사람은 별로 없을 것이다.

갑자기 스타벅스 이야기를 꺼낸 이유는 우리 주변에서 스타벅스 직영점이 많이 보이는 이유가 재무제표에 나와 있기 때문이다. 먼저 재무제표의 기본적인 종류는 재무상태표, 포괄손익계산서, 현금흐름표이고 자본변동표와 주석도 재무제표의 일종이다.

가장 흔히 보이는 재무상태표는 기업의 재산상태를 보여주는 재무제표로서 기업의 미래 경제적 효익의 유입을 기대할 수 있는 권리를 나타내는 '자산'과 기업의 미래 경제적 효익의 유출을 기대할 수 있는 의무인 '부채', 그리고 자산에서 부채를 차감한 나머지를 뜻하는 '자본'을 나타낸다. 재무상태표를 공식화하면 다음과 같다.

> 자산 = 부채 + 자본

다음과 같이 스타벅스커피코리아의 매년 재무상태표 추이를 요약해보면 이 기업의 규모가 어떤 추세를 보이는지 알 수 있다.

	2014년도	2015년도	2016년도
자산총계	3,884억 원	4,492억 원	5,070억 원
부채총계	2,196억 원	2,583억 원	2,598억 원
자본총계	1,688억 원	1,908억 원	2,472억 원

재무상태표상의 자산은 기업의 총재산의 합을 말하며, 부채는 기업의 빚이다. 그리고 자본은 자산에서 부채를 차감하고 투자자가 가져갈 수 있는 몫이다.

스타벅스커피코리아의 자산은 매년 증가하는 추세로 거의 600억씩 증가하는 것을 볼 수 있다. 그에 반해 부채의 증가는 크지 않아 투자자의 몫인 자본도 매년 300억 이상 증가했다. 이것만 보아도 성장하고 있는 회사임을 알 수 있다.

04 포괄손익계산서로 본 스타벅스

스타벅스커피코리아의 수익성은 어떨까. 잘나가는 회사는 수익성이 좋을 것이고, 그렇지 않은 회사는 수익성이 엉망일 것이다.

기업의 경영성과를 나타내는 재무제표가 포괄손익계산서다. 원래는 '손익계산서'라는 명칭으로 수십 년간 작성되다가 국제회계기준IFRS이 도입됨에 따라 미실현손익인 기타포괄손익과 당기순이익에 이를 합한 총포괄손익을 표시하게 되면서 포괄손익계산서로 명칭이 변경되었다. 이는 기업의 손익을 나타내므로 기업의 수익성을 파악하기에 좋은 자료다.

포괄손익계산서는 기본적으로 손익계산서와 같은 논리로 작성된다. 기업이 벌어들인 경제적 효익인 '수익'에서 기업에서 지출된 경제적 효익인 '비용'을 차감해 당기순이익을 나타내는 재무제표다. 여기에 기업의 미실현손익인 기타포괄손익을 가감해 총포괄손익을 나타낸다. 손익계산서 등식은 다음과 같다.

> 수익 - 비용 = 순이익

　수익이 비용보다 크면 순이익은 양(+)의 값이므로 주주가 배당을 가져갈 수 있는 회사이고, 수익이 비용보다 작으면 순이익이 음(-)이므로 주주가 투자금을 날릴 수도 있는 안 좋은 회사일 것이다. 순이익이 음(-)인 경우는 순손실이라고 표시한다.

　스타벅스커피코리아의 매년 손익계산서 항목을 요약하면 다음과 같다.

	2014년도	2015년도	2016년도
매출액	6,170억 원	7,739억 원	1조28억 원
(-) 매출원가	(2,721억 원)	(3,507억 원)	(4,448억 원)
= 매출 총이익	3,449억 원	4,231억 원	5,579억 원
(-) 판매비와 관리비	(3,046억 원)	(3,760억 원)	(4,727억 원)
영업이익	403억 원	471억 원	852억 원
+/- 영업외손익	(96억 원)	(189억 원)	(200억 원)
당기순이익	307억 원	282억 원	652억 원

　이 표를 보면 스타벅스커피코리아의 매년 매출액의 증가폭이 가파르다는 것을 알 수 있다. 매출액이란 기업의 본질적 영업활동을 통해 벌어들인 수익을 말하는 것으로 스타벅스 커피매장에서 올린 판매수익을 말한다.

　여기서 매출과 직접 관련된 매출원가를 차감하고 판매와 관련된 비용과 임차료, 급여 등의 관리비를 차감하면 영업이익이 나온다. 표를 보면 2016년 영업이익이 2015년보다 크게 증가했음을 알 수 있다. 사실 영업이익은 기업의 입장에서 지속적으로 기대할 수 있는 이익이고 기업의 투자를 통해 창출된 이익이다.

여기서 영업외손익은 기업의 영업활동과 관련이 없는 활동에서 발생하는 손익이다. 이를테면 부동산을 판매하고 얻은 차익이나 자금을 차입하고 발생한 이자비용 등이 영업외손익의 일종이다. 영업이익에서 영업외손익을 가감한 당기순이익은 투자자들에게 배당으로 지급할 수 있는 이익인데, 이 또한 2016년에 급등한 것을 알 수 있다.

우리가 스타벅스 매장이 주변에 많이 들어서고 시장점유율이 높아지고 있다는 것을 체감하는 만큼 재무제표의 구체적인 숫자에서 이를 확인할 수 있다. 재무제표는 우리의 생활을 기록해 정보로 제공하는 것이므로 가장 객관적이고 정확한 자료라고 볼 수 있고, 이를 통해 정확한 의사결정도 가능해진다.

05 현금흐름표로 본 스타벅스

흑자도산黑字倒産이라는 말을 들어보았는가?

손익계산서는 발생주의로 작성하기 때문에 현금유입이 없는 권리의 증가도 수익으로 기록하고, 현금유출이 없는 의무의 증가도 비용으로 기록하는 것이 문제가 된다. 그렇기 때문에 손익계산서에서는 당기순이익이 크게 발생한 기업이라 해도 현금회수가 되지 않으면 기업이 결제해야 할 자금을 결제하지 못해 경영권을 빼앗기거나 심지어 파산하는 경우도 있다. 이것이 바로 흑자도산이다.

현금흐름이 좋은지 나쁜지를 보면 기업의 유동성과 자금력을 알 수 있는데, 이를 확인할 수 있는 재무제표가 현금흐름표다. 현금흐름표는 정보이용자들에게 더 유용한 정보를 제공하기 위해 현금흐름을 활동별로 구분하고 있다. 즉, 영업활동, 투자활동, 재무활동으로 구분하는데 각각을 통해 어떤 활동에 어떤 현금유출입이 있었는지 파악할 수 있다. 영업활동에 따른 현금흐름을 통해서는 기업의 매출로 발생한 현금유입액, 매입으로 발생한 현금유출액, 종업원에 대한 현금유출액, 기타 판매관리 활동에 따른 현급유출입을 파악할 수 있다.

투자활동에 따른 현금흐름을 통해서는 유형자산 또는 무형자산 등 고정자산에 의한 취득으로 인한 현금유출액과 처분으로 인한 현금유입액을 파악할 수 있다.

재무활동에 따른 현금흐름을 통해서는 기업의 자본조달 활동을 파악할 수 있다. 부채를 통해서 차입해 유입된 현금액과 상환으로 인한 현금유출액, 유상증자로 인한 현금유입액과 배당으로 인한 현금유출액, 유상감자로 인한 현금유출액 등을 파악할 수 있다.

스타벅스의 경우 3년간의 현금흐름표를 요약하면 다음과 같다.

	2014년도	2015년도	2016년도
영업활동현금흐름	853억 원	1,121억 원	1,666억 원
투자활동현금흐름	(1,185억 원)	(1,088억 원)	(985억 원)
재무활동현금흐름	258억 원	(8,320억 원)	(700억 원)
현금의 증감액	(74억 원)	(8,287억 원)	(19억 원)

특이한 점은 스타벅스커피코리아의 현금흐름은 매년 마이너스라는 점이다. 영업이익도 증가하고 매년 순이익도 발생하지만, 투자에 따른 지출과 재무활동으로 인한 이자비용 지출 등이 많아 현금의 유입보다는 유출이 많다. 사실 투자활동현금흐름은 매장의 증설로 인한 현금유출의 경우이고, 재무활동으로 인한 일시적 유출이 2015년에 대거 발생했지만 앞으로는 유출이 거의 없을 것으로 예상된다. 또한 영업활동현금흐름은 꾸준히 증가세

여서 2017년 이후부터는 현금흐름이 양호해질 것으로 예상한다.

　이와 같이 손익계산서와 함께 현금흐름표도 확인해야 기업활동을 정확히 파악할 수 있다. 그래야만 경영 의사결정 또는 투자 의사결정을 좀 더 정확히 할 수 있을 것이다.

06 재무제표 분석의 삼박자

특정 기업을 재무제표로 분석할 때 결국 세 가지를 파악하기에 이른다. 바로 안전성, 수익성, 성장성이다.

안전성은 기업을 분석할 때 가장 우선적으로 고려해야 하는 특성이다. 기업이 망할 가능성이 얼마나 되는지를 보는 것이 안전성인데, 이를 가장 먼저 보는 것이야말로 회계의 가장 큰 원칙인 보수주의 원칙(이익은 작게, 손실은 크게 보고하는 회계원칙)에 부합한 분석이라고 본다. 수익성이 아무리 좋은 회사도 영업활동을 지속하지 못하면 아무 소용이 없다.

기업이 파산을 하게 되면 그 기업의 주식 투자자는 원금도 회수하지 못할 가능성이 크고, 채권자도 채권회수에 어려움을 겪을 것이 분명하다. 직원은 실직자가 될 것이고 경영자도 교체될 것이다. 즉, 일단은 망하지 않는 회사여야 하고, 그것을 확인하는 것이 안정성의 검토다. 안정성은 유동자산이 유동부채보다 충분한지, 자본이 부채보다 충분한지 여부를 통해 파악할 수 있다. 이처럼 안정성을 분석하려면 재무상태표를 이용하게 된다.

어느 정도 안정성이 보장된 회사라면 수익성과 성장성까지도 추가적으로 검토할 필요가 있다. 수익성은 앞에서 본 손익계산에서 순이익이 잘 나오는지를 보고 파악할 수 있다. 즉, 순이익이 충분한 회사인지를 보는 과정이 수익성 분석이다.

성장성은 기업이 미래에 성장할 가능성이 있는지를 보는 것으로서 앞으로 주가가 오를지, 급여가 오를지 예측하려면 성장성을 봐야 한다. 성장성은 매년 매출액이 증가하는지, 자산이나 자본의 규모가 지속적으로 증가하는지 그 추세를 보고 파악할 수 있다.

이는 스타벅스커피코리아 재무상태표상의 자산과 자본이 어떤 추세인지를 보고 쉽게 이해할 수 있다.

	2014년도	2015년도	2016년도
자산총계	3,884억 원	4,492억 원	5,070억 원
부채총계	2,196억 원	2,583억 원	2,598억 원
자본총계	1,688억 원	1,908억 원	2,472억 원

재무상태표에 나타난 자산과 자본의 증감 추세를 그래프로 나타내면 증가하는 것을 시각적으로 볼 수 있다. 이를 통해 스타벅스 코리아의 성장성이 양호하다는 것을 파악할 수 있다. 성장 추세에 있는 회사가 갑자기 성장성이 꺾이기는 어려우므로 앞으로도 지속적으로 성장할 것으로 예상하고 의사결정을 해도 좋을 것이다.

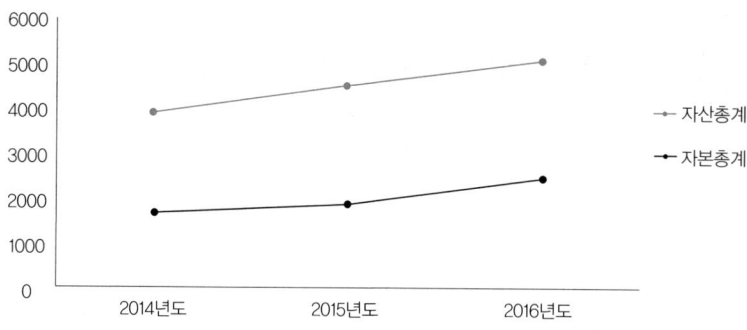

재무제표를 이해하려면 차변과 대변부터

차변^{debit}은 장부의 왼쪽, 대변^{credit}은 장부의 오른쪽을 말한다. 이는 오랜 세월에 걸쳐 굳어져온 관행이다. 차변과 대변은 복식부기원리의 구현인 '분개'의 핵심이라고 볼 수 있다.

분개는 복식부기원리에 따라 기록하는 작업

분개^{journalizing}는 기업이 누군가와 거래하는 것을 계정과목과 금액으로 장부에 기록하는 것을 말한다. 이때 거래가 발생하자마자 최초로 기록하는 장부를 '분개장'이라 하고, 기록하는 행위는 분개가 된다.

그런데 분개는 일반적으로 가계부를 쓰는 것과는 차이가 있다. 우리가 일상에서 작성하는 가계부는 수입과 지출을 단순히 한 줄씩 기록하는 것이지만, 분개는 차변과 대변으로 나눠 체계적으로 기록하는 것이다.

차변과 대변

차변과 대변은 큰 의미가 없다고 알려져 있다. 회계전문가들도 그냥 차변은 왼쪽, 대변은 오른쪽이라는 정도로만 설명하고 있다. 따라서 이는 일종의 약속이자 규칙이라고 보면 된다. 회계정보를 기록하면서 편의상 붙인 명칭인 것이다. 이 명칭의 유래는 로마시대로 거슬러 올라간다.

로마시대에 주인이 노예에게 금전을 빌려주고 이 내용을 오른쪽에 기록했는데, 대여해준 것을 기록한다고 해서 '대변'이라고 했다. 또 차입하는 사람은 왼쪽에 내용을 기록했는데, 차입금을 기록한 곳이라고 해서 '차변'이라 했다. 이처럼 로마시대 주종관계의 관행에서 시작된 용어이니만큼 별다른 논리가 있는 것은 아니다.

그런데 차변과 대변에 적어야 할 항목은 따로 정해져 있어서 이것만 잘 암기해두면 분개할 때 두고두고 써먹을 수 있다. 차변과 대변에 각각 기록해야 할 항목은 다음과 같다.

차변	대변
자산증가	자산감소
부채감소	부채증가
자본감소	자본증가
비용발생	수익발생

자산이나 비용에서 증가하는 항목은 차변에 적고, 부채·자본·수익에서 증가하는 항목은 대변에 적는다. 반대로 감소할 경우에는 각각 반대편에 적으면 된다.

분개 실습

대표적인 분개 실습을 몇 개 해보면 복식부기 장부기록인 분개가 어렵지 않게 느껴질 것이다. 일반적으로 자영업을 하면 회계기록을 해야 하는데, 대표적인 분개를 몇 개만 해보면 나머지는 응용할 수 있을 것이기 때문이다.

자산	[사례] 2016년 1월 2일 현금 100만 원을 주고 기계장치를 취득했다. (차변) 기계장치 100만 원　　(대변) 현금 100만 원 〈해설〉 기계장치라는 자산이 증가했다. 자산의 증가는 차변이므로 차변에 기계장치 100만 원을 기록한다. 한편, 현금이라는 자산이 감소했고, 자산의 감소는 대변이므로 대변에 현금 100만 원을 기록한다.
부채	[사례] 2016년 2월 3일 현금 50만 원을 은행에서 차입했다. (차변) 현금 50만 원　　(대변) 차입금 50만 원 〈해설〉 현금이라는 자산이 증가했고, 자산의 증가는 차변이므로 차변에 현금 50만 원을 기록한다. 한편, 은행을 통해서 부채가 증가했고, 부채의 증가는 대변이므로 대변에 차입금 50만 원을 기록한다.
자본	[사례] 2016년 3월 5일 현금 200만 원을 출자해 영업을 개시했다. (차변) 현금 200만 원　　(대변) 자본금 200만 원 〈해설〉 현금이라는 자산이 증가했고, 자산의 증가는 차변이므로 차변에 현금 200만 원을 기록한다. 한편, 자본금이라는 자본이 증가했고, 자본의 증가는 대변이므로 대변에 자본금 200만 원을 기록한다.

수익	[사례] 2016년 4월 2일 현금 100만 원을 받고 해충박멸서비스를 제공했다. (차변) 현금 100만 원　　(대변) 매출액 100만 원 〈해설〉 현금이라는 자산이 증가했고, 자산의 증가는 차변이므로 차변에 현금 100만 원을 기록한다. 한편, 주된 영업활동인 해충박멸서비스를 제공하고 수익이 발생했으며, 수익의 발생은 대변이므로 대변에 매출액 100만 원을 기록한다.
비용	[사례] 2016년 5월 2일 종업원에게 현금 100만 원을 급여로 지급했다. (차변) 급여 100만 원　　(대변) 현금 100만 원 〈해설〉 급여라는 비용이 발생했고, 비용의 발생은 차변이므로 차변에 급여 100만 원을 기록한다. 한편, 현금이라는 자산이 감소했고, 자산의 감소는 대변이므로 대변에 현금 100만 원을 기록한다.

08 재무제표에 기록되는 계정과목 바로 알기

앞에서 차변과 대변을 알아보고, 왼쪽과 오른쪽에 기입해야 할 항목도 살펴보았다. 계정과목은 구체적으로 어떻게 기입해야 하는지를 알려주는 것으로서 거래의 회계적 명칭이라고 보면 이해가 빠를 것이다. 이러한 계정과목은 수많은 거래 내용을 회계에서 정해준 통일된 기준에 따라 기록할 수 있는 기본 구성단위다. 계정과목을 보면 기업이 어떤 거래를 했는지, 지금은 어떤 상태인지를 파악할 수 있다.

1. 계정 : 거래의 발생에 따라 나타나는 자산과 부채, 자본의 증감변화와 수익과 비용의 발생 내용을 조직적·체계적으로 기록하고 계산하기 위한 기본단위

2. 계정과목 : 자산계정, 부채계정, 자본계정, 수익계정, 비용계정 등을 세분한 각 계정에 해당하는 고유의 성격을 나타내는 하나의 계정 명칭

계정과목은 기업에서 거래형태에 따라 다양하게 만들어서 사용하면 거래

의 성격을 더 잘 나타낼 수 있을 것이다. 그러나 그렇게 되면 거래별로 각기 다른 명칭의 계정과목을 사용하기 때문에 계정과목만 수만 가지에 이를 것이다. 만약 대기업에서 이렇게 계정과목을 임의로 설정할 경우 재무제표만 수백 페이지를 작성해야 할지도 모른다. 따라서 거래의 편의와 정보이용자들에 대한 효과적 전달을 위해 비슷한 항목은 묶어서 통일된 계정과목을 사용하고 있다.

예를 들어 기업에서 직원들에게 가끔 돈을 빌려주기도 하는데, A직원에게 1,000원, B직원에게 2,000원, C직원에게 500원을 빌려주었다고 가정하자. 이때 A직원 대여금, B직원 대여금, C직원 대여금이라는 계정과목을 별도로 설정해 공시하면 재무제표가 너무 길고 복잡해진다. 따라서 '직원 대여금'이라는 명칭으로 통합해 관리하는 것이 훨씬 효율적인 계정과목 관리가 된다.

계정과목은 법에서 반드시 써야 하는 코드를 정해놓거나 확정된 명칭을 사용하도록 강제하지도 않는다. 그렇기 때문에 회계를 하는 사람마다 각자 알아서 이해하기 쉽도록 설정해서 사용하면 된다. 다만 계정과목을 한번 설정했으면 일관되게 지속적으로 사용하는 것이 좋을 것이다. 중간에 계정과목을 바꾸면 기간별로 회계처리의 일관성이 상실돼 정보이용자들이 그 정보를 신뢰하지 않을 것이기 때문이다.

계정과목 설정이 거래마다, 기업마다 다를 수 있기 때문에 여러 기업의 재무제표를 비교하다 보면 헷갈릴 수 있다. 이것을 조금이라도 통일시켜 기업 간의 비교 가능성을 높이기 위해 '기업회계기준'은 통일된 계정과목을 보여주고 있다.

보통 회계적으로 계정과목을 설정하기 전 자산, 부채, 자본, 수익, 비용 가운데 자주 사용하는 계정과목을 알아두고 그것에 해당하면 그 계정과목을 사용하고, 아니면 새로 만들어서 사용하는 것이 바람직하다. 일반적으로 회사가 보유한 현금이나 예금, 취득하고 3개월 이내에 결제가 예정된 자산은 '현금 및 현금성자산', 만기가 1년 이내에 도래하는 금융상품은 '단기금융자산', 1년이 넘어가는 금융상품은 '장기금융자산'으로 분류한다.

국제회계기준은 그 분류 안에서도 세부적인 계정과목을 강제하고 있는데, 상장기업들의 재무제표를 보면 국제회계기준에서 소개하는 계정과목을 쉽게 알 수 있을 것이다. 이와 같이 대표적인 계정과목은 자주 봐서 익숙해질 필요가 있어 다음에 소개한다.

〈참고〉 손익계산서상의 대표적인 계정과목

〈비용〉	〈수익〉
1. 매출원가	1. 매출액
2. 판매비와 관리비	상품매출액
급여	서비스매출액
임차료	2. 영업외수익
광고비	자산수증이익
접대비	이자수익
수도광열비	배당금수익
여비교통비	단기매매증권평가이익
세금과공과	투자부동산평가이익
3. 영업외비용	
잡비	
화재손실	

〈참고〉 재무상태표상의 대표적인 계정과목

자산	부채	자본
1. 유동자산	1. 유동부채	1. 자본금
현금 및 현금성자산	매입채무	
단기매매금융자산	단기차입금	2. 자본잉여금
매출채권	미지급금	주식발행초과금
재고자산(상품, 제품)	선수금	감자차익
단기대여금		
미수금	2. 비유동부채	3. 자본조정
	사채	자기주식
2. 비유동자산	장기미지급금	주식할인발행차금
특허권	퇴직급여충당부채	
건물	이연법인세부채	4. 기타포괄손익누계액
기계장치		
차량운반구		5. 이익잉여금
토지		
투자부동산		

재무상태표 제대로 알기

재무상태표는 사람에 비유하면 '지금 이 순간 자신의 모습'으로 생각해볼 수 있다. 사람은 보통 자동차, 집, 옷, 노트북, 땅, 자신의 잠재력과 같이 수많은 자산을 가지고 있다. 또 한편으로는 집을 사기 위해 은행에서 대출을 받거나 친구에게 돈을 빌리기도 하고, 술 먹고 외상값을 걸어놓은 가게도 몇 군데 있을 수 있다. 내가 가진 수많은 자산 가운데 일부를 처분해 그 부채를 갚고 나면 순수한 내 몫이 남는다.

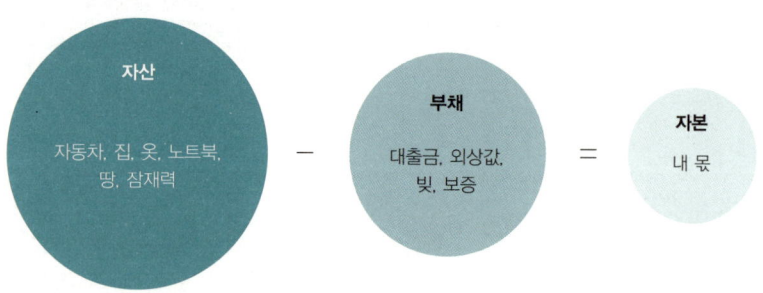

이것은 기업에도 마찬가지로 적용된다. 기업은 건물, 재고자산, 현금 및 현금성자산, 금융자산, 무형자산, 투자부동산 등 수없이 많은 자산을 보유하고 있다. 반면 외상매입금, 미지급금, 사채, 장기차입금, 각종 충당부채 등 부채도 다양하다. 자산 총계에서 부채 총계를 차감하면 기업의 자본이 나오는데, 이때 자본은 기업의 주인인 주주의 몫이다. 결국 기업의 재무상태는 기업이 보유한 자산, 부채, 자본의 크기와 구성을 말한다.

기업은 본질적으로 영업활동을 통해 지속적으로 성장해 나가는 존재다. 기업의 영업활동을 위해서는 투자가 필요하고, 이를 위해서는 자금이 유입돼야 한다. 그 자금의 유입 경로는 재무상태표만 살펴봐도 명확히 알 수 있다. 자금의 유입 경로는 두 가지다. 하나는 부채를 통해 빌려오는 것이고, 다른 하나는 자본을 통해 투자자를 모집하는 것이다. 기업은 이러한 부채를 갚아야 할 의무가 있고, 기업이 다 갚은 뒤 남은 것을 투자자인 주주가 가져가게 된다. 그래서 자본을 잔여지분이라 하는 것이다.

재무상태표를 세부적으로 들여다보면 기업에 대한 정보를 많이 알 수 있다. 기업의 자산은 1년 이내에 현금화가 되는 유동자산과 1년 이후에 현금화가 되는 비유동자산으로 나뉜다. 부채도 마찬가지로 1년 이내에 현금화되는 유동부채와 1년 이후에 현금화되는 비유동부채가 있다. 그리고 자산에서 부채를 차감하고 남은 자본도 주주와의 거래형태에 따라 자본금, 자본잉여금, 자본조정, 기타포괄손익누계액, 이익잉여금으로 세분화된다.

유동자산과 비유동자산의 주요 항목을 파악하고 유동부채와 비유동부채를 정확히 알면 기업의 재정상태를 파악할 수 있다. 보통 재무상태표에서 알게 된 총자산금액으로 회사의 규모를 가늠해볼 수 있으며, 부채금액과 자본금액의 구성으로 회사 재무구조의 건전성 여부를 파악할 수 있다.

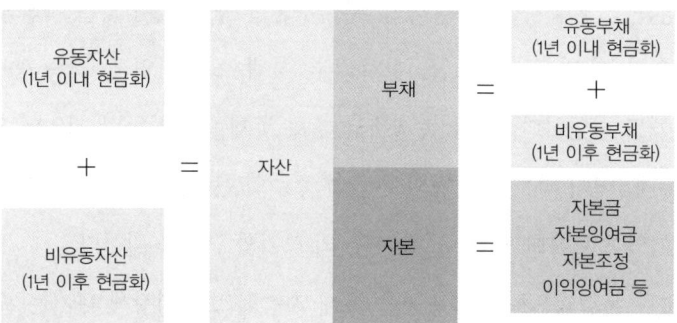

또한 이익잉여금의 크기를 보고 과거의 영업활동으로 내부에 유보된 자금이 어느 정도인지를 파악할 수 있다. 그리고 유동자산과 유동부채를 비교해 단기 채무상환능력 등 회사의 안정성에 대한 정보를 얻을 수 있다.

〈참고〉 재무상태표표 세부 항목

자산	유동자산	현금 및 현금성자산, 매출채권(외상매출금, 받을어음), 선급금, 재고자산, 단기대여금
	비유동자산	유형자산(건물, 사용목적 토지, 기계장치, 차량운반구), 무형자산(특허권, 영업권, 상표권, 개발비 등), 장기금융자산(매도가능증권, 만기보유증권)
부채	유동부채	매입채무(외상매입금, 지급어음), 선수금, 미지급금, 단기차입금
	비유동부채	사채, 장기차입금, 퇴직급여충당금, 제품보증충당부채, 이연법인세부채 등
자본	자본금	보통주자본금(보통주발행주식수×액면가액) 우선주자본금(우선주발행주식수×액면가액)
자본	자본잉여금	주식발행초과금, 자기주식처분이익, 감자차익
	자본조정	주식할인발행차금, 자기주식, 자기주식처분손실, 감자차손
	기타포괄손익누계액	매도가능증권평가이익, 재평가잉여금, 해외사업장환산손익 등
	이익잉여금	임의적립금, 이익준비금, 미처분이익잉여금

실제 기업의 재무상태표 구하기

재무상태표는 기업의 내부비밀이어서 구하기가 힘들다고 오해하는 사람들이 의외로 많다. 주식시장에 상장돼 있는 회사나 이해관계자가 많은 대규모 회사는 재무제표를 일반 대중에 공개하도록 법이 강제하고 있다. 이렇게 공개된 정보는 인터넷을 통해 생각보다 쉽게 구할 수 있다.

전자공시시스템을 통해 재무상태표 구하기

외부감사에 관한 법률에 따라 일정규모의 기업들은 회계감사를 받아야 하고, 사업보고서와 감사보고서를 금융감독원의 전자공시시스템에 공개하게 되어 있다. 따라서 전자공시시스템에 접속하기만 하면 다양한 기업의 재무제표를 입수하는 것은 식은 죽 먹기다. 함께 따라 해보자.

우선, 전자공시시스템 웹사이트 dart.fss.or.kr에 접속한다. 웹사이트 맨 위의 메뉴바 바로 아래에 회사명과 기간을 체크하면 사업보고서와 재무제표를 검색할 수 있도록 검색 엔진이 마련되어 있다.

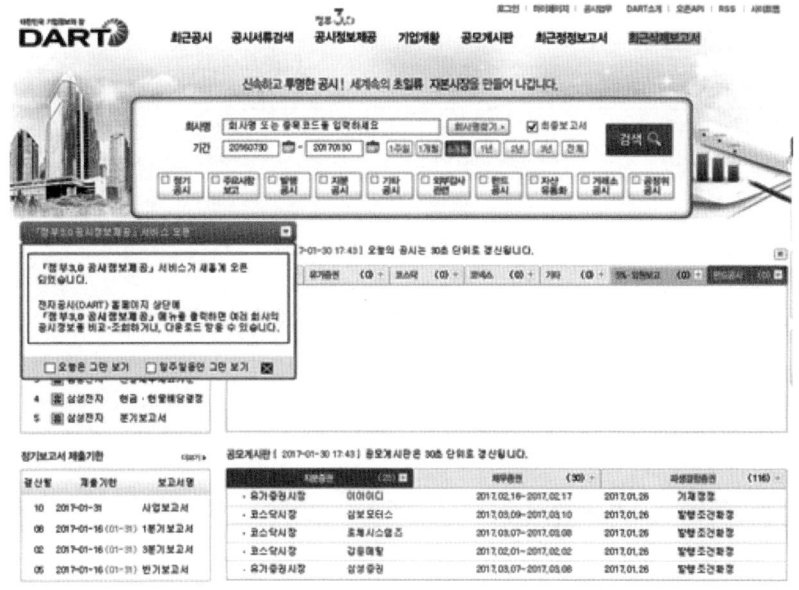

여기서 '삼성전자'를 입력하고 기간은 최근 1년을 입력한 뒤 검색 버튼을 눌러본다. 좀 더 구체적으로 사업보고서를 찾고 싶으면 '정기공시' 메뉴에서 '사업보고서'의 체크박스를 클릭하면 된다.

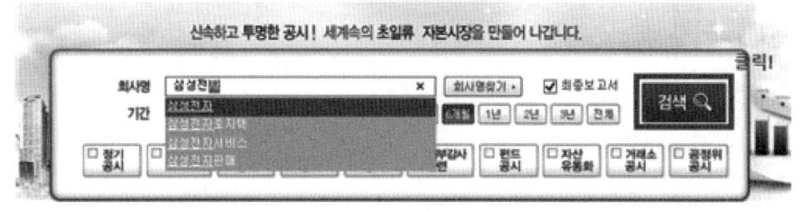

Chapter 01 재무제표의 첫걸음   49

그러면 검색결과가 나온다. 가장 최근에 공시된 사업보고서가 검색되었다. 사업보고서를 클릭해보자.

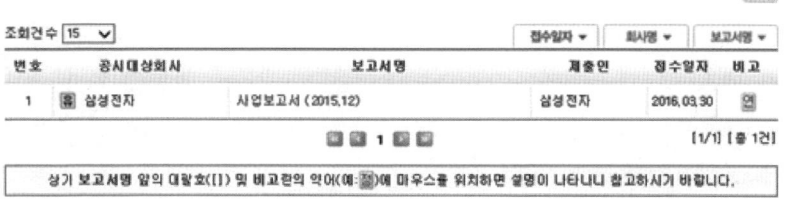

사업보고서에 들어가 왼쪽 메뉴 중에서 '재무제표'를 클릭하면 재무상태표부터 각종 재무제표를 볼 수 있다.

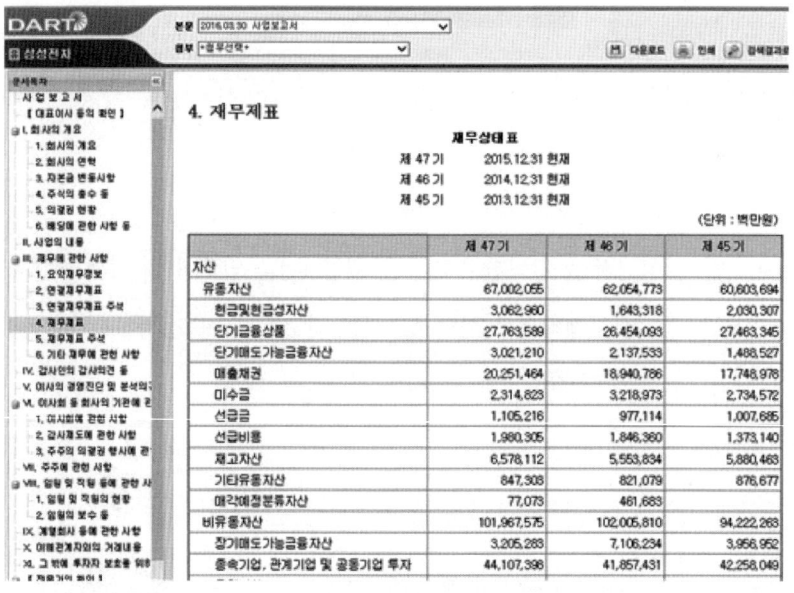

삼성전자의 재무상태표를 보면 최근의 자산, 부채, 자본이 얼마인지 알 수 있다. 가히 어마어마한 금액이다.

장기충당부채	457,290	437,974	415,718
기타비유동부채	3,337	3,827	152,054
부채총계	**32,541,375**	31,383,508	32,455,190
자본			
자본금	897,514	897,514	897,514
우선주자본금	119,467	119,467	119,467
보통주자본금	778,047	778,047	778,047
주식발행초과금	4,403,893	4,403,893	4,403,893
이익잉여금(결손금)	143,629,177	134,464,189	122,029,419
기타자본항목	(12,526,126)	(7,113,271)	(4,960,059)
매각예정분류기타자본항목	23,797	24,750	
자본총계	**136,428,255**	132,677,075	122,370,767
자본과부채총계	168,969,630	164,060,583	154,825,957

 삼성전자는 부채만 32.5조나 된다. 자본은 135.4조이므로 합하면 자산규모가 169조다. 이렇게 거대한 규모의 기업이 있다니!
 어쨌든 전자공시시스템에서 검색해보면 주식시장에 상장된 기업들의 재무구조를 면밀히 알 수 있다.

기업 홈페이지를 통해 재무정보 구하기

 전자공시시스템에 나오지 않는 기업의 경우 그 기업의 홈페이지에 들어가면 요즘 웬만해서는 기업의 기업설명회IR 자료를 발견할 수 있다. 기업도 투자자를 모집하려면 자기 회사를 홍보할 필요가 있다. 그렇기 때문에 기업 홈페이지에는 기업의 재무상태나 경영성과를 자체적으로 공시하게 되어 있고, 이것을 참고하면 재무정보를 수집할 수 있을 것이다.

네이버와 카카오의 재무상태표 비교

 기업의 재무상태표를 입수하는 방법을 알았으니 이제 그 기업 간 규모나 재무상태를 어떻게 비교하면 되는지 알아보자. 좀 더 쉽게 이해할 수 있도록 동일한 IT 서비스 업종에서 네이버와 카카오의 재무상태표를 비교, 분석해보자.

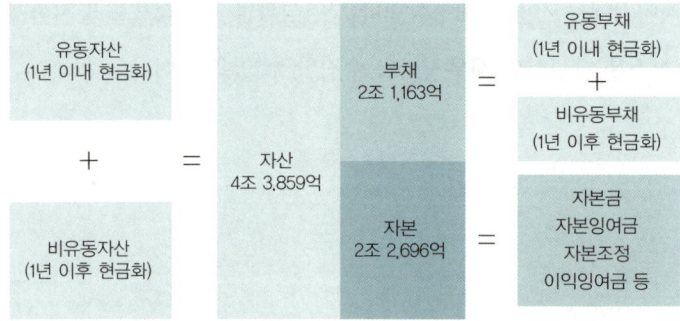

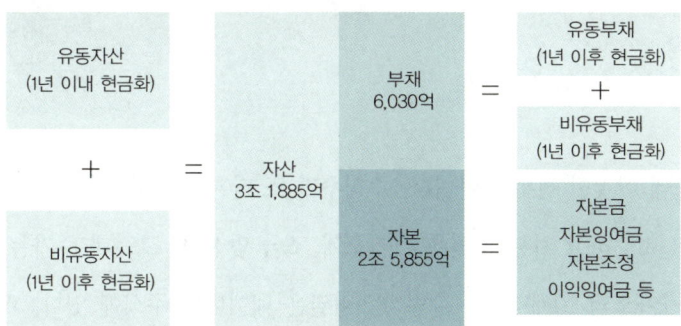

이제 두 기업을 한번 분석해보자. 전자공시시스템을 통해 2015년 말 두 기업의 재무상태표를 보고 자산, 부채, 자본의 금액을 요약해보았다. 네이버의 자산은 약 4.4조, 카카오의 자산은 약 3.2조로 네이버가 1.2조 많다. 언뜻 보기에는 규모 면에서 네이버가 훨씬 크므로 주주가치가 더 높은 기업이라고 생각하기 쉽다.

하지만 부채 규모를 잘 따져봐야 한다. 네이버의 부채 규모는 약 2.1조인 반면 카카오의 부채 규모는 0.6조밖에 안 된다. 부채 면에서 네이버가 1.5조 앞선다. 그래서 자본 규모를 비교해보면 네이버의 자본 규모는 약 2.3조, 카카오는 약 2.6조이다. 카카오가 주주가치인 자본이 0.3조나 앞서는 것이다. 이것을 보면 카카오가 규모는 작지만 자본구조 측면에서 보면 부채 비율이 낮아 더 안정적인 기업이다. 게다가 주주지분인 자본도 카카오가 앞선다.

이렇게 분석해보고 나니 어떤 생각이 드는가? 두 기업이 비슷하지만 카카오가 좀 더 좋아 보이지 않는가?

NAVER 035420 >
753,000 ▼ 10,000 (-1.31%)

카카오 035720 >
77,100 ▲ 1,000 (+1.31%)

그런데 이것이 전부가 아니다. 주식수가 또 다른 변수다. 사실 자본은 두 기업이 비슷하고 자본 총액은 카카오가 조금 앞선다. 그런데 주가는 네이버가 카카오의 10배다. 왜 그럴까? 비밀은 네이버의 주식에 있다. 카카오의 주식수는 6천만 주인 반면 네이버의 주식수는 3천만 주로 카카오의 주식수가 두 배나 많다. 그래서 네이버의 주가가 더 높은 것이다.

12
재무상태표로 본 자금의 조달과 경영

재무상태표의 왼쪽은 차변이고 오른쪽은 대변이다. 차변에는 자산이 기록되어 있고, 대변에는 부채와 자본이 기록되어 있다.

자산은 쉽게 말해 회사의 재산을 말한다. 회계상으로는 앞으로 기대되는 수익의 현재가치 또는 미래 경제적 효익[첫술]에 대한 기업의 통제를 자산이라고 하는데, 기업의 권리로 이해해도 무방하다. 기업의 자산은 현금 및 현금성자산, 상품 및 제품 등 재고자산, 건물과 구축물, 기계장치, 차량운반구, 특허권, 금융자산 등 다양한 종류로 구성된다.

자산은 기본적으로 취득 당시의 가격인 역사적 원가로 기재하며, 간혹 회계기준서[GAAP : Generally Accepted Accounting Principle]에서 요구할 경우에는 시장가치 또는 공정가치로 측정해 기록한다. 기업은 이러한 자산을 경영해 매출액 등의 수익을 창출한다. 결국 자산을 잘 사용해서 돈을 버는 것이 기업이다.

재무상태표

차변	대변
자산 (경영하여 돈을 벌어오는 회사의 재산)	부채
	자본

자산 중에서 현금 및 현금성자산, 재고자산, 단기금융자산 등 단기간에 걸쳐(회계적으로는 1년 이내 또는 정상 영업주기 이내) 현금화가 되는 자산을 유동자산이라고 한다. 그리고 토지 및 건물, 기계장치, 장기투자자산 등 장기간에 걸쳐(회계적으로는 1년 이후 또는 정상 영업주기 이후) 현금화되는 자산을 비유동자산이라고 한다.

자산을 취득하려면 자금이 필요한데, 이러한 자금을 조달하는 원천을 나타낸 것이 재무상태표의 대변이다. 대변은 부채와 자본으로 나누어 기록되어 있다. 부채는 채권자에게 자금을 조달한 것을 말하며 언젠가 갚아야 할 빚이다. 부채도 자산과 마찬가지로 단기간에 갚아야 하는 경우에는 유동부채, 장기간에 걸쳐 갚아도 되는 경우에는 비유동부채로 나타낸다.

자본은 주주에게서 자금을 조달한 것을 말하며, 회사 투자자의 몫을 나타낸다. 사실 자본은 기업의 주인인 주주에게 귀속되므로 자산에서 부채를 뺀 나머지인 순자산이라 부르기도 한다.

재무상태표

차변	대변
자산	부채 (채권자에게서 조달한 자금)
	자본 (주주에게서 조달한 자금)

13 부채와 자본은 하늘과 땅 차이

기업 경영에서 가장 중요한 구분은 부채와 자본의 구분이다. 자산을 경영하기 위해 조달할 수 있는 자금의 원천은 부채와 자본이라는 것을 앞에서 이야기했다. 언젠가는 갚아야 할 돈을 부채라 하고, 회사가 망하지 않는 한 갚을 의무가 없는 돈을 자본이라고 한다. 즉, 자본은 기업의 주인인 주주의 자금이므로 늘어나면 주주의 이익이고 줄어들면 주주의 손해라고 보면 된다.

이러한 자금 조달의 구분이 중요한 이유는 부채의 특성에 있다. 회사가 부채를 갚지 못하면 파산을 하게 된다. 자본 때문에 기업이 망하는 경우는 거의 없다. 기업 경영에서 회계상으로 가장 중요한 가정은 '계속기업의 가정going concern assumption'인데, 기업이 지속할 수 없다면 망한 것이나 다름없다.

기업의 지속성은 부채를 잘 갚을 수 있느냐에 달려 있다. 부채를 너무 많이 쓰면 파산 위험도 그만큼 커진다. 회사 재산을 처분해도 부채를 갚지 못할 지경에 이르면 회사를 당장 청산하자는 압력에 시달리게 되기 때문이다. 그렇기 때문에 부채 수준을 일정한 정도로 유지하는 것이 경영자의 첫번째 관리목표가 되어야 한다.

　꾸준히 성장세를 보이는 기업은 대부분의 자금을 부채에서 조달해도 탈이 나지 않는다. 다만 갑작스럽게 불황이 오면 과다한 부채를 사용한 기업의 경우 부채상환의 의무가 회사의 경영활동을 압박하고 손익을 악화시키기도 한다. 부채는 필연적으로 이자비용을 야기하므로 경영성과인 순이익에 큰 부담을 준다.

　따라서 부채를 잘 관리하는 것이 자금 조달인 대변의 핵심이고, 이것이 기업의 안정성을 평가하는 기준이다.

14 기업의 장기적 안정성 검토

부채의 비중이 얼마나 되는지를 검토하기에 앞서 반대로 자본의 비중은 충분한지를 검토하는 방법이 있다. 이는 자기자본비율로 검토하게 된다.

자기자본비율은 자산을 운영하기 위해 조달한 자금 가운데 자본이 차지하는 비율을 말하는 것으로 다음 공식으로 나타낼 수 있다.

> 자기자본비율 = 자본 ÷ 자산

자기자본비율은 기업의 장기적 안정성을 볼 수 있는 비율이다. 업종이나 기업의 경영상황에 따라 다르지만 설비투자 등 비유동자산이 많은 부분을 차지하는 기업의 경우에는 20~30% 이상, 단기금융자산 및 재고자산 등 유동자산이 많은 부분을 차지하는 기업은 10~15% 이상이 돼야 안전하다고 말할 수 있다.

기업의 자기자본이 충분한지 여부를 검토하는 것은 기업이 장기적으로 생존해 나갈 수 있는지를 보는 지표다. 자기자본의 충분성은 기업의 장기적인 생존력을 파악하는 데는 유용하지만, 자기자본이 충분치 않다고 하더라도 단기적으로 파산을 하거나 현금부족에 시달린다는 이야기는 아니다.

자기자본비율과 반대되는 지표가 부채비율인데, 공식은 다음과 같다.

$$부채비율 = 부채 \div 자산$$

부채비율은 낮을수록 안전하지만, 부채비율이 지나치게 낮으면 수익성이나 성장성에서 문제가 생기는 경우가 있다. 적당한 부채의 사용은 기업의 가용자금을 늘리고, 수익이 많이 나는 호황에는 주주들이 가져갈 몫이 늘어나는 레버리지 효과$^{leverage\ effect}$를 누릴 수 있다. 따라서 부채를 단순히 나쁘다고만 할 수는 없다.

15 단기적으로 망하지 않을 기업 알아보기

우리는 주변에서 단기적으로 파산하거나 상장폐지 당하는 회사를 자주 목격한다. 오늘날과 같은 4차 산업혁명의 시대에는 오히려 장기적으로 살아남느냐보다 단기적으로 잘 버틸 수 있느냐가 기업의 생존에 더 중요한 이슈인지도 모른다.

만약 누군가가 나에게 당장 어느 기업이 망할지 안 망할지 재무제표를 보고 알려달라고 한다면 가장 먼저 볼 부분은 유동자산과 유동부채다. 유동자산은 1년 이내에 현금화할 수 있는 자산이고, 유동부채는 1년 이내에 갚아야 할 부채이기 때문에 이 둘은 기업의 단기적 상황을 가장 잘 보여준다.

유동자산이 유동부채보다 충분히 많은 기업은 당장 파산할 위험 없이 기업을 경영할 수 있다. 기업이 부채를 갚지 못하면 망하기 때문에 이는 너무 당연한 이치다. 그런데 부채를 갚지 못한다는 것은 당장 갚지 못한다는 것을 뜻하므로 이는 유동부채를 갚지 못한다는 것을 뜻하는 경우가 대부분이다. 당장 현금유출을 막을 길이 없으면 기업은 파산을 선언해야 하기 때문이다.

이것은 재무상태표만 보면 충분히 파악할 수 있다.

유동자산에는 현금 및 현금성자산 외에 기업이 상품을 팔거나 서비스를 제공하고 아직 받지 못한 매출채권·상품·제품·원재료·재공품 등 재고자산, 단기적으로 미리 지출한 금액인 선급금 등이 포함된다. 여기서 현금성자산은 취득 당시로부터 3개월 이내에 회수되는 자산으로서 유동성이 매우 크다고 볼 수 있다.

반면 유동부채는 단기간 내에 갚아야 하는 부채로서 기업이 상품 등을 매입하고 지급해야 할 매입채무, 1년 이내에 상환이 예정돼 있는 단기차입금 등이 있다.

기업은 유동성이 높을수록 단기적으로 안전한데, 이를 확인할 수 있는 지표가 바로 유동비율이다.

$$유동비율 = 유동자산 \div 유동부채$$

유동비율은 클수록 좋지만, 일반적으로 100~120% 정도면 안전하다고 할 수 있다. 대체로 유동자산이 유동부채보다 큰 것이 일반적이며, 업종에 따라 다르지만 100%만 넘으면 큰 문제가 없는 것으로 판단해도 될 것이다.

재무상태표를 통해 알아보는 분식회계 유형

최근에 터진 분식회계 사건 가운데 가장 심각했던 것은 대우조선해양의 분식회계 사건일 것이다. 이 사건은 회계사들도 기업의 분식회계를 파악하지 못해 속는 경우가 많다는 것을 단적으로 보여준다. 재무상태표를 통해 회계사도 속게 만드는 분식회계의 유형을 알아보자.

매출채권으로 매출액과 이익 부풀리기

매출액을 키우면 그만큼 수익이 증가하고 자연스럽게 이익률을 곱한 순이익도 증가해 기업의 경영성과가 좋아 보인다. 매출액이 크게 잡히게 만드는 분식회계 기술은 현금은 유입되지 않는데 이상하게 매출채권(매출하고 받을 돈)은 크게 잡는 방식으로 이루어진다.

만약 재무제표를 보다가 전년도에 비해 갑작스럽게 매출채권이 증가한 것을 발견했다면 뭔가 위험을 감지해야 한다. 회사 담당자가 다른 회사나가상의 거래처와 짜고 매출액을 과다하게 기록했을 가능성이 있기 때문이다. 물론 올해 실적을 늘리기 위해 현금회수 가능성이 낮은 기업과 무리하게 거래했을 수도 있지만, 이 또한 분식회계만큼이나 문제가 많다. 나중에 현금 유동성이 악화될 것이 분명하기 때문이다. 현금회수가 안 되는 매출액은 기업 파산의 가장 큰 원인이다.

매출채권의 분식을 파악하기 어려운 이유 가운데 하나는 대손충당금이라는 회계처리 방식에 있다. 대손이란 회사가 매출채권을 회수하지 못해 비용처리 하는 것을 말하는데, 이를 미리 예상해 매출채권을 감액하는 것을 대손충당금 회계라고 한다. 그런데 앞으로 회수 가능성이 없는 매출채권이 분명한데도 대손충당금을 설정하지 않는 경우 매출채권이 과다하게 표시돼 순이익이 과대표시가 될 수 있다. 이는 단기적으로 발견하기 어렵기 때문에 나중에 한꺼번에 회수되지 않는 매출채권 때문에 기업의 적자규모가 눈덩이처럼 불어나는 경우가 많다. 풍선을 물속에 잠깐 눌러 넣을 수는 있지만 나중에는 강한 힘으로 떠오르는 것과 비슷한 이치다.

재고자산으로 원가 낮추기

재고자산에는 제품, 상품, 원재료 등이 있는데, 이를 이용한 분식회계 규모가 매출액을 부풀리는 것보다 더 발견하기 어렵다. 왜냐하면 회계감사에서 기말재고자산이 적정한지는 회계사들이 수량을 확인하는 작업으로 수행하는데, 사실 진부화된 재고자산인가를 파악하는 것이 현실적으로 불가능하기 때문이다. 기업의 창고에 가서 일일이 한물간 상품이나 원재료인지를 확인하는 작업은 투입시간 대비 효율이 지극히 낮다.

그래서 분식회계를 하려는 회사의 회계담당자는 진부화된 재고자산도 정상적인 재고자산의 원가로 재무상태표에 기록해 비용을 지속적으로 누락하는 수법으로 이익을 부풀린다. 재고자산이 진부화될 경우 재고자산 평가손실로 비용처리를 해야 하며, 이 비용이 클수록 회사의 경영성과는 악화된다. 그래서 이러한 상황을 막기 위해 썩어 있는 재고자산을 정상적인 재고자산으로 둔갑시키는 것이다.

이를 제대로 검토하려면 매출액 대비 재고자산의 비율이나 매출원가 대비 재고자산의 비율이 증가하는지를 봐야 한다. 이 비율이 지나치게 증가하고 있다면 의심해볼 필요가 있다.

17 손익계산서로 기업의 당기 성과 확인

앞에서 재무상태표를 통해 기업의 규모와 재무구조를 파악하는 것을 살펴보았다. 이제 손익계산서를 통해 기업의 수익성을 따져볼 차례다. 손익계산서는 기업의 경영성과를 보여주는 재무제표로서 일정기간 동안 발생한 수익과 비용 및 이 둘의 차액인 순이익을 보여준다. 여기서 계산된 순이익은 주주에게 배당을 줄 수 있는 재원으로서 재무상태표상의 이익잉여금으로 흘러 들어간다.

손익계산서의 구성

손익계산서를 크게 보면 '수익-비용=순이익'으로 구성돼 있다. 수익은 기업이 번 돈, 비용은 기업이 돈을 벌기 위해 쓴 돈을 뜻한다. 또한 순이익은 기업이 올해 벌고 남긴 돈을 뜻한다. 손익계산서는 일정기간 동안 기업이 벌어들인 수익과 비용을 통해 얼마나 이익을 남겼는지 순이익을 따지는 작업을 보여준다.

손익계산서의 구성항목을 구체적으로 살펴보면 다음과 같다.

손익계산서

2017년 1월 1일부터 12월 31일까지

	항목	번호
	매출액	(1)
−	매출원가	(2)
=	매출총이익	(3)
−	판매비와 관리비	(4)
=	영업이익	(5)
+	영업외수익	(6)
−	영업외비용	
=	법인세비용차감전순손익	(7)
−	법인세비용	
=	당기순이익	(8)

(1) 매출액은 기업의 주된 영업활동으로 벌어들인 수익을 뜻한다. 만약 기업이 서비스업이라면 물건을 팔아 벌어들인 수익은 부수입이므로 영업외수익이 된다. 이 기업의 경우 매출액은 서비스를 제공하고 벌어들인 수익이다.

(2) 매출원가는 매출액을 벌어들이는 데 직접 대응되는 비용이다. 판매 기업의 입장에서는 그 물건의 원가가 매출원가일 것이고, 서비스 기업의 입장에서는 그 매출액에 직접 기여한 노무비가 매출원가일 것이다. 매출원가는 컨설팅 실무에서 매출액의 일정비율로 계산할 때가 많은데, 이를 '매출원가율'이라 한다.

(3) 매출총이익은 매출액에서 매출원가를 차감한 금액이다. 매출총이익은

매출을 통해 당장 남긴 돈이라고 보면 된다. 매출총이익에서 시작해 각종 부수비용을 뺄 준비를 하기 때문에 이름은 총이익이지만 수익과 같은 개념이라고 보면 된다.

(4) 판매비와 관리비는 영업활동에 기여한 매출원가를 제외한 모든 비용이라고 보면 된다. 물건을 파는 기업을 가정할 때 물건의 원가가 매출원가라면 그 물건을 홍보하고 광고하는 비용, 사무실 운영비용, 접대비용 등은 모두 판매비와 관리비다.

(5) 영업이익은 매출총이익에서 판매비와 관리비를 차감한 영업활동에서 벌어들인 이익이라고 볼 수 있다. 영업이익은 영업활동의 직접적 결과물이므로 증가 추세에 있다면 그 기업의 사업성이 좋다고 볼 수 있다. 영업활동을 잘하는 기업일수록 영업이익이 높고 매기 증가한다.

(6) 영업외수익과 영업외비용은 영업활동과 관련이 없는 손익이다. 예를 들어 자금을 조달하는 과정에서 발생한 이자비용은 영업외비용이고, 이자수익은 영업외수익이라고 할 수 있다. 물론 금융업을 하는 기업의 경우에는 이것이 주된 영업활동이기 때문에 이자수익이 매출액이 될 수 있지만, 그 외의 모든 기업에서 이자는 영업외 항목이다.

(7) 법인세비용차감전순손익은 영업이익에 영업외수익은 더하고 영업외비용은 차감해서 구한다. 이는 다른 말로 세전이익이라고 하는데, 법인세비용을 계산하기 전 이익의 개념이다.

(8) 회사가 벌어들인 수익에서 모든 비용을 공제하고 남은 순수한 이익인 당기순이익은 결국 회사의 주인인 주주에게 귀속된다. 당기순이익은 재무상태표에서 이익잉여금 항목으로 대체되며, 주주에게 배당금을 줄 수 있는 재원이 된다.

18 실제로 손익계산서를 확인하는 법

손익계산서도 재무상태표와 마찬가지로 재무제표의 일종이다. 따라서 전자공시시스템 dart.fss.or.kr에 들어가면 상장기업의 손익계산서를 거의 얻을 수 있다. 좀 더 쉽게 설명하기 위해 다시 네이버의 손익계산서를 찾아보자. 회사명에 네이버를 입력하고 기간은 1년을 클릭한다. 정기공시를 클릭해 사업보고서를 체크한 다음 검색버튼을 누르면 검색결과로 뜬다.

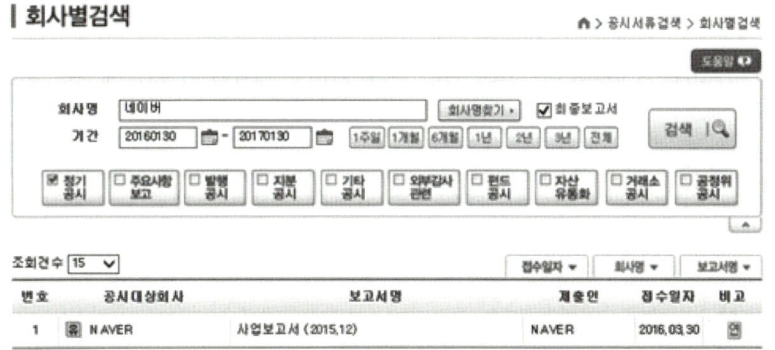

Chapter 01 재무제표의 첫걸음   69

사업보고서를 클릭하면 네이버의 사업보고서 창이 팝업으로 뜨게 돼 있다. 왼쪽 메뉴에서 재무제표를 클릭하고 스크롤을 내리면 손익계산서를 발견할 수 있다.

포괄손익계산서
제 17기 2015. 01. 01부터 2015. 12. 31까지
제 16기 2014. 01. 01부터 2014. 12. 31까지
제 15기 2013. 01. 01부터 2013. 12. 31까지

(단위 : 천원)

	제 17기	제 16기	제 15기
영업수익	2,141,274,744	1,637,164,959	1,223,505,708
영업비용(주23)	1,314,783,446	925,265,388	633,108,161
영업이익	826,491,298	711,899,571	590,397,547
기타이익(주24)	28,903,178	6,760,658	6,983,494
기타손실(주24)	45,210,354	33,375,066	134,309,618
금융수익(주25)	50,553,729	55,493,314	89,516,729
금융비용(주25)	12,237,118	133,759,002	9,862,020
법인세비용차감전이익	848,500,733	607,019,475	542,726,132
법인세비용(주26)	205,905,080	146,363,482	105,439,655
계속영업순이익	642,595,653	460,655,993	437,286,477
중단영업이익(손실)			1,523,357,290
당기순이익(손실)	642,595,653	460,655,993	1,960,643,767

네이버의 손익계산서는 영업수익에서 시작한다. 네이버는 물건을 파는 회사가 아니기 때문이다. 매출액이 모두 서비스 매출이기 때문에 영업수익에서 간단하게 영업비용을 차감하는 형식으로 보여준다.

다음에는 삼성전자의 손익계산서를 가져와보았다. 삼성전자는 제조업이기 때문에 맨 위에 정상적으로 매출액 항목이 있는 것을 확인할 수 있다.

삼성전자 손익계산서
제47기 2015. 01. 01부터 2015. 12. 31까지
제46기 2014. 01. 01부터 2014. 12. 31까지
제45기 2013. 01. 01부터 2013. 12. 31까지

(단위 : 백만원)

	제 47기	제 46기	제 45기
수익(매출액)	135,205,045	137,825,547	158,372,089
매출원가	99,659,336	99,188,713	110,731,528
매출총이익	35,545,709	38,636,834	47,640,561
판매비와 관리비	22,147,494	24,711,840	25,833,556
영업이익(손실)	13,398,215	13,924,994	21,807,005
기타수익	1,543,190	3,507,303	3,130,308
기타비용	792,058	706,929	792,210
금융수익	4,917,385	4,289,118	3,918,900
금융비용	4,714,115	3,733,845	3,846,744
법인세비용차감전순이익(손실)	14,352,617	17,280,641	24,217,259
법인세비용	2,114,148	2,688,860	6,287,739
계속영업이익(손실)	12,238,469	14,591,781	17,929,520
당기순이익(손실)	12,238,469	14,591,781	17,929,520
주당이익			
기본주당이익(손실)(단위 : 원)	82,682	96,784	118,946
희석주당이익(손실)(단위 : 원)	82,680	96,779	118,921

이왕 이렇게 두 기업의 손익계산서를 가져온 김에 한번 비교를 해보자.

네이버의 당기순이익은 6,400억이다. 삼성전자는 당기순이익이 12조가 넘는다. 두 기업의 규모를 보면 사실 비교 자체가 별의미가 없다. 주가도 상당히 차이가 나는 데다 업종도 다르다. 매출수익을 보면 네이버 2조 1400억, 삼성전자 135조로 70배 가까이 차이가 난다. 그런데 당기순이익은 20배밖에 차이가 나지 않는다. 그렇다면 삼성전자의 경우 중간에 비용으로

차감되는 항목이 어마어마하다는 것을 추측해볼 수 있다. 실제로도 그렇다는 것을 확인해보기 바란다.

투자를 하거나 기업분석을 할 때 매출액 규모만 보고 섣불리 판단하는 경우가 많다. 그러나 매출액이 아무리 커도 비용을 통제하지 못하면 당기순이익이 크게 나올 수 없고, 오히려 당기순손실을 기록 중인 적자기업일 수도 있다. 따라서 비용구조도 잘 따져봐야 한다. 구체적인 분석기법은 4장에서 소개하기로 한다.

19 매출액과 당기순이익의 추세로 안정성 파악하기

 기업의 손익계산서로 수익성을 분석할 때 가장 먼저 하는 것이 매출액과 영업이익, 그리고 당기순이익이 매년 증가 추세인지를 보는 것이다. 네이버 금융에서 관심이 있는 기업명을 검색하기만 해도 매년 매출액과 영업이익, 당기순이익 금액을 확인할 수 있다. 물론 금융감독원의 전자공시시스템에서도 검색하면 요약재무정보를 통해 이를 금방 확인할 수 있다.

 매출액과 영업이익, 당기순이익이 모두 증가하고 있는지를 봐야 수익성과 수익의 질 quality을 알 수 있다.

 앞에서 보았던 스타벅스커피코리아의 매년 (포괄)손익계산서를 다시 살펴보자. 매출액은 2015년에 비해서 2016년에 2,289억 원이나 증가했으며, 이와 더불어 영업이익은 381억 원이 증가해 거의 두 배나 늘어난 것을 알 수 있다. 당기순이익도 370억이 증가해 전년보다 2.3배 증가한 수치를 나타냄으로써 이익의 증가세뿐만 아니라 질도 개선되었음을 알 수 있다. 그

	2014년도	2015년도	2016년도
매출액	6,170억 원	7,739억 원	1조 28억 원
(-) 매출원가	(2,721억 원)	(3,507억 원)	(4,448억 원)
= 매출 총이익	3,449억 원	4,231억 원	5,579억 원
(-) 판매비와 관리비	(3,046억 원)	(3,760억 원)	(4,727억 원)
영업이익	403억 원	471억 원	852억 원
+/- 영업외손익	(96억 원)	(189억 원)	(200억 원)
당기순이익	307억 원	282억 원	652억 원

만큼 영업활동으로 벌어들인 수익이 월등히 증가한 것을 파악할 수 있는 것이다. 이때 한 가지 더 파악해야 할 점이 매출원가율이 일정한지 여부다. 매출원가율은 매출액 대비 매출원가의 비율이다.

> 매출원가율 = 매출원가 ÷ 매출액

스타벅스의 경우 2015년의 매출원가율은 약 45%, 2016년의 매출원가율은 약 44%로 매년 일정한 매출원가율을 보이고 있다. 이는 정상적인 영업활동을 하고 있음을 알려준다.

만약 매출원가율이 갑자기 증가한다면 기업의 영업활동에 직접적인 원가가 증가한 것이므로 이익의 질이 낮아진다는 것을 뜻한다. 그 원인은 대부분 원재료 가격이 상승했거나 수익성이 감소해 대량구매의 이점 등이 사라진 경우다. 어느 경우로 보나 기업의 입장에서는 수익성이 악화되었다는 것을 의미하며, 미래의 기업가치도 하락하리라는 것을 알 수 있다.

따라서 이익을 개선하고 싶다면 원가를 적절히 낮춰야 한다. 매출액이 아무리 증가해도 원가가 매출액보다 크면 적자를 기록할 수밖에 없다. 원가를 통제하는 것만 다루는 회계가 원가관리회계인데, 경영자는 각종 민감도 분석을 통해 이를 시뮬레이션하고 경영관리방식의 개선을 통해 지속적으로 원가를 낮추기 위해 노력할 수밖에 없다.

매출원가는 재고자산과 함께 보자

매출원가는 제조 과정에 투입된 지출액인 제조원가와 다르다. 제조원가는 두 가지 경로로 회계처리가 된다. 하나는 기말재고자산으로 자산처리가 되는 것이고, 다른 하나는 매출원가로 비용처리가 되어 이익을 줄이는 데 기여하는 것이다.

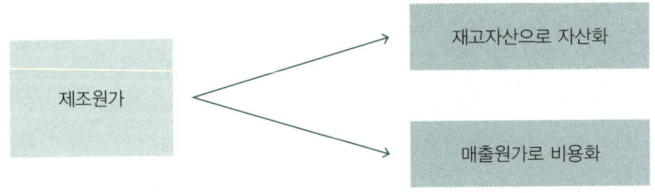

제조공정에서 완성된 제품 가운데 고객에게 팔려서 기업 외부로 나간 것만 매출원가로 비용처리가 되고, 아직 팔리지 않고 창고에 남아 있는 것은 재고자산이라는 항목으로 재무상태표에 자산으로 기록된다.

기업이 제조공정이나 상품으로 지출한 것은 우선 재무상태표의 자산으로 기록되는 것이 원칙이다. 그리고 당기에 팔려나간 것만 비용으로 처리돼 손익계산서에 매출원가로 기록된다. 이것은 매우 중요한 논리다.

만약 제조기업이 팔리지도 않는 제품을 계속 생산한다면 손익계산서상의 매출원가는 기록되지 않지만 재무상태표상의 재고자산은 지속적으로 증가하게 된다. 이는 손익계산서상에서는 단기적으로 이익이 발생하는 것처럼 나타난다. 지출액이 모두 비용처리가 되지 않기 때문이다. 오히려 대량으로 생산하면 제품 1개당 원가는 낮아지므로 매출원가가 낮아지기도 한다. 재고자산의 부담을 떠안으면서 무식하게 생산만 하려는 이유가 여기에 있다.

기업의 제조원가에는 생산을 하지 않아도 발생하는 고정원가라는 것이 있다. 고정원가는 1개를 생산해도 1천만 원, 1천만 개를 생산해도 1천만 원이 발생한다. 1개를 생산하면 1개당 원가가 1천만 원이겠지만, 1천만 개를 생산하면 제품 1개당 원가는 1원이 된다. 그렇기 때문에 매출원가를 줄이는 방법으로 생산량을 늘리고 재고자산을 쌓아두는 방식을 택하는 것이다. 이러한 분식회계 문제를 줄이려면 재고자산의 수준이 적정한지를 함께 대조해서 보는 것이 중요하다.

판매비와 관리비, 영업외손익도 같이 보자

 앞서 매출액과 매출원가에서 어느 부분을 중점적으로 봐야 하는지에 대해 설명했다. 이제 최종적으로 영업이익과 당기순이익을 결정하는 판매비와 관리비, 영업외손익에 대해 알아보자.

 판매비와 관리비에는 판매활동에 들어가는 광고비, 판촉비, 매장 인테리어에 따른 감가상각비, 종업원 급여, 매장 임차료, 수도광열비 등이 포함된다. 이는 영업활동에서 발생하는 각종 직접비·간접비를 의미하며, 기업의 영업활동에 기여하는 비용이다.

 다시 스타벅스커피코리아의 (포괄)손익계산서로 분석해보자.

 스타벅스커피코리아의 판매비와 관리비는 2014년에 3,046억 원, 2015년에 3,760억 원, 2016년에는 4,727억 원으로 약간씩 증가하는 추세이다. 이때 함께 살펴봐야 할 것이 판매비와 관리비 비율이다. 일명 '판관비율'인데, 이는 매출에서 판관비가 차지하는 비율(판매비와 관리비÷매출액)을 뜻한다.

	2014년도	2015년도	2016년도
매출액	6,170억 원	7,739억 원	1조 28억 원
(−) 매출원가	(2,721억 원)	(3,507억 원)	(4,448억 원)
= 매출 총이익	3,449억 원	4,231억 원	5,579억 원
(−) 판매비와 관리비	(3,046억 원)	(3,760억 원)	(4,727억 원)
영업이익	403억 원	471억 원	852억 원
+/− 영업외손익	(96억 원)	(189억 원)	(200억 원)
당기순이익	307억 원	282억 원	652억 원

스타벅스커피코리아의 매년 판관비율을 따로 계산해보면 다음과 같다.

	2014년도	2015년도	2016년도
판관비율	49.36%	48.58%	47.13%

이 표를 보면 매년 판매비와 관리비의 비율이 감소한 것을 알 수 있다. 매출액에서 판관비가 차지하는 비율이 감소한다는 것은 영업활동에서 발생하는 각종 비용의 절감에 성공하고 있다는 것을 뜻한다. 또한 판관비율이 고르게 감소한다는 데서 매년 광고비보다 매출액의 증가폭이 더 크다는 것도 유추해볼 수 있다. 이는 순이익의 질적 수준이 개선되고 있다는 것도 알 수 있는 부분이다.

한편, 영업외손익은 영업외수익과 영업외비용을 의미한다. 영업외수익은 영업이익에 가산하고 영업외비용은 영업이익에서 차감해 기업의 순이익을 계산한다.

사실 기업 영업활동의 효율과 수익성을 보려면 영업외손익이 아니라 그 윗단계의 손익인 영업이익을 보면 된다. 그러나 때에 따라서는 영업외손익이 매우 크게 발생해서 기업의 경영성과에 큰 영향을 미치기도 한다. 영업외수익에는 자산수증이익(제3자에게 무상으로 급부를 받은 경우), 채무면제이익(채권자에게서 채무를 탕감받은 경우), 단기금융자산 평가이익 등이 있다. 또한 영업외비용에는 대표적으로 이자비용 등이 있다.

기업의 영업활동을 위해서는 자금을 차입하게 되는데, 영업외비용에서 차지하는 비중이 가장 큰 항목이 차입의 대가인 이자비용이다. 이자비용이 과다하면 아무리 영업이익이 커도 당기순이익이 마이너스일 수밖에 없으며, 이는 이익의 질을 결정하는 결정적 변수다.

스타벅스커피코리아의 영업외손익

	2014년도	2015년도	2016년도
+/− 영업외손익	(96억 원)	(189억 원)	(200억 원)
당기순이익	307억 원	282억 원	652억 원

스타벅스커피코리아의 영업외손익은 2014년 96억 원에서 2015년 189억 원으로 100억 원 가까이 증가했고, 2016년에는 200억으로 크게 증가하지 않았다. 이는 2014년에 발생한 대규모 차입 등으로 2015년부터 이자비용이 증가했을 수 있다는 것을 알려주고, 결과적으로 2015년 당기순이익의 감소를 가져왔음을 알 수 있다. 이는 단기적으로 영업이익이 이자비용 등을 감당하지 못한 결과다.

22 현금흐름표 기본기 다지기

 현금흐름표는 기업의 현금변동을 당해 회계연도의 기초현금과 기말현금 중간에 활동별로 세분화해 보여준다. 현금흐름표에서 세분하는 활동은 영업활동, 투자활동, 재무활동으로 구분된다. 구체적으로는 기초현금액에 영업활동 현금흐름, 투자활동 현금흐름, 재무활동 현금흐름을 가감해 기말현금액을 구하는 일련의 과정을 표로 만든 것이다.

 현금흐름표는 다른 재무제표와 확연히 다른 특징이 하나 있는데, 바로 '현금주의' 원칙을 토대로 작성했다는 점이다. 현금흐름표를 제외한 재무제표는 모두 '발생주의' 회계원칙에 따라 작성된다. 여기서 간단히 발생주의와 현금주의에 대해 알아보고 넘어가자.

 현금주의는 현금의 유출과 유입이 있는 항목만 회계처리를 하는 방법이다. 이는 일반적으로 우리가 가계부를 작성하는 방법과 유사하다. 실제로 현금이 들어오면 플러스(+) 항목으로 기록하고 현금이 나가면 마이너스

(-) 항목으로 기록한다. 만약 기업의 거래가 100% 현금 유출입이 있는 거래라면 현금흐름표의 현금유출입과 손익계산서의 당기순이익이 일치할 것이다.

그렇다면 현실은 어떨까? 현금흐름표와 손익계산서는 절대 일치할 수 없다. 만약 일치했다면 그것은 우연의 일치거나 현금만 통과하는 도관pipe line 기업일 것이다.

현금주의와 달리 발생주의는 실제로 현금이 들어오거나 나가지 않아도 회계상 거래가 발생했다면 모두 기록하는 방식이다. 현금이 실제로 들어오지 않아도 기록해야 할 거래는 매우 많다. 예를 들어 상품 100만 원어치를 거래처에서 외상으로 구입했다고 하자. 이때 현금이 나가지는 않았지만 상품은 우리 기업의 창고로 들어온다. 그래서 차변에 상품 100만 원을 기록해야 한다. 그렇다면 대변에는 어떨까? 현금이 나가지는 않았지만 앞으로 갚아야 할 돈이므로 부채가 잡혀야 한다. 따라서 대변에는 매입채무라는 부채를 기록한다.

이처럼 발생주의 회계원칙을 적용하기 때문에 다른 재무제표는 다소 복잡한 계정과목이 얽히고 꼬여 있다. 이를 잘 풀어서 현금유출입만 발라내어 작성하는 것이 현금흐름표다.

구체적으로 2015년 12월 31일에 공시된 크리스탈신소재라는 회사의 현금흐름표를 살펴보자.

이 현금흐름표를 보면 맨 아래에 기초현금 및 현금성자산과 기말현금 및 현금성자산의 금액이 나와 있다. 이를 통해 이 기업의 현금이 4기에 감소한 것을 알 수 있다. 기초현금 547,625,562에서 기말현금 501,723,054로 45,902,508이나 줄어든 것이다.

	제4기	제3기	제2기
영업활동으로부터 발생한 현금흐름			
당기순이익	146,366,365	115,196,420	132,501,110
조정사항 :			
감가상각비	8,905,854	8,794,182	3,997,460
무형자산상각비	734,722	374,124	387,301
유형자산폐기손실	102,983	0	0
이자수익	2,029,598	1,161,128	795,195
이자비용	2,032,802	2,469,441	2,698,426
법인세비용	26,837,617	22,470,798	0
재고자산의 증감	(323,852)	1,835,480	2,878,375
매출채권 및 기타채권의 증감	(14,019,540)	(10,207,182)	(56,647,992)
기타자산의 증감	(6,589,888)	(333,955(	(3,597)
이연법인세자산의 증감	181,867	0	0
매입채무 및 기타채무의 증감	19,549,328	(8,177,805)	37,516,419
이자수취	2,029,598	1,091,362	795,195
이자지급	2,032,802	2,539,208	2,698,426
법인세지급액	25,865,248	25,207,860	18,760,806
투자활동으로부터 발생한 현금흐름			
유형자산의 취득	214,922,132	924,130	55,883,336
무형자산의 취득	508,288	406,139	18,633
재무활동으로부터 발생한 현금흐름			
단기차입금의 증가	43,000,000	30,000,000	0
단기차입금의 상환	30,000,000	40,000,000	0
유상증자	0	166,411,348	40,222,341
현금및현금성자산의순증가	(45,902,509)	256,014,788	90,431,892
기초현금및현금성자산	547,625,562	291,610,774	201,178,882
기말현금및현금성자산	501,723,054	547,625,562	291,610,774

그 원인을 보여주는 것이 바로 그 위에 나와 있는 영업활동·투자활동·재무활동 현금흐름의 내역이다. 이 기업의 경우 영업활동 현금흐름과 재무활동 현금흐름을 통해 현금이 유입되었다는 것을 알 수 있지만, 투자활동 현금흐름의 내역에서 유형자산 취득이 크게 발생했다. 이것만 봐도 4기에 이 기업에서 대규모 공장을 설립했거나 설비를 증설했다는 것을 알아챌 수 있다.

제목	증설 및 제3공장 건설 관련 진행상황 보고		
작성자	관리자	작성일	2017.01.05
파일		조회	443

안녕하세요 크리스탈신소재 홈페이지 관리자입니다.
합성운모플레이크 신규 설비 생산 개시 및 제3공장 허가 관련한 문의가 많아 정리해서 알려 드립니다.

Q) 합성운모플레이크 증설 관련 사항 정리
A) 합성운모플레이크 생산 설비 추가 1.5만톤 증설은 완료가 되었으며 현재 전기용로 60기에 대한 순차적인 테스트 생산과 본생산을 병행하여 실시하고 있습니다. 증설된 설비로부터의 생산되는 합성운모플레이크와 내부 소진을 통해 가공 제조되는 합성운모파우더의 매출은 1분기에 일부 반영되기 시작할 것으로 기대하고 있습니다. 원래 계획했던 증설 및 생산개시 일정을 맞추는 데 차질을 빚어 투자자 여러분에게 양해의 말씀을 드립니다.

Q) 제3공장 건설에 대한 허가 절차 진척 사항
A) 신공장 인허가 진행 절차는 아래와 같습니다.

 1. 건설당국 (준공 검사) --> 2. 서류 등록 --> 3. 건물관리국 (측량 제도) --> 4. 합격증서 발급 --> 5. 서류 보관 및 부동산등기증 취득(인허가 완료)

실제로 크리스탈신소재 홈페이지에 들어가보니 FAQ에 공장증설에 대한 공지사항이 위와 같이 올라와 있었다. 이처럼 현금흐름표를 보면 그 기업에 어떤 이슈가 있는지 쉽게 알 수 있다.

23 현금흐름표 작성법 익히기

 현금흐름표를 작성하는 방법은 영업활동 현금흐름을 작성하는 방법에 따라 직접법과 간접법으로 나뉜다.

 직접법은 영업활동 현금흐름을 세부적으로 고객으로부터 창출한 현금유입, 종업원에 대한 현금유출, 공급자에 대한 현금유출 등으로 나누고 각각의 금액을 합계해 총액으로 계산한다. 반면 간접법은 기업의 당기순이익에서 시작해 간접적으로 현금유출입이 없는 항목들을 조정해 영업활동 현금흐름을 계산한다. 두 방법 모두 결과치인 영업활동 현금흐름은 같다.

직접법으로 현금흐름표 작성하기

 직접법은 영업활동 현금흐름의 직접적인 성격을 분석해 개별적으로 각 항목의 현금흐름을 구해 합산하는 방식이다. 이는 현금유입액을 원천별로 구분하고 현금유출도 각 용도별로 구분해 표시한다. 이에 따라 현금유출과 유입을 매출과 매출원가, 급여 등에서 조정해 현금주의 수익과 비용으로 전환한다는 점에서 현금주의 손익계산서라고 불리기도 한다.

> **〈참고〉 직접법 현금흐름표**
>
> 영업활동 현금흐름
> 1. 고객으로부터 유입된 현금   100,000,000
> 2. 공급자에 대한 현금유출   (50,000,000)
> 3. 종업원에 대한 현금유출   (20,000,000)
> 4. 이자로 인한 현금유출   (5,000,000)
> 5. 법인세 납부로 인한 유출   <u>(5,000,000)</u>
> 영업활동 순현금흐름   20,000,000

이를 작성하려면 각 항목별 현금을 구할 필요가 있다. 예를 들어 고객으로부터 유입된 현금은 다음과 같이 구한다.

> 매출액 + 매출채권의 감소액 − 매출채권의 증가액

즉, 매출액을 현금으로 받는다는 가정 아래 매출채권이 증가하면 그만큼 현금으로 못 받았기 때문에 차감하고, 매출채권이 감소하면 그만큼 현금을 더 회수했으므로 가산한다.

간접법으로 현금흐름표 작성하기

간접법은 기업의 손익계산서에 있는 당기순이익에서 시작해 현금유출이 없는 비용은 가산하고, 현금유입이 없는 수익은 차감한 다음 영업활동으로 인한 자산과 부채의 변동을 가감해 영업활동 현금흐름을 계산하는 방법이다. 이는 당기순이익과 현금흐름의 관계를 잘 보여주고 작성이 쉽다는 장점이 있다. 대부분의 법인에서는 간접법을 선호하는데, 최근 국제회계기준의 도입으로 직접법을 권고하는 추세이기는 하다.

이제 구체적으로 간접법으로 현금흐름표를 작성해보자.

우선 간접법을 위해서 영업활동과 관련이 없는 손익을 당기순이익에서 조정할 필요가 있다. 제거해야 하는 손익항목에는 현금의 유출과 유입이 없는 손익과 투자활동 및 재무활동과 관련한 손익이 있다. 이것을 제거해야 손익계산서의 당기순이익이 현금의 유입과 유출이 있는 영업손익만 남게 되기 때문이다.

```
당기순이익
- 현금유입 없는 영업수익
+ 현금유출 없는 영업비용(감가상각비)
+ 영업활동 관련 자산 감소
- 영업활동 관련 자산 증가
+ 영업활동 관련 부채 증가
- 영업활동 관련 부채 감소
= 영업활동 현금흐름
```

〈사례〉 간접법으로 영업활동 현금흐름 구하기

(주)상빈은 2016년 손익계산서상으로 당기순이익이 50,000,000이다. 이 회사는 감가상각비가 10,000,000이고, 사채상환손실이 5,000,000이다. 손익계산서를 보니 유형자산 처분이익 20,000,000이 눈에 띈다. 영업활동과 관련해 자산과 부채의 증감내역은 다음과 같다.

	2016년 말	2015년 말	증감액
매출채권	125,000,000	135,000,000	10,000,000 감소
매입채무	55,000,000	40,000,000	15,000,000 증가
재고자산	40,000,000	30,000,000	10,000,000 증가
급여미지급금	21,000,000	11,000,000	10,000,000 증가

이 자료를 통해 현금흐름표상의 영업활동 현금흐름을 계산하면 다음과 같다

현금흐름표
2016년 1월 1일부터 12월 31일까지

영업활동 현금흐름
  1. 당기순이익　　　　　　　　50,000,000
  2. 감가상각비　　　　　　　　10,000,000
  3. 사채상환손실　　　　　　　5,000,000
  4. 유형자산 처분이익　　　　(20,000,000)
  5. 매출채권 감소　　　　　　10,000,000
  6. 매입채무 증가　　　　　　15,000,000
  7. 재고자산 증가　　　　　　(10,000,000)
  8. 급여미지급금 증가　　　　<u>10,000,000</u>
영업활동 순현금흐름　　　　　　70,000,000

주석도 재무제표다

 사람들이 재무제표의 한 종류인데도 잘 모르는 것이 주석이다. 주석은 재무제표 본문에 대한 상세 정보와 재무제표 본문에 기재할 수 없는 추가정보를 부연 설명하는 것이다. 재무상태표를 보면 자산의 종류도 가지각색인데 그냥 유형자산으로 통일해서 표시하는 경우가 많다.

 그렇다면 각 자산의 내역과 자산에 담보처럼 권리가 제한돼 있는지 여부를 알려면 어떻게 해야 할까? 그럴 때 보는 것이 주석이다.

 삼성전자의 재무제표를 검색해서 보면 주석이 의외로 자세히 나와 있다. 주석은 유형자산의 감가상각 방법과 내용연수 등 회계처리 방법을 명시하고 있기도 하지만 특이한 사항에 대해서는 자세히 분석하고 있다. 그 가운데 매출채권이 눈에 띄는데, 매출채권을 잘 회수할 수 있느냐 하는 것은 많은 이해관계자들에게 중요한 문제다. 이에 대한 주석 내용은 다음과 같다.

가. 매출채권

(단위 : 백만 원)

구분	당기말	전기말
외부신용등급이 있는 거래상대방		
상환능력 우수, 최고	395,067	608,089
상환능력 양호	731,050	417,334
상환능력 적정	45,004	62,244
상환가능	125,353	957
소계	1,296,474	1,088,624
외부신용등급이 없는 거래상대방		
Group 1	17,781,245	16,703,909
Group 2	769,096	657,351
Group 3	-	4,845
소계	18,550,341	17,366,105
연체 및 손상되지 아니한 매출채권 계	19,845,815	18,454,729

매출채권의 금액이 18,550,341백만 원으로 공시되어 있지만, 구체적인 내역은 상환능력별로 나누어 설명하고 있다.

상환능력 우수, 최고	- Aaa~Aa(Moody's), AAA~AA(S&P, Fitch), A1(국내신용평가사)
상환능력 양호	- A(Moody's, S&P, Fitch), A2(국내신용평가사)
상환능력 적정	- Baa(Moody's), BBB(S&P, Fitch), A3(국내신용평가사)
상환가능	- Ba 이하(Moody's), BB 이하(S&P, Fitch), B 이하(국내신용평가사)
Group 1	- 외부신용등급이 없는 연결자회사
Group 2	- 자본잠식경험 및 채무불이행경험이 없는 일반고객
Group 3	- 자본잠식경험 및 채무불이행경험이 있으나 보험 및 담보가 설정되어 채무불이행위험이 해소된 일반고객

이런 정보를 보면 단순히 금액만 볼 때보다 기업에 대해 훨씬 자세히 이해할 수 있다. 주석을 자세히 들여다보면 우량하다고 생각했던 기업의 위

험요소도 발견할 수 있다.

주석은 회계정보 가운데 가장 중요한 '설명'에 해당하는 부분이다. 재무제표만 보고 주석을 보지 않는다면 재무제표의 절반만 이해하는 것이다. 아쉽게도 주식투자자나 그 밖의 정보이용자들은 대부분 재무제표의 숫자만 보려 할 뿐 주석에는 관심을 기울이지 않는다. 이 책의 독자들은 앞으로 재무제표를 분석할 때 주석을 보는 습관을 들이길 바란다.

〈참고〉 **현금흐름표 주석 공시 사항**

1. 현금의 유출입이 없는 투자 및 재무활동에 속하는 거래 중에서 중대한 거래는 주석에 공시한다.
기본적으로 현금흐름표는 현금의 흐름을 나타내는 재무제표다. 따라서 원칙적으로 현금의 흐름이 발생하지 않는 형식적인 계정 대체거래는 나타내지 못한다. 그러나 당장 현금흐름이 발생하지 않아도 미래의 현금흐름에 영향을 주는 중대한 거래의 경우에는 현금흐름표에 직접적으로 명시하지는 않더라도 주석으로 부연설명을 하게 되어 있다. 여기에서 미래 현금흐름에 중대한 영향을 줄 수 있는 투자활동과 재무활동은 다음과 같다.

(1) 무상증자, 무상감자, 주식배당
(2) 전환사채의 전환
(3) 현물출자로 인한 유형자산의 취득
(4) 유형자산의 손상차손 사유
(5) 장기연불구입 조건으로 매입한 유형자산

2. 간접법으로 현금흐름표를 작성한 경우 직접법으로 작성한 현금흐름표를 주석으로 공시해야 한다.
국제회계기준에서는 직접법으로 작성한 현금흐름표가 정보이용자에게 더 상세한 영업활동 현금흐름에 대한 정보를 제공해주기 때문에 이를 강제하고 있다. 만약 간접법으로 현금흐름표를 작성했다면 주석으로라도 직접법으로 작성한 현금흐름표를 공시해야 한다.

02

재무제표의 구성요소 완전분석

25 자산이란 무엇인가

재무상태표의 등식에 따르면 자산은 부채와 자본을 더한 것과 같다. '자산=부채+자본'이 자산을 붙잡고 있는 논리인 것이다. 그런데 자산은 그 자체로 더 큰 의미가 있다. 자산은 부채와 자본을 통해 끌어온 자본으로 기업을 먹여 살리는 존재이기 때문이다.

자산은 회계적으로는 '미래 경제적 효익의 유입'이고, 법률적으로는 '권리'로 표현할 수 있다. 자산은 기업의 플러스(+) 요소라고 볼 수 있다. 이러한 자산은 1년을 기준으로 유동자산과 비유동자산으로 구분된다. 즉, 1년 이내에 현금화되면 유동자산, 1년 이후에 현금화되면 비유동자산이다.

> 자산 = 유동자산 + 비유동자산

자산은 내 돈이라고 할 수 있는 '자본'과 남의 돈이라고 할 수 있는 '부채'

를 끌어다가 만든다. 기업에서 이런 자산을 그냥 모셔두는 건 말이 안 된다. 그렇기 때문에 기업은 자산을 굴리고 또 굴린다. 기업의 제일의 목적은 이윤추구이므로 자산의 일부로 기계장치를 사서 제품을 생산하고, 일부는 건물을 취득해서 임대한다. 또 일부 자산은 되팔기 위해 보유하고, 일부 자산은 금융소득을 창출하기 위해 보유한다. 이렇게 다양한 목적으로 자산을 보유하면서 경제적 효익(이윤)을 창출하는 것이다.

이렇게 이윤창출에 쓰이는 자산을 그냥 관리할 수는 없다. 뭔가 구분해서 관리해야 하고 기준을 설정할 필요가 있다. 회계에서는 재무상태표상 자산을 유동성에 따라 구분한다. 기준은 1년이다. 1년 안에 현금화되면 유동자산, 1년 안에 현금화되지 않으면 비유동자산이다.

유동자산

유동자산은 기업이 1년 안에 현금화할 수 있는 자산이다. 이는 기업의 입장에서 보면 파산을 방지할 수 있는 최후의 보루다. 금융위기가 발생할 때마다 기업들이 줄도산을 했는데, 그나마 유동자산이 풍부한 기업은 위기에서 살아남을 수 있었다. 보통 유동자산이 유동부채보다 적은 경우 유동성 위기가 왔다고 한다. 빨리 갚아야 할 빚은 많은데 빨리 처분해서 갚을 수 있는 자원이 부족하기 때문이다. 투자를 할 생각이라면 유동자산이 지나치게 적은 기업은 피하는 것이 좋다. 왜냐하면 그런 기업은 유동성 위기를 맞아 언제 파산할지 모르기 때문이다.

그러나 현금 및 현금성자산은 유동자산 가운데서도 유동성이 가장 높은 항목이다. 그 기준은 취득 당시부터 3개월 이내에 현금화가 되어야 한다는 것이다. 현금은 기업의 입장에서는 어떠한 수익을 창출하지 못하며, 다른 자산으로 바꿔서 보유해야 수익을 창출할 수 있다. 그러므로 현금이 지나치게 많은 것도 좋은 신호는 아니다. 이런 특성 때문에 기업들은 일반적으로 주식이나 단기채권을 구입해서 보유하는데, 이것이 단기금융자산이다.

또한 유동자산 가운데 영업활동으로 보유하는 것이 재고자산과 매출채권이다. 재고자산에는 원재료, 재공품在工品, 반제품, 제품, 상품 등이 있다. 상품은 물건을 사고 팔아 이득을 챙기는 상기업에서의 재고자산이고, 나머지는 제조기업에서 볼 수 있는 재고자산이다. 매출채권은 물건을 팔고 아직 받지 못한 '받을 돈'이라고 볼 수 있다.

유동자산은 비유동자산보다 안정성은 높지만 수익성은 높지 않다. 수익성을 높이려면 고정자산과 같은 투자성 자산을 보유해야 한다. 이런 자산의 특징은 현금화가 힘들다는 점이다. 대부분 비유동자산인 것이다. 따라서 유동자산이 많다고 반드시 좋은 신호로만 해석할 수는 없다.

비유동자산

비유동자산은 1년 이내에 현금화가 가능하지 않은 자산이다. 옛날에는 고정자산이라는 용어를 사용했는데, 지금은 모두 비유동자산으로 쓰고 있다. 이는 국제회계기준의 번역 과정에서 생긴 용어로 보인다. 비유동자산은 유형자산과 무형자산, 투자자산, 장기금융자산, 기타 비유동자산으로 구분되지만 그냥 자산 전체에서 유동자산이 아니면 비유동자산이라고 봐도 무방하다.

유형자산은 기업이 보유하고 있는 토지, 건물, 설비, 기계장치 등을 말한다. 유형자산의 특징은 눈에 보이는 물리적 실체가 있다는 것이다. 단기간에 처분이 쉽지 않은 데다 일반적으로 금액도 다른 자산보다 크다. 유형자산은 토지를 제외하고는 매년 가치가 감소한다. 사용할수록 마모되어 없어지거나 진부화되기 때문이다. 따라서 그 형태를 반영해 감가상각을 해주어야 한다.

한편, 무형자산에는 특허권, 디자인권, 실용신안권, 상표권, 개발비, 영업권 등 다양한 종류가 있다. 무형자산의 특징은 물리적 실체가 없고 눈에 보이지 않는다는 것이다. 눈에 보이지 않으므로 최소한 다른 자산과는 구별돼야 하며, 이를 회계에서는 '식별가능성'이라는 용어로 표현한다. 무형자산이 자산으로 인정받으려면 엄격한 요건을 갖춰야만 한다.

투자부동산과 장기금융자산은 배당, 임대료, 이자수익 등을 취하거나 시세차익을 얻을 목적으로 보유하는 자산이다. 삼성에버랜드만 해도 용인에 많은 땅을 보유하고 있지 않은가. 남는 자금을 현금으로 보유하는 것만큼 비효율적인 일도 없다. 기업은 이런 장기자산에 투자해서 이윤을 취한다. 이 외에 동물 같은 생물자산도 비유동자산이다.

현금 및 현금성자산은
기업의 혈액

　기업의 현금 및 현금성자산은 기업에서 가장 유동성이 높은 자산이다. 곧바로 다른 종류의 재산으로 대체가 가능하고, 어떤 부채도 상환이 가능한 '교환의 황제'가 현금 및 현금성자산인 것이다.

　최근 대기업들이 현금보유량을 늘리고 있다. 이는 기업들이 현금으로 배당을 많이 줄 수 있다는 이야기가 된다. 최근의 경제뉴스를 보면 삼성전자를 비롯한 국내 주요 대기업들이 역대 최대규모의 현금을 보유 중인 것으로 나타났으며, 이는 배당에 대한 기대심리를 자극하고 있다. 2017년 1월 25일 에프앤가이드에 따르면 지난해 3분기 말 연결 재무제표 기준 삼성전자의 현금 및 현금성자산은 2015년 3분기 말의 23조 6,084억 원보다 7.03% 늘어난 25조 2,676억 원이었다. 이런 현상은 다른 대기업에서도 나타났다. (브릿지경제, 2017년 1월 25일자)

〈참고〉 주요 대기업의 현금 및 현금성자산의 규모

(단위 : 억 원)

회사명	2015년 3분기 말	2016년 3분기 말	증가율
삼성전자	236,084	252,676	7.03%
현대자동차	64,672	75,784	17.18%
현대중공업	30,158	42,171	39.83%
LG전자	29,613	34,885	17.80%
기아자동차	16,253	25,647	57.79%
롯데쇼핑	18,800	20,212	7.51%
LG화학	12,466	18,961	52.10%
SK하이닉스	5,106	12,147	137.88%
LG디스플레이	5,568	10,759	93.23%

※ 자료출처 : 에프앤가이드

　기업의 재무상태를 파악할 때는 부채가 적고 자본이 많은 것도 물론 중요하지만 무엇보다 중요한 것이 유동성이다. 현금이 없으면 기업은 말라 죽게 되어 있다. 인간에게 혈액이 필요하듯 기업에는 현금이 필요한 것이다. 유동성이 충분히 확보되지 않은 기업은 운영 과정에서 문제가 발생할 여지가 많다. 이런 유동성 때문에 간혹 이익을 내고도 도산을 하는 흑자도산 기업들이 생기는 것이다.

　현금은 기업의 자산 중에서 유동성이 가장 높다. 교환의 매개라는 역할을 수행하는 중요한 자산인 것이다. 여기서 교환의 매개는 수익성보다 다른 자산을 취득하기 위해 사용하는 것을 말한다. 현금은 지폐와 주화처럼 일반적으로 유통되는 통화와 통화대용증권을 말하며, 통화대용증권에는 자기앞수표, 우편환증서 등이 있다. 이처럼 현금으로 즉시 전환되는 것들은 모두 현금으로 볼 수 있다.

현금 및 현금성자산은 기업의 안정성을 평가하는 대표적인 지표다. 현금은 어찌 보면 그 판단이 명확한 반면 어떤 금융자산이 현금성자산인지를 구별하는 일은 생각보다 어렵다. 따라서 현금 및 현금성자산으로 판단하는 분명한 기준과 요건을 알고 따져봐야 한다. 그 요건을 보면 첫째, 큰 거래비용 없이 현금으로 전환이 용이하고, 둘째, 이자율 변동에 따른 가치변동의 위험이 중요하지 않으며, 셋째, 취득 당시 만기가 3개월 이내에 도래해야 한다는 것이다. 이때 3개월의 기산점이 당기말이 아니라 취득 당시라는 점에 유의해야 한다.

〈참고〉 **현금 및 현금성자산 관련규정**

현금	현금, 타인발행수표, 자기앞수표, 송금환, 우편환, 대체저금환금증서, 만기도래한 공사채이자표, 만기도래한 어음, 일람출급어음, 배당금지급통지표 등 * 현금이 아닌 항목 : 차용증서, 선일자수표, 수입인지, 엽서, 우표, 부도수표, 부도어음
현금성 자산	(1) 큰 거래비용 없이 현금으로 전환이 용이 (2) 이자율 변동에 따른 가치변동의 위험이 중요하지 않은 유가증권, 단기금융상품 (3) 취득 당시 만기(상환일)가 3개월 이내에 도래
유의사항	보고기간 종료일로부터 3개월 이내가 아님에 유의 * 현금성자산 사례 – 취득 당시 만기가 3개월 이내에 도래하는 채권 – 취득 당시 상환일까지 3개월 남은 상환우선주 – 3개월 이내 환매조건인 환매채

| 〈참고〉 | 흑자도산이란? |

흑자도산은 장부상 순자산(자산 – 부채)이 플러스(+)이면서도 도산에 이르는 것을 말한다. 흑자도산에 이르는 이유는 기업이 보유하고 있는 자산이 대부분 불량한 채권과 진부화된 재고자산이고 가동률이 낮은 설비 등 유동성이 악화된 자산들로 구성된 데 반해 부채는 대부분 금융권 차입금과 만기가 도래하고 있는 사채들이기 때문이다.

이럴 경우에는 적극적인 매출채권 회수전략과 회사에 기여하지 못하는 유휴설비 등의 매각으로 현금 및 현금성자산의 규모를 늘리는 것이 중요하다. 이는 유동자산을 유동부채보다 늘리면서 특히 현금 및 현금성자산을 확보하는 전략이다. 흑자도산의 악순환을 막으려면 미리 단기부채를 청산하고 현금 및 현금성자산을 확보하는 관리전략이 필요하다.

27 매출채권은 받을 수 있는 금액만 기록

　매출채권은 기업의 주된 영업활동을 통해 수익을 창출하면서 거래처에서 받아야 할 돈을 의미한다. 거래처가 어떤 회사이냐에 따라 돈을 받을 수도, 받지 못할 수도 있다. 돈을 받지 못할 가능성을 평가해 매출채권 금액에서 차감을 해줘야 좀 더 정확한 금액을 정보이용자에게 제공할 수 있다. 이렇게 채권을 회수하지 못할 것 같은 금액을 대손충당금이라 한다.

　매출채권은 주된 영업활동으로 발생한 채권이다. 미수금과 달리 영업활동으로 발생한 것이므로 미수금보다 금액이 크다. 매출채권은 거래처에서 수금을 해야 하는 문제가 발생한다. 매출채권은 형태에 따라 외상매출금과 받을어음으로 나뉜다.

외상매출금이란

　외상매출금은 회사가 고객에게 상품이나 서비스를 제공한 뒤 대금이 아직 회수되지 않은 것을 말한다. 이는 받을 권리가 있는 것이기 때문에 채권이며 자산이다. 기업은 영업활동으로 매출액을 발생시키고, 매출액 가운데 돈으로 아직 회수하지 않은 부분은 외상매출금이 된다. 외상매출금은 모두 회수하는 것이 가장 좋겠지만, 거래처가 파산이나 도산을 할 경우 받지 못하고 대손처리를 해야 할 수도 있다.

외상매출금은 회사가 상품이나 서비스를 외상으로 공급했을 때 발생하고, 받을어음이나 예금으로 회수할 때 감소한다. 결산기가 되면 회수되지 않을 채권을 판단해 평가하며, 이를 재무상태표상의 대손충당금으로 잡게 된다. 한편, 거래처가 망할 경우에는 대손충당금을 실제 대손으로 대체해야 할 수도 있다.

〈참고〉 대손충당금 평가 회계처리

최초설정	대손추산액을 평가해 대손상각비로 계상하고 대손충당금을 설정 (차) 대손상각비 50 (대) 대손충당금 50
대손발생 시	만약 실제 대손이 100 발생했다면, 대손충당금과 상계 후 부족 시 대손상각비 인식 (차) 대손충당금 50 (대) 매출채권 100 대손상각비 50
대손 처리한 채권회수 시	대손된 채권 중에서 50원을 회수했다면, 회수 시 대손충당금을 다시 증가시킴. (차) 현금 50 (대) 대손충당금 50
기말대손추산액	채권잔액비례법, 연령분석법 사용
기말대손충당금 설정 시	기말대손충당금 설정액 = 기말대손추정액 − 기설정대손충당금 잔액 (차) 대손상각비 50 (대) 대손충당금 50
기말대손충당금 환입 시	만약 대손추정액이 이미 설정해둔 대손충당금 잔액보다 작으면 충당금을 다시 토해낸다. 대손충당금환입액 = 기설정대손충당금 잔액 − 기말대손추정액 (차) 대손충당금 50 (대) 대손충당금환입 50

기말에 대손충당금을 설정하는 대표적 방법이 연령분석법이다. 연령분석법은 외상매출금을 회수하지 못한 기간에 따라 회수 가능성 또는 대손 가능성을 파악해 연령분석표를 작성하고 과거 경험을 토대로 해서 각 그룹별로 그에 맞는 대손율을 반영해 대손충당금을 설정하는 방법이다.

〈참고〉 한미약품의 매출채권에 대한 주석

6. 매출채권 및 기타채권

(1) 당기말 및 전기말 현재 매출채권 및 기타채권의 내역은 다음과 같습니다.

(단위 : 천 원)

구분	당기말	전기말
매출채권	738,226,140	239,962,642
차감 : 대손충당금	(4,687,327)	(3,105,332)
매출채권(순액)	733,538,813	236,857,310
미수금	6,415,395	2,481,143
차감 : 대손충당금	(182,211)	(96,017)
미수금(순액)	6,233,184	2,385,126
기타	10,016	242,059
합계	739,782,013	239,484,495

(2) 신용위험 및 대손충당금

상기 매출채권 및 기타채권은 대여금 및 수취채권으로 분류되며 상각후원가로 측정됩니다. 당사의 매출에 대한 평균 신용공여기간은 전문의약품의 경우 채권발생일로부터 90일, 일반의약품의 경우 180일입니다. 당사는 과거 경험상 회수기일이 35개월을 초과한 채권은 일반적으로 회수되지 않으므로 35개월을 초과한 모든 채권에 대하여 전액 대손충당금을 설정하고 있습니다.

1) 당기말 및 전기말 현재 매출채권 및 기타채권의 연령분석 내역은 다음과 같습니다.

(당기말) (단위 : 천 원)

손상구분	연령구분	매출채권	미수금	기타	합계
손상 및 연체되지 않은 채권		225,953,566	–	10,016	225,963,592
연체되었으나 손상되지 않은 채권 (집합 평가)	6개월 이하	509,833,842	6,163,713	–	515,997,555
	6개월 초과 1년 이하	176,940	67,502	–	244,442
	1년 초과 3년 이하	2,176,890	184,180	–	2,361,070
손상된 채권(개별평가대상)		84,902	–	–	84,902
합계		738,226,140	6,415,395	10,016	744,651,551

받을어음이란

받을어음은 거래처로부터 매출 대가로 받은 어음을 말한다. 어음은 현금과 달리 자유롭게 다른 재화와 교환하기는 어렵지만 금융상품에 비해 상대적으로 현금에 가까운 채권이다. 받을어음은 만기가 되기 전 은행에 할인하고 돈으로 회수할 수도 있는데 이를 팩토링factoring이라고 한다. 어음도 외상매출금처럼 만기 전에 부도가 나서 회수되지 않을 위험이 있다.

받을어음도 회계연도 말에 외상매출금과 같이 실제로 받을 수 있는 금액이 얼마인지 평가해야 한다. 이때 못 받을 것으로 예상되는 금액을 대손충당금으로 설정해 받을어음에서 차감하는 방식으로 표시한다. 어음의 거래처가 얼마 안 될 때는 개별적으로 평가할 수 있겠지만, 거래처가 많고 회수 기간도 다양할 때는 채권금액의 일정률로 설정하게 된다.

〈참고〉 받을어음 실물사진

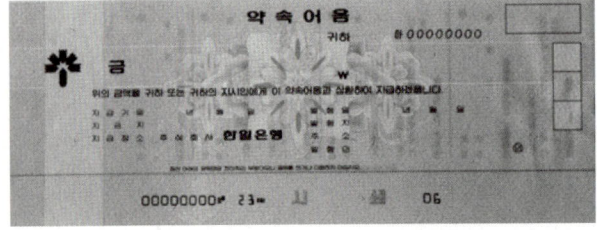

재고자산과 매출원가의 관계

　재고자산이란 기업의 정상적인 영업 과정에서 판매를 위해 보유하거나 생산 과정에 있는 자산 및 생산 또는 서비스의 제공 과정에 투입될 원재료나 소모품의 형태로 존재하는 자산을 말한다. 재고자산의 종류를 보면 상기업의 재고자산에는 상품이 있고, 제조업의 재고자산에는 제품, 반제품, 재공품, 원재료, 저장품이 있다. 재고자산은 기업자산 가운데서 영업활동과 가장 밀접한 자산이다. 재고자산을 통해 매출액이 창출되기 때문이다. 또한 창고에 있는 재고자산의 평가에 따라 자산의 총금액이 달라질 수 있고, 매출원가가 달라져 당기순이익까지 달라질 수 있다.

　재고자산은 판매를 목적으로 보유하는 모든 형태의 자산이다. 재미있는 사실은 부동산도 재고자산이 될 수 있다는 것이다. 부동산을 임대목적으로 보유하면 '투자부동산'이 되고, 사용목적으로 보유하면 '유형자산'이 된다. 또한 부동산 판매업자가 부동산을 판매할 목적으로 보유하는 경우에는 '재고자산'이 된다. 더 정확히는 상품이라고 부를 수 있다.

이러한 재고자산은 장부에 얼마로 기록하는지가 중요하다. 왜냐하면 기말에 재고자산이 얼마인지에 따라 자산총액도 달라지지만 손익도 달라질 수 있기 때문이다. 재고자산을 취득할 때 얼마로 기록하는지는 '취득원가'의 문제라고 볼 수 있다. 원칙적으로 취득할 때 직접 발생한 원가는 모두 재고자산의 취득원가가 된다. 구입원가뿐만 아니라 매입하는 데 들어가는 운임, 하역료, 보험료 등 매입에 부수되어 발생하는 원가도 취득원가에 포함된다.

재고자산 취득 과정에서 발생한 지출은 대부분 취득원가에 더해준다. 하지만 재고자산의 원가에 산입하지 않고 비용처리를 해야 하는 항목이 있는데, 이를 취득원가로 처리할 경우 자산과 순이익이 과대평가가 되는 문제가 발생한다. 취득원가에 산입하면 안 되는 항목은 제조원가 가운데 비정

〈참고〉 재고자산 취득원가 이슈 총정리

취득원가	취득에 직접 관련되고, 정상적으로 발생되는 기타원가를 말함. 취득원가 = 매입원가 + 부대원가(운임, 하역료/보험료, 환급불능 관세 등)
비용처리 해야 하는 항목	(1) 제조원가 중 비정상적인 부분 (2) 추가생산단계 투입 전에 보관이 필요한 경우 외의 보관료 (3) 현재장소에 현재상태로 이르게 하는 데 기여하지 않은 간접원가 (4) 판매원가(판매수수료, 판매 시 운송비, 보관료 등)
일괄구입	성격이 상이한 재고자산을 일괄구입하는 경우 공정가치비율에 따라 배분
차감항목	매입할인, 매입에누리, 매입환출은 취득원가에서 차감
매입운임	(1) 선적지 인도 기준 : 매입자 부담, 매입자 취득원가에 가산 (2) 도착지 인도 기준 : 판매자 부담, 판매자의 판매비와 관리비로 처리
미착상품	(1) 선적지 인도 기준 : 선적 시부터 매입자의 재고자산으로 인식함. (2) 도착지 인도 기준 : 선적했어도 운송 중이라면 도착 전까지 재고자산으로 인식하지 않음.

상적인 부분, 판매 관련 비용, 창고보관료 등 재고자산 취득과 관련이 없는 항목들이다.

취득원가를 잘 따져보고 계산해야 하는 가장 큰 이유는 매출원가다. 재고자산 취득원가는 '당기매입액'으로 재고자산의 차변에 기록된다. 이는 매출원가를 증가시키는 요인이며, 매출원가는 기업에서 가장 큰 비중을 차지하는 비용이므로 중요한 의미가 있다. 어쨌든 재고자산 취득원가를 많이 계상할수록 차변이 커지기 때문에 매출원가도 커진다.

<참고> 매출원가 항등식

매출원가 = 기초재고자산 + 당기매입액 − 기말재고자산

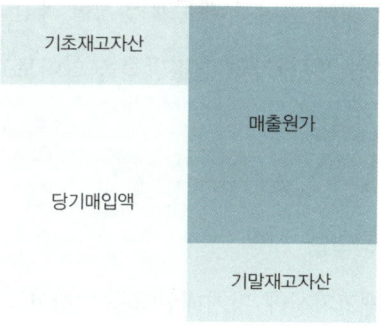

차변합 = 대변합

기말재고자산을 기록하는 방법

 기업에 남아 있는 재고자산을 기말재고자산이라 한다. 기말재고자산은 재고자산 수량에 재고자산 단가를 곱해서 산출한다. 그런데 기업에서 한두 개의 재고만 보유한 것이 아니기 때문에 일정한 계산방법이 필요하다. 다음에서 재고자산 수량 및 단가의 결정방법을 알아보고, 어떻게 재고자산 금액이 확정되는지 살펴보자.

재고자산 수량 결정방법

 매출원가는 기초재고자산에 당기매입액을 더하고 기말재고자산을 차감해 결정한다. 따라서 기말재고자산 금액이 크면 매출원가는 작아지고, 기말재고자산 금액이 작으면 매출원가 금액이 커진다. 이러한 기말재고자산 금액은 '수량×단가'로 결정되므로 수량과 단가를 결정하는 것이 매우 중요하다.

우선, 재고자산의 수량을 파악하는 방법에는 계속기록법과 실지재고조사법 두 가지가 있다. 계속기록법은 기초재고자산에서 시작해 당기매입수량을 가산하고 당기에 판매된 수량을 차감해 기말재고수량으로 파악하는 방법이다. 이 방법은 계속적으로 재고 통제가 되기 때문에 관리목적상으로 좋지만 기말에 창고에 있는 실제 수량과 괴리가 생길 수 있다는 단점이 있다. 이와는 달리 실지재고조사법은 기말에 창소에 가서 실제 재고자산을 세어보고 수량을 파악하는 방법이다. 대체로 실무상으로는 두 가지 방법을 섞어 사용하고 있다.

〈참고〉 **수량계산 – 계속기록법과 실지재고조사법**

계속기록법	입·출고 시마다 계속적으로 기록하는 방법 (1) 장점 : 계속적으로 통제관리가 가능함. (2) 단점 : 도난, 분실 등 감소량이 기말재고에 포함돼 이익이 과대평가될 수 있음.
실지재고조사법	정기적으로 재고조사를 실시해 실제 재고수량을 파악하는 방법 (1) 장점 : 적용이 간편함. (2) 단점 : 도난, 분식 등 감소량에 대한 원인 파악이 불가능함.

재고자산 단가 결정방법

기말재고자산의 수량을 파악하는 방법을 알았으니 이제 기말재고자산의 단가만 알면 수량과 단가를 곱해 기말재고자산의 원가를 구할 수 있다. 사실 상품을 늘 일정한 단가로 구할 수만 있다면 단가 결정방법을 따로 연구할 필요가 없을 것이다. 그냥 일정한 단가를 수량과 곱하기만 하면 재고금액 계산이 끝나기 때문이다. 하지만 같은 상품이라도 언제 구입하느냐에 따라 단가가 다르기 때문에 기말재고상품의 단가를 결정하는 것이 중요하다.

상품의 단가는 재고자산의 원가흐름을 어떻게 가정하느냐에 따라 달라진다. 이렇게 단가를 결정하는 방법에는 선입선출법, 후입선출법, 이동평균법, 총평균법이 있다.

(1) 선입선출법 FIFO

먼저 매입한 재고자산이 먼저 팔려 나간다는 가정으로 단가를 결정한다. 이 방법에 따르면 나중에 매입한 단가가 기업에 남아 있는 기말재고단가가 된다.

(2) 후입선출법 LIFO

최근에 매입한 단가가 먼저 팔려 나간다는 가정이다. 이 방법에 따르면 팔린 재고자산에 대해서는 최근의 단가가 적용되므로 기말에 남아 있는 재고자산의 단가는 과거 입고 시의 단가가 적용된다.

(3) 이동평균법

단가가 다른 여러 재고자산을 구입할 때마다 기초금액과 매입액의 합계를 총수량으로 나누어 평균단가를 구하는 방법이다. 이는 재고자산이 입고될 때마다 재고자산의 평균단가를 내서 매출원가를 계산하므로 계속기록법에서 사용되는 방법이다.

(4) 총평균법

재고자산의 평균단가를 기말에 한꺼번에 구해 수량에 적용하는 방법이다. 즉, 기초재고자산에 당기에 매입한 금액을 모두 더하고 총수량으로 나누어 평균단가를 한번에 구한다. 그런 다음 기말재고 수량에 이 단가를 곱해 기말재고자산 금액을 구하는 방법이다. 이 방법은 기말에 한번에 계산하므로 실지재고조사법에서 사용된다.

〈참고〉 재고자산 단가결정 - 원가흐름의 가정

개별법	각각의 재고자산에 대하여 기말재고자산과 매출원가를 각각 기록하는 방법
선입선출법 (FIFO)	먼저 구입한 상품이 먼저 사용되거나 판매된 것으로 가정하는 방법으로 기말재고자산이 현행원가(최근시가)의 가장 근사치임.
후입선출법 (LIFO)	나중에 들어온 최근의 상품이 먼저 사용되거나 판매되는 것으로 가정하는 방법으로 기말재고자산이 현행가치를 나타내지 못하는 단점이 있음.
이동평균법	자산을 취득할 때마다 평균단가(재고금액 합계÷재고수량 합계)를 산정하는 방법
총평균법	일정기간을 통틀어 평균단가를 산출해 적용하는 방법

재고자산 가격이 폭락한다면

앞에서 재고수량과 재고단가를 계산하는 방법을 알아보았다. 그렇다면 이제 기말재고자산을 계산할 수 있는가? 실제로 기말재고자산을 계산해보고 매출원가가 어떻게 도출되는지 알아보는 것이 어떤 방법이 있는지를 듣는 것보다 백배 낫다.

다음에서 각 단가를 구하는 방법별로 실습을 한번 해보자.

〈사례〉 원가흐름의 가정에 따른 기말재고자산과 매출원가 실습

아래는 (주)상빈의 재고자산 관련자료이다. 선입선출법에 따라 재고원가를 결정하는 경우 기말 현재 재고금액은 얼마인가?
(단, 기말시점에 계속기록법에 의한 재고수량과 실지재고조사법에 의한 재고수량은 일치한다고 가정한다.)

날짜별 사건	수량	매입단가	금액
기초 재고	150개	30원	4,500원
2월 2일 매입	200개	35원	7,000원
5월 1일 판매	(200개)		
7월 1일 매입	150개	40원	6,000원
9월 6일 판매	(300개)		
12월 1일 매입	100개	45원	4,500원

(1) 선입선출법으로 가정할 경우 먼저 매입한 재고를 먼저 판매하기 때문에 기말재고로 남아 있는 것은 가장 나중에 매입한 단가를 적용해야 한다.
* 기말재고수량＝150개＋200개－200개＋150개－300개＋100개＝100개
* 적용할 단가＝맨 마지막 매입단가인 45원
* 기말재고금액＝100개×45원＝4,500원
* 매출원가＝기초재고＋당기매입액－기말재고
　　　　＝4,500원＋7,000원＋6,000원－4,500원＝17,500원

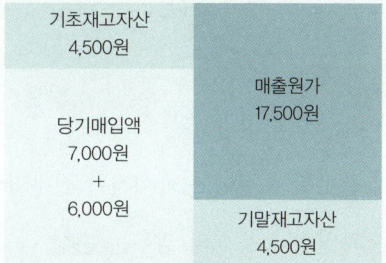

(2) 후입선출법으로 가정할 경우 기말재고금액을 구하면 적용할 단가만 가장 오래된 단가로 해주면 된다.
* 적용할 단가＝최초 매입단가인 30원
* 기말재고금액＝100개×30원＝3,000원
* 매출원가＝기초재고＋당기매입액－기말재고
　　　　＝4,500원＋7,000원＋6,000원－3,000원＝19,000원

(3) 총평균법으로 가정할 경우 단가를 우선 총평균단가로 구하고 기말재고수량에 곱해 기말재고금액을 산정한다.

* 총평균단가=[4,500원+7,000원+6,000원+4,500원]÷600개=36.67원
* 기말재고금액=100개 × 36.67원=3,667원
* 매출원가=기초재고+당기매입액−기말재고
  =4,500원+7,000원+6,000원−3,667원=18,333원

기초재고자산 4,500원	매출원가 18,333원
당기매입액 7,000원 + 6,000원	기말재고자산 3,667원

기말재고자산의 시가가 폭락하면

재고자산은 시간이 갈수록 품질이 저하되거나 진부화돼 가치가 하락하게 된다. 부패되기 쉬운 과일이나 음식의 경우는 손상 속도가 빠르겠지만, 심지어 스마트폰처럼 최첨단기기의 경우에도 새로운 기종이 출시될 때마다 이전 기종의 재고는 가치가 폭락하게 된다. 이처럼 재고자산은 주기적으로 평가해서 감액할 부분은 확실하게 감액을 해주어야 과대평가를 막을 수 있다.

재고자산의 평가에 대해 국제회계기준에서는 "순실현가능가치$^{Net\ Realizable\ Value}$가 취득원가보다 하락한 경우에 순실현가능가치를 재고자산 가액으로 한다"고 규정하고 있다. 여기서 순실현가능가치^{NRV}는 예상되는 판매가격에서 판매 시까지 정상적으로 발생하는 비용을 차감한 순액을 말한다. 즉, 이 재고를 팔아서 순수하게 벌 수 있는 돈이 순실현가능가치다.

진부화된 재고나 부채화된 재고는 순실현가능가치가 낮을 수밖에 없기 때문에 그만큼 재고자산을 평가해 손실을 인식해야 한다. 회계에서는 이를 '저가법'이라 한다.

　재고자산을 저가법으로 평가하게 되면 재고자산 평가손실을 비용으로 인식해 그만큼 재고자산에서 제외시킨다. 한마디로 재고자산의 시가가 하락하면 작아진 가치만큼만 재고로 남겨야 한다는 논리다. 이는 재무상태표가 기업의 재산가치를 잘 반영해야 한다는 이념을 반영하고 있다.

〈참고〉 재고자산 저가법 정리

시가의 개념	(1) 제품, 상품 및 재공품 : 순실현가능가치 (2) 원재료 : 현행 대체원가 * 순실현가능가치(NRV) : 정상적인 영업 과정의 추정 판매금액에서 제품 완성 시까지 추가원가와 판매비용 추정액을 차감한 금액을 말함.
저가법 회계처리	장부재고 : 장부상 수량×취득원가 　↓　→ 수량 감소 : 재고자산 감모손실 실제재고 : 실제수량×취득원가 　↓　→ 시가 감소 : 재고자산 평가손실 저가재고 : 실제수량×시가

비유동자산 또는 고정자산

 옛날에 회계를 배웠던 회계사님들이나 교수님들을 만나면 하나같이 "유동자산이 아니면 고정자산이지!"라고 말씀하신다. 자산은 1년 이내에 현금화되는 유동자산과 1년 이내에 현금화되지 않는 고정자산으로 나뉜다고 기억하는 것이다. 그런데 국제회계기준이 도입되면서 이제 더 이상 고정자산이라 쓰지 않고 비유동자산이라는 용어를 사용한다. 둘 다 같은 의미다.

 비유동자산은 유동자산이 아닌 자산이다. 이는 결산일로부터 1년 안에 현금화가 되지 않는 자산을 의미한다. 비유동자산은 영업활동에 장기간 사용할 자산이나 투자목적으로 장기간 보유하는 자산 등으로 구성된다. 구체적으로는 유형자산과 무형자산, 투자자산, 기타 비유동자산으로 항목을 나눌 수 있다.

 유형자산은 기업의 영업활동을 위해 사용할 목적으로 보유하는 물리적 실체가 있는 자산이다. 한마디로 돈을 버는 데 사용하는 눈에 보이는 자산으로 토지, 건물, 설비, 비품, 기계장치, 차량운반구 등 우리에게 친숙한 계정과목으로 구성되어 있다.

무형자산은 기업의 영업활동을 위해 보유하는 자산으로 사용목적은 유형자산과 같지만, 물리적 실체가 없는 자산이라는 것이 차이점이다. 한마디로 돈을 버는 데 사용하기는 하지만 눈에 보이지 않는 자산으로 특허권, 영업권, 개발비, 상표권, 실용신안권 등이 해당된다. 주로 법률에서 배타적 권리를 주기 위한 것이거나 외부의 거래 과정에서 생겨난 것이다.

과거에는 지나치게 추상적이고 가치도 얼마 안 된다고 생각해서 무형자산을 무시하는 경향이 있었다. 하지만 최근에는 유형자산보다 중요성이 더 커지고 있고, 이를 잘 반영하기 위해 회계도 발전하고 있다.

투자자산은 유형자산, 무형자산과는 달리 사용목적이 아니라 투자목적으로 보유하는 자산이다. 투자목적이란 영업활동에 사용하지는 않지만 수익을 내기 위해 보유하는 것을 뜻한다. 투자자산의 종류로는 투자부동산, 투자금융자산 등이 있다. 투자부동산은 임대수익이나 시세차익을 목적으로 보유하는 토지나 건물을 뜻하며, 투자금융자산은 주식이나 채권, 펀드 등을 떠올리면 이해가 쉽다.

기타 비유동자산은 비유동자산 가운데 투자자산, 유형자산, 무형자산이 아니면서 오랫동안 보유하는 자산이다. 구체적으로는 이연법인세자산, 장기성 매출채권, 장기선급금 등이 있다. 이연법인세자산은 장기간에 걸쳐 세금을 절세할 수 있는 효익이 있는 세법상의 권리를 말하며, 장기성 매출채권은 장기간에 걸쳐 회수되는 매출채권이다.

32 유형자산은 기업의 일꾼

　유형자산은 기업의 입장에서 보면 돈을 버는 무기다. 군대 생활을 해본 사람은 군대는 무기로 시작해서 무기로 끝난다는 것을 알 것이다. 군대는 탱크와 총으로 적과 싸우지만, 군대가 아닌 조직에도 무기가 필요하다. 기업도 조직이기 때문에 외부의 경쟁자들과 싸울 때 무기가 필요하고, 그때 사용하는 것이 유형자산이다. 아울러 무기를 잘 다루는 조직원들의 능력이 성패를 좌우할 것이다.

　기업은 영업활동을 위해서 최소한 사무실이나 영업장을 갖춰야 한다. 한마디로 토지나 건물이 있어야 영업활동을 시작할 수 있다. 요즘에는 인터넷으로 국경도 넘나들며 영업을 한다고 하지만, 최소한 컴퓨터를 놓고 키보드를 칠 수 있는 장소는 필요하지 않겠는가? 게다가 노트북이나 컴퓨터, 서버, 책상, 의자 등도 모두 유형자산이다. 즉, 유형자산 없이는 어떤 업무도 할 수 없는 것이 현실이다.

네이버의 재무상태표상의 유형자산을 살펴보자. 네이버는 제17기(2015년 12월 31일) 유형자산이 6,620억 정도가 된다. 자세한 내역은 주석을 보면 알 수 있다.

(단위 : 천 원)

자산	제 17 기	제 16 기
유동자산	1,804,796,316	1,278,051,845
현금및현금성자산 (주6,7)	355,121,987	393,569,582
단기금융상품 (주6)	873,657,801	350,659,645
당기손익인식금융자산 (주5,6,8)	283,696,218	281,548,186
매출채권및기타채권 (주6,9)	265,502,473	199,867,299
매도가능금융자산 (주5,6,10)	13,627,940	33,018,540
기타유동자산 (주11)	12,119,399	19,388,593
재고자산	1,070,498	
비유동자산	1,578,921,333	1,450,392,515
유형자산 (주12)	662,033,287	681,974,879
무형자산 (주13)	36,594,247	37,570,696

네이버의 주석에는 유형자산 종류별로 취득원가와 감가상각누계액, 장부가액이 나와 있다. 이것만 보아도 어떤 자산을 얼마나 보유하고 있는지 한 눈에 알 수 있다.

(단위 : 천 원)

구 분	당기말		
	취득원가	상각누계액(*)	장부금액
토지	218,835,954	(142,380)	218,693,574
건물	419,440,934	(51,900,161)	367,540,773
구축물	79,711,983	(20,726,124)	58,985,859
기계장치	2,534,459	(2,173,081)	361,378
차량운반구	347,059	(168,256)	178,803
비품	38,832,664	(23,754,020)	15,078,644
기타의유형자산	503,279	(255,823)	247,456
건설중인자산	946,800	–	946,800
합 계	761,153,132	(99,119,845)	662,033,287

네이버는 대부분의 유형자산이 토지와 건물에 집중되어 있고, 기계장치는 3억 6천만 원 정도밖에 안 된다. 왜 그럴까? 네이버는 경기도에 본사 건물과 토지를 보유하고 있고, 사무실에서는 컴퓨터 서버가 있고 직원들이 업무를 한다. 네이버는 서비스업이기 때문에 제조업과는 달리 토지와 건물로 사무시설만 완비되면 수익을 창출할 수 있는 회사다.

이번에는 삼성물산의 재무상태표에서 유형자산을 찾아보자. 다음의 삼성물산 재무상태표를 보면, 유형자산 항목 중에 투자부동산이라는 항목이 눈에 띈다. 부동산은 분명 토지와 건물이다. 앞에서 본 네이버의 재무상태표에는 투자부동산이라는 계정과목이 없었고, 토지건물은 모두 유형자산이었다.

	제 52 기	제 51 기
자산		
유동자산	9,497,079,180,668	1,526,662,859,647
현금및현금성자산	1,213,025,953,772	208,575,292,088
단기금융상품	58,982,618,545	7,510,000,000
단기매도가능증권	594,175,000	410,700,000
매출채권	4,784,062,388,896	734,389,688,272
기타유동자산	2,756,029,478,581	105,507,394,604
재고자산	684,384,565,874	470,269,784,683
매각예정자산	79,870,150,672	
비유동자산	24,580,993,930,112	7,719,319,637,067
매도가능금융자산	15,952,676,065,321	4,567,886,850,859
종속기업 및 관계기업투자	3,415,034,492,799	826,718,989,849
유형자산	3,166,135,550,583	1,958,771,648,641
투자부동산	112,296,301,780	3,812,661,904
무형자산	702,604,243,318	239,618,523,465
기타비유동자산	1,232,247,276,311	122,510,962,349
자산총계	34,157,943,261,452	9,245,982,496,714

그렇다면 부동산이 유형자산일 수도 있고 투자부동산일 수도 있다는 것인가? 결론부터 말하자면 맞다. 토지와 건물은 보유목적에 따라 유형자산일 수도, 투자부동산일 수도 있다(구체적인 내용은 뒤에서 설명하겠다). 어쨌든 투자부동산으로 분류되면 시세차익을 목적으로 할 경우 평가이익을 손익계산서에 인식해서 당기순이익을 늘려주는 효과가 있다.

우리 주변의 기업만 봐도 눈에 보이는 유형자산의 영향력이 매우 커 보인다. 기업은 유형자산 없이는 영업을 할 수 없으며, 유형자산의 취득을 위해 막대한 돈을 쓴다. 이때 유형자산을 취득하기 위해 들어간 돈이 '유형자산 취득원가'다. 취득원가에는 유형자산을 사는 데 들어간 돈은 물론 설치하고 시운전하면서 사용 가능한 상태에 이르기까지 들어간 비용도 모두 포함된다. 이러한 유형자산 금액이 회계적으로 어떻게 계산되는지를 알면 재무제표를 이해하기가 훨씬 쉬울 것이다.

33 유형자산은 매년 가치가 감소한다

　토지를 제외한 모든 유형자산은 사용할수록 가치가 감소한다. 건물만 봐도 사용할수록 페인트도 벗겨지고 노후화되면서 녹이 슬거나 기능도 저하된다. 따라서 매년 가치가 낮아지는 것이다. 이렇듯 유형자산은 사용에 따른 마모, 시간에 따른 진부화로 인해 경제적 효익이 감소한다. 유형자산의 장부가액은 매년 가치감소분을 반영해서 감액해야 하는데, 이것이 감가상각비 회계처리다.

　다시 네이버의 유형자산 내역을 살펴보면 상각누계액이라는 항목이 눈에 띌 것이다. 상각누계액은 매년 유형자산의 가치가 감소한 감가상각이 누적되어온 결과를 보여준다. 이는 취득원가에서 차감하는 형식으로 표시하며, 차감된 경과가 장부금액으로 나타난다.

　그렇다면, 감가상각비는 어떤 방법으로 계산할까?

　감가상각비는 그 자산의 가치감소 형태를 반영해 계산한다. 일반적으로

구 분	당기말		
	취득원가	상각누계액(+)	장부금액
토지	218,835,954	(142,380)	218,693,574
건물	419,440,934	(51,900,161)	367,540,773
구축물	79,711,983	(20,726,124)	58,985,859
기계장치	2,534,459	(2,173,081)	361,378
차량운반구	347,059	(168,256)	178,803
비품	38,832,664	(23,754,020)	15,078,644
기타의유형자산	503,279	(255,823)	247,456
건설중인자산	946,800	-	946,800
합 계	761,153,132	(99,119,845)	662,033,287

건물은 매년 가치감소액이 일정한데, 이처럼 감가상각비를 매년 일정하게 계산하는 방법이 '정액법'이다. 한편, 기계장치의 경우에는 초창기에 가치 감소가 현저하고 뒤로 갈수록 가치감소액이 작아지는 형태를 보인다. 이처럼 초기에 가속 상각되는 감가상각비 계산방법이 '정률법'이다.

 사실 가치가 감소되는 형태를 반영해 감가상각비를 계산한다고 했지만 감가상각을 하는 핵심적인 이유는 취득원가를 기간에 걸쳐 비용으로 배분하려는 데 있다. 자산은 언젠가는 비용으로 없어져야 한다. 특히 유형자산이나 무형자산처럼 금액이 큰 자산은 기간에 걸쳐 비용으로 배분해주어야 하는데, 이러한 비용을 감가상각비라 한다. 이는 비용을 기간에 걸쳐 배분해주는 방식이다.

 이렇게 비용을 배분하는 논리는 회계상 수익비용 대응의 원칙에 있다. 수익이 발생하는 기간에 걸쳐 유형자산을 비용으로 만들어주어 그 수익에 적절히 비용을 대응시키기 위한 것이다. 이렇게 해야 매년 발생하는 수익에 기여하는 유형자산을 비용으로 계상해 순이익을 평탄하게 유지시켜 나갈 수 있다.

감가상각비를 계산하려면 네 가지 요소, 즉 취득원가, 내용연수, 잔존가액, 상각방법이 결정되어야 한다. 취득원가는 지출 가운데 유형자산으로 인식시키는 금액을 말한다. 내용연수는 해당 유형자산을 이용할 수 있는 기간을 뜻한다. 이 기간은 자산의 수명이라 할 수 있는데, 회계에서는 물리적인 수명보다는 경제적 수명을 중요시한다. 이것이 경제적 내용연수다.

내용연수가 결정되면 그 내용연수가 종료되었을 때 남은 자산의 가치를 추정해보아야 한다. 내용연수가 지나서 고철이 된 자산도 판매해서 수익을 얻을 수 있기 때문이다. 이것이 잔존내용연수다.

마지막으로 감가상각방법을 결정해야 하는데, 감가상각방법은 가치감소 형태에 따라 정액법과 정률법이 있다. 정액법은 매년 일정한 감가상각비를 비용으로 인식하는 회계처리 방법으로서 매년 일정하게 가치가 감소하는 유형자산에 적합하다. 또한 정률법은 초기에 가속상각하는 방법이다. 두 방법의 공식은 다음과 같다.

| 정액법 | 감가상각비 = [취득원가 − 잔존가치] × 1 / 내용연수 |
| 정률법 | 감가상각비 = [취득원가 − 감가상각 누계액] × 정률법 상각률 |

실무상으로 정액법을 정률법보다 많이 쓰는 이유는 정액법의 계산이 훨씬 간편하기 때문이다. 그리고 매년 일정한 감가상각액을 인식하는 것이 비용을 배분한다는 측면에서 수익의 지속성이 높은 산업에 더 적합하기 때문이다.

다음은 포스코의 재무제표 주석 일부이다. 이것을 보면 포스코는 모든 유형자산을 정액법으로 상각한다는 사실을 알 수 있다.

유형자산 중 토지는 감가상각을 하지 않으며, 그 외 유형자산은 자산의 취득원가에서 잔존가치를 차감한 금액에 대하여 아래에 제시된 경제적 내용연수에 걸쳐 해당 자산에 내재되어 있는 미래 경제적 효익의 예상 소비 형태를 가장 잘 반영한 정액법으로 상각하고 있습니다. 리스자산은 당사가 리스기간의 종료시점까지 자산의 소유권을 획득할 것이 확실하지 않다면 리스기간과 자산의 내용연수 중 짧은 기간에 걸쳐 감가상각하고 있습니다.

유형자산을 구성하는 일부의 원가가 당해 유형자산의 전체원가와 비교하여 유의적이라면, 해당 유형자산을 감가상각할 때 그 부분은 별도로 구분하여 감가상각하고 있습니다.

유형자산의 제거로 인하여 발생하는 손익은 순매각금액과 장부금액의 차이로 결정되고 당기손익으로 인식합니다.

당사는 유형자산의 감가상각에 아래의 내용연수 동안 정액법을 적용하고 있습니다.

구 분	추정내용연수	구 분	추정내용연수
건 물	5 ~ 40년	공구와기구	4년
구 축 물	5 ~ 40년	비 품	4년
기계장치	15년	리스자산	18년
차량운반구	4 ~ 9년		

34 눈에 보이지 않지만 강력한 무형자산

 무형자산은 기업의 자산 가운데 가장 추상적인 자산이다. 눈에 보이지 않기 때문에(물리적 실체가 없기 때문에) 자산으로 인정하는 기준이 엄격하다. 기업에서는 새로운 기술을 개발하거나 영업권을 취득하고 기업을 인수 합병할 때 반드시 무형자산이 발생한다.

 무형자산은 눈에 보이지 않지만 지출이 확실히 기업에 효익을 가져다주며 객관적으로 다른 자산과 구별할 수 있는 자산이다. 회계 초보자들이 가장 어려워하는 것이 어디까지를 무형자산으로 보는지, 무형자산의 가치는 어떻게 평가해야 하는지 등이다. 이에 대해 살펴보자.

무형자산이란

 무형자산은 기업이 영업활동에 사용하기 위해 장기적으로 보유 중인 물리적 실체가 없는 자산을 말한다. 미래 경제적 효익이 장기적으로 이루어질 것으로 기대되고 정상적인 영업활동에 이용하는 과정에서 다른 자산보다 불확실성이 큰 것이 무형자산이다.

이렇게 무형자산을 인식하는 것 자체가 추상적이고 불확실하기 때문에 무형자산을 자산으로 기록하는 요건도 까다롭다. 그 요건은 식별 가능성, 통제 가능성, 미래 경제적 효익으로 구분할 수 있다.

(1) 식별 가능성

기업 실체와 분리해 매각, 이전, 교환, 임대가 가능한 경우거나 기업 실체와 분리할 수는 없지만 계약상 또는 법적 권리가 있는 경우를 말한다. 이는 한마디로 다른 자산과 구별할 수 있느냐를 따져보는 것이다.

(2) 통제 가능성

해당 자산을 소유한 기업 외에 제3자의 접근과 사용을 제한할 수 있는 것을 말한다. 예를 들어 특허권은 타인의 해당 기술적 이용을 20년이라는 법정기간 동안 배타적으로 독점할 수 있기 때문에 여기에 들어간 지출은 무형자산으로 인식할 수 있다. 통제 가능성은 한마디로 남들이 자신의 권리를 침해하지 못하도록 막을 수 있는지 여부를 따져보는 것이다.

(3) 미래 경제적 효익

해당 자산을 보유하거나 이용함으로써 미래에 현금유출을 감소시킬 수 있는 가능성을 말한다. 이는 모든 자산의 요건이기도 하다. 자산은 기본적으로 기업에 돈을 벌어다주는 존재이고, 무형자산도 이를 활용해서 기업이 이윤을 얻을 수 있어야 한다.

무형자산의 종류

무형자산은 산업재산권과 소프트웨어, 광업권, 개발비 등으로 나뉜다. 산업재산권에는 특허권, 실용신안권, 상표권, 의장권 등이 해당된다. 만약 분쟁이 발생한 경우 이와 관련된 소송비용은 해당 무형자산의 원가 증가로 처리할 수 있다.

소프트웨어 개발에 소요된 원가와 외부에서 구입한 소프트웨어 구입 비용은 소프트웨어 항목의 무형자산으로 기록할 수 있다. 우리가 흔히 하는 라이선스와 프랜차이즈에 관한 독점권도 무형자산이다. 창업비의 경우 과거에는 무형자산으로 인식하는 것이 관행이었지만, 2003년 이후부터는 비용처리를 하고 자산으로 인식할 수 없다. 기업의 개발비$^{development\ cost}$는 일정 요건을 충족하면 개발비라는 계정과목에 무형자산에 기록할 수 있는데, 요건을 충족하지 못하면 비용처리를 해야 한다.

《참고》 **무형자산의 종류**

영업권	사업결합에서 획득했으나 개별적으로 식별이 불가능한 미래 경제적 효익을 말한다. 영업권 = 합병 등의 대가로 지급한 금액 − 취득한 순자산의 공정가치 ＊ 영업권은 상각하지 않으며, 손상차손만 인식하고 손상차손환입은 인식하지 않는다.

개발비: 신제품, 신기술 등의 개발과 관련해 발생한 비용 중 개별적으로 식별 가능하고 미래 경제적 효익을 확실하게 기대할 수 있는 것이 개발비다.
(1) 연구단계에서 발생한 지출 : 무조건 당기비용
(2) 개발단계에서 발생한 지출 : 자산요건을 충족하면 무형자산원가에 산입

	연구단계	개발단계
개발비	· 새로운 지식을 얻고자 하는 활동 · 연구결과 등을 탐색하고 평가해 최종 선택 · 재료, 시스템 등에 대해 여러 가지 대체안 탐색 · 새로운 재료, 시스템 등 대체안을 제안·설계·평가하고 최종선택	· 시작품과 모형을 설계, 제작, 시험 · 새 기술 관련 공구, 금형 등 설계 · 소규모 시험공장 설계, 건설 · 새로운 재료, 시스템 등에 대해 최종 선정안을 설계·제작·시험

소프트웨어	외부구입	구입비용을 소프트웨어로 무형자산 처리
	내부개발	자산인식요건 충족 시 개발비로 무형자산 처리

산업재산권	특허권	특수한 기술적 발명 등에 대해 발명가 및 소유자에게 발명품의 제조 및 판매에 특권을 주는 것
	실용신안권	특정고안을 실용신안법에 따라 일정기간 독점적·배타적으로 이용할 수 있는 권리
	의장권	특정의장을 의장법에 따라 일정기간 독점적·배타적으로 이용할 수 있는 권리
	상표권	특정상표를 상표법에 따라 일정기간 독점적·배타적으로 이용할 수 있는 권리

부동산은 보유목적에 따라 회계처리가 다르다

최근 〈아이뉴스24〉의 인터넷 뉴스를 보면 하이트진로는 보유하고 있던 서울 서초구의 910억 원대 토지와 건물을 제이엘유나이티드에 매각하기로 결정했다고 공시했다. 하이트진로 측에서는 이를 '자산관리 효율화를 통한 재무구조 개선'이라고 밝혔다.

이런 뉴스만 보아도 기업에서 재무구조를 개선하거나 경영의사결정을 할 때 중요하게 판단하는 것이 부동산의 보유 여부라는 것을 알 수 있다. 이러한 부동산은 본래 영업목적으로 보유하는 경우에는 앞서 보았던 유형자산으로 분류하겠지만, 투자목적으로 보유하는 경우에는 별도로 투자부동산이라는 계정으로 처리해야 한다. 이를 세법상으로는 '비영업용 부동산'이라고도 한다.

그런데 기업이 보유하고 있는 부동산에 대해 투자목적인지 영업용으로 보유하는 것인지 구분하기는 사실상 쉽지 않다. 일반적으로 실무에서는 법인세법에 따라 분류하고 있지만, 국제회계 기준에서는 '시세차익목적이거나 임대목적'인 경우에는 투자부동산으로 분류하라고 회계처리를 강제하고 있다.

부동산은 토지와 건물처럼 가치와 물리적 크기가 크고, 지속적으로 보유하면서 처분과 이전에 등기 등의 다소 복잡한 절차를 거쳐야 하는 자산이다. 기업이 소유한 부동산은 통상 유형자산으로 분류한다. 다만 시세차익을 꾀한다거나 임대목적이라는 것이 명백하면 투자부동산으로 분류한다.

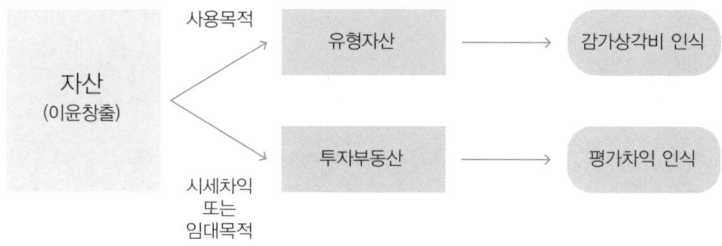

기업의 입장에서는 부동산을 투자부동산으로 분류하면 실익도 있다. 유형자산은 재평가모형을 선택할 경우 부동산 시가가 오르면 자산도 크게 인식할 수 있어 재무구조 개선효과가 있다. 반면 유형자산으로 인식할 경우 그만큼 감가상각비가 많이 계상되는데, 감가상각비는 비용이기 때문에 당기순이익을 낮춰 경영성과를 줄이는 단점이 있다. 그래서 경영진은 재평가를 망설이게 된다.

그런데 투자부동산으로 분류할 경우 공정가치모형을 선택할 수 있다. 경영자가 투자부동산의 회계처리를 공정가치모형으로 선택하면 투자부동산은 감가상각을 하지 않고, 따라서 감가상각비가 비용으로 잡히지 않는다. 그 대신 부동산의 시장가치인 공정가치로 평가를 하면서 평가이익(손실)을 수익과 비용으로 인식해 손익계산서의 경영성과에 영향을 준다.

한편, 경기가 호황일 때는 투자부동산으로 분류한 부동산의 시장가치가 상승하므로 공정가치모형 아래서는 순이익이 증가하게 된다. 이 경우 당기순이익이 상승해 경영성과가 크게 나고, 주주들은 배당으로 가져갈 재원이 늘어나게 돼 주가가 상승할 수도 있다.

36 부채란 무엇인가

 인간은 누구나 빚을 지고 산다. 빚이 없다고? 아니다. 마음의 빚도 빚이 아닌가. 뭔가를 갚아야 할 의무인 빚은 기업에서는 부채라는 용어로 표현된다. 자산이 유동자산과 비유동자산으로 나뉘듯 부채도 유동부채와 비유동부채로 나뉜다. 부채도 자산과 마찬가지로 1년을 기준으로 한다. 물론 정상영업주기 이내에 현금화가 된다면 그것도 유동부채이기는 하지만 실무상으로는 1년을 많이 쓴다.

 부채는 갚아야 할 의무가 있다. 언젠가는 그 의무를 다해야 한다. 그 '언젠가'가 바로 상환기간 또는 변제기간이다. 그 기간이 1년 이내인 유동부채는 좀 급하게 갚아야 하고, 급한 만큼 위험하다. 빨리 갚기 위해서는 자산을 희생해야 할 수도 있기 때문이다. 주로 유동자산인 현금이 풍부하다면 그 자산으로 유동부채를 바로 상환하면 좋겠지만, 보통 현금이 그만큼 많기는 힘들다. 이 경우 다른 유동자산을 처분하거나, 그것이 어려우면 부동산을 처분해야 할지도 모른다. 상대적으로 의무기간이 여유 있는 비유동부채는 기업의 안정성을 위협하지는 않는다. 다만 이자부담이 클 뿐이다.

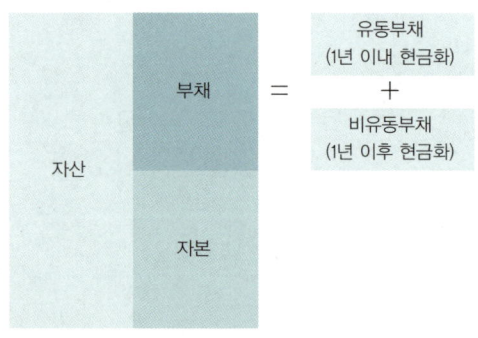

유동부채는 종류가 다양하다. 주로 단기차입금, 외상매입금, 지급어음, 미지급금, 장기차입금 중 만기가 1년 이내에 도래하는 것이 유동부채다. 단기차입금은 금융기관이나 타인에게서 빌린 돈, 그것도 1년 이내에 갚는 조건으로 빌린 채무다. 빨리 갚아야 하는 채무인 만큼 관리가 필요하다.

한편, 외상매입금은 말 그대로 상품이나 제품 등을 현금을 지불하지 않고 매입하면서 나중에 갚기로 약속한 '외상'이라 할 수 있다. 외상으로 구입할 경우 이는 나중에 반드시 갚아야 할 의무가 생기므로 '빚'이자 부채로 장부에 기록된다. 이는 외상매출금의 반대라고 보면 된다. 대금을 최대한 빨리 갚아야 하므로 유동부채다. 미지급금은 재고자산이 아닌 건물이나 기계장치 등을 구입하고 아직 대금을 지불하지 않은 채무를 말한다.

비유동부채는 장기매입채무, 장기차입금, 사채 등 상환기간이 긴 채무를 말한다. 장기매입채무는 보통 장기간에 걸쳐 분할상환을 하는 것이 일반적이다. 우리가 알고 있는 장기할부구입액이 이런 종류의 채무다. 장기차입금은 장기간에 걸쳐 원리금을 상환하는 조건으로 금융기관에서 빌린 돈으로 보통 담보를 잡고 이자도 높다. 사채는 기업이 발행한 채무증권으로 만기 전 일정기간 동안 이자를 지급하고 만기에 액면가액을 일시에 상환한다.

37 위험을 반영한 충당부채

충당부채는 예상금액을 부채로 인식한 것인데, 이는 충당부채의 정의를 보면 확실히 알 수 있다. 즉, 충당부채는 과거 사건의 결과로 현재 의무가 있으며, 지출시기와 금액이 불확실하나 그 의무를 이행하기 위한 자원의 유출가능성이 매우 높고, 그 금액을 신뢰성 있게 추정할 수 있는 부채를 뜻한다. 정의가 좀 길지만, 미래의 자금유출이 불확실하지만 그 금액을 추정해 장부에 기록하는 것 정도로 이해하면 된다.

다음에서 포스코의 재무제표 주석상에 충당부채 항목을 보면 충당부채는 상당히 불확실성을 띤다는 것을 알 수 있다. 우리가 일반적으로 보기 힘든 '상여성충당부채'라는 항목이 눈에 띄는데, 72억 정도로 작은 액수가 아니다. 이는 임원에게 보너스를 주기 위해 미리 설정하는 부채라고 보면 된다.

또한 '복구충당부채'는 강릉시에 있는 공장 인근의 토지가 오염돼 포스코가 나중에 복구할 비용을 추정해 미리 부채로 잡은 것이다. 재미있는 것

> **〈참고〉** 포스코의 주석상 충당부채 내역

19. 충당부채

(1) 당기말과 전기말 현재 당사의 충당부채 내역은 다음과 같습니다.

(단위: 백만원)

구 분	제 48(당) 기		제 47(전) 기	
	유동부채	비유동부채	유동부채	비유동부채
상여성충당부채(주1)	7,271	-	8,423	-
복구충당부채(주2)	15,569	21,543	39,336	31,063
소송충당부채(주3)	-	411	-	411
합 계	22,840	21,954	47,759	31,474

(주1) 임원에 대하여 경영실적을 추정하여 연간 기본 연봉의 100% 한도 내에서 산정하고 있습니다.

(주2) 강릉시에 위치한 당사의 마그네슘 제련공장 인근 토지가 오염되어, 오염된 토지를 복구하기 위한 추정비용의 현재가치를 충당부채로 인식하였습니다. 추정비용을 산정하기 위해 당사는 현재 사용 가능한 기술 및 자재들을 사용하여 토지 오염을 복구할 것이라는 가정을 사용하였으며, 당 비용의 현재가치 평가를 위한 할인율은 2.67%를 사용하였습니다.

(주3) 당기 중 당사가 피소되어 있는 소송 중 승소가능성이 패소가능성보다 높지 않다고 판단되는 소송에 대해 충당부채를 설정하였습니다.

은 먼 미래의 기술력을 추정하고, 들어갈 비용을 예측한 다음, 회사 나름대로 현재가치로 환산해 부채로 계상했다는 점이다. 포스코의 회계담당자는 참 유식한 것 같다. 현재가치에 사용된 2.67%의 이자율이 어디서 나온 것인지는 분명치 않지만, 아마도 시중금리와 위험을 반영한 것이 아닐까 생각한다.

이처럼 충당부채는 재무제표에서 가장 애매한 부분이며, 그 금액을 구하려면 고도로 전문적인 기법을 사용해야 한다는 것을 알 수 있다. 물론 실무에서는 시중금리와 경제상황 등을 추정해 감각적으로 금액을 산정하는 경우가 많지만, 그래도 전문가적 판단이 중요한 항목임에는 분명하다.

38 사채란 무엇인가

회사에서 유가증권을 발행해 자금을 조달하는 방법에는 크게 두 가지가 있다. 하나는 주식을 발행해 투자자를 통해서 자금을 조달하는 방법으로, 이를 유상증자라고 한다. 다른 하나는 사채를 발행하는 방법이다. 사채는 회사에서 장기간에 걸쳐 자금을 조달하려고 외부에 증권을 발행하고 일정 기간 동안 이자를 갚고 만기에 원금을 상환하기 위해 만드는 증서다. 회계적 용어로는 채무증권이라고 한다.

사채는 시가의 변동이 중요한 경우에는 유동부채로 분류할 수 있지만, 보통은 비유동부채로 분류한다. 사채의 발행가액은 사채의 미래 현금흐름을 발행 당시 시장이자율로 할인해 구한다. 즉, 미래에 일정기간 동안 지급하는 이자와 만기에 상환하는 액면금액을 시장이자율로 할인해 현재가치화하는 것이다.

이때 발행 당시 시장이자율은 당해 사채를 구입하는 투자자들이 판단한 수익률로 '요구수익률' 또는 '사채의 자본비용'이라고도 한다. 이는 국공채 이자율에 일정한 리스크 프리미엄을 가산해서 결정한다. 국공채이자율은 아무 위험이 없는 상태의 이자율을 의미하고, 리스크 프리미엄은 사채 발행 기업의 신용수준을 반영해 신용등급에 따라 결정된다.

기업은 자체 리스크 프리미엄을 산정하기 위해 신용평가기관에 사채 신용등급평가를 의뢰한다. 일반적으로 기업은 기술보증기금이나 신용보증기금에 재무제표를 제출하고 등급을 받은 뒤 금융기관에서 대출을 받는다. 신용평가기관에서 발행하는 신용평가보고서를 보면 각종 재무비율로 기업에 적정한 신용등급을 매긴다. 다음은 금융감독원 업무자료에서 검색한 (주)한국투자증권의 사채발행 시 신용평가보고서의 일부이다.

평가개요

신용등급	AA/안정적
평가대상	제 895회 외 주가연계파생결합사채
평가종류	본평가
기업어음	A1
전자단기사채	A1

등급연혁

AA (14.01 ~ 17.01)

주요 재무지표

구 분	K-IFRS(별도)					
	2013.03	2013.12	2014.12	2015.12	2015.09	2016.09
총자산(억원)	192,732	198,538	234,887	284,797	275,458	325,702
자기자본(억원)	31,945	30,828	31,903	32,949	33,027	32,623
영업이익(억원)	2,095	916	2,963	3,144	3,157	2,107
당기순이익(억원)	1,590	755	2,201	2,561	2,536	1,749
영업용순자본(억원)	22,794	20,856	22,355	23,320	23,574	24,201
총위험액(억원)	5,051	4,902	5,583	7,284	6,558	8,081
ROA(%)	0.8	0.5	1.0	0.9	1.3	0.7
ROE(%)	5.1	3.2	7.0	7.9	10.5	7.2
(조정)레버리지(배)[1]	5.6	6.0	6.7	7.6	7.2	8.7
(영업용)순자본비율(%)	451.2	425.5	400.4	596.5	633.1	1,199.4

주1) 조정레버리지=(총자산-투자자예수금)/자기자본, 레버리지 = 규제비율상 산정된 레버리지
2) 영업용순자본비율=영업용순자본/총위험액, 순자본비율=(영업용순자본-총위험액)/필요유지자기자본, 순자본비율 관련 지표는 2015년까지 별도 기준, 2016년부터 연결 기준.
동사는 2015년부터 레버리지, 순자본비율 조기적용.
3) FY13에 결산월이 3월에서 12월로 변경됨에 따라 FY13은 2013년 4월~12월 총 9개월임.

이렇게 리스크 프리미엄은 기업의 특수한 상황에 따라 다르다. 시장이자율이 기업에 따라 다를 수밖에 없는 것이다. 따라서 동일한 조건에서 사채를 발행한다고 해도 기업의 신용등급에 따라 사채 발행금액은 천차만별이다.

자본이란 무엇인가

거듭 말하지만, 자본은 '자산-부채'다. 한마디로 잔여재산인 것이다. 기업은 자산을 굴려서 영업을 하고 수익을 창출하며 몸집을 키워 나간다. 이 과정에서 자산규모가 매년 성장하게 된다. 이때 부채가 일정하다면 자산에서 부채를 갚고 남은 순자산은 모두 주주에게 귀속된다. 주주가 회사의 주인이기 때문이다. 그리고 이러한 주주의 몫이 자본이다.

자본은 자산에서 부채를 뺀 나머지로 정의되지만, 그 주주의 거래형태에 따라 자본금, 자본잉여금, 자본조정, 기타포괄손익누계액, 이익잉여금으로 세분화된다. 이 구성요소는 주식회사의 주인이 가져갈 몫이지만 탄생의 기원이 각기 다르다.

자본금은 '주식 액면금액×발행주식수'로 정의된다. 즉, 주식을 발행할 때 액면금액의 합계를 뜻한다. 자본금은 주식대금의 납입액이 아니다. 보통 주식대금의 납입액은 액면금액보다 크다. 정말 비전이 없는 기업이 아

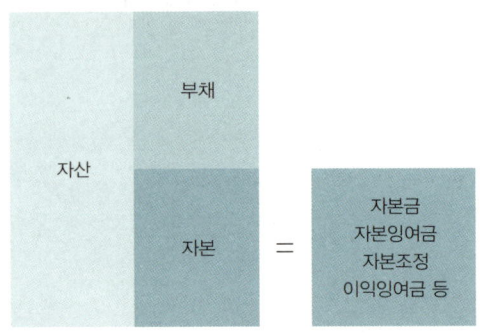

닌 이상 주가는 액면보다 크게 형성되기 때문이다. 그러므로 자본금은 전체 발행가액보다 작은 것이 일반적이다.

자본잉여금은 주주와의 거래에서 기업이 이득을 취한 것을 말한다. 구체적으로 어떻게 기업이 주주와 거래하고 이득을 취할 수 있을까? 대표적인 사례가 '주식발행초과금'이다. 기업은 주식을 발행할 때 액면가액보다 비싼 값을 납입금액으로 제시한다. 그러면 납입대금이 액면금액을 초과하게 되는데, 주주에게 주식을 발행하면서 액면가보다 더 받았기 때문에 기업으로서는 이득이다. 이것이 바로 주식발행초과금이다.

예를 들어 ㈜상빈이 있다고 하자. 이 기업은 1월 1일 주주들에게 주식을 1주당 10,000원씩 100주를 발행했다. 그런데 주식의 액면금액은 1주당 5,000원이다. 이 경우 자본금은 500,000원(100주×5,000원)이고, 주식발행초과금은 500,000원(10,000원×100주-500,000원)이 된다. 주식발행초과금은 액면금액을 초과해 주식을 발행함으로써 기업이 이득을 보는 부분이라고 생각하면 쉽다.

자본조정은 자본의 마이너스(-) 항목이라고 보면 된다. 예를 들어 자기주식이 대표적인 항목이다. 기업이 발행한 주식을 다시 사들이게 되면 기업 자신이 스스로를 지배하는 꼴이 된다. 따라서 상법상 의결권과 배당수취권이 사라진다. 내가 나를 지배할 수는 없기 때문이다.

이 경우 자본금은 이미 발행주식이 있기 때문에 플러스(+)로 남게 되고, 다시 사들인 자기주식은 아무 권리가 없는 종잇조각이므로 자본의 마이너스(-)로 기록하게 된다. 이것이 자본조정이다.

이와 같이 자본금, 자본잉여금, 자본조정은 주식거래에서 발생하고, 이러한 주주와의 거래를 '자본거래'라 한다. 자본은 주주와의 거래로 변동하게 되지만, 그렇다고 주주와의 거래만 있는 것은 아니다.

기업은 본질적으로 외부의 이해관계자들과 영업활동을 한다. 이 과정에서 수익과 비용이 발생하고 당기순이익이 창출된다. 물론 아직 실현되지 않은 이익인 미실현이익도 발생한다. 미실현이익이란 토지의 평가차액처럼 아직 손익으로 현실화되지 않은 손익을 말한다. 이런 손익이 기타포괄손익이다. 이처럼 외부와의 거래는 회계상 '손익거래'라 하고, 손익거래의 결과가 누적된 것이 이익잉여금과 기타포괄손익누계액이다.

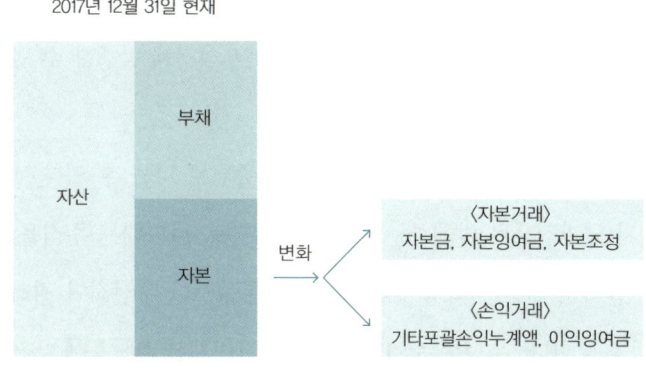

재무상태표
2017년 12월 31일 현재

40
자본금, 자본잉여금이란 무엇인가

자본금은 주주가 기업에 납입한 자금 가운데 상법에서 '자본금'으로 인정한 것을 의미한다. 자본금은 '발행주식수×액면가액'으로 계산하는데, 이는 액면가의 의미상 회사가 채권자를 위해 보유해야 할 최소한의 자본을 의미하기도 한다.

2012년에 상법이 개정되면서 무액면주 발행이 허용되었는데, 그 덕분에 이제는 액면가액이 없는 주식도 발행되고 있다. 무액면주는 액면이 없는 주식이기 때문에 발행가액을 기업에서 임의로 설정해 발행할 수 있다는 장점이 있다.

주식은 기본적으로 보통주와 우선주, 두 종류로 나눌 수 있다. 보통주는 기업에서 일반적으로 발행하는 기본적 소유권을 나타내는 주식을 말한다. 이와는 달리 우선주는 특정사항에 관해 보통주보다 우선적인 권리가 부여된 주식을 말한다. 우선주는 이익배당이나 잔여재산분배 등에 우선권을 갖지만 이익에 대해서 우선권을 가지는 만큼 의결권 행사는 법적으로 제한된다.

주식은 발행 형태에 따라 기업에서 액면가보다 비싸게 발행하는 '할증발행', 액면가보다 싸게 발행하는 '할인발행', 액면가대로 발행하는 '액면발행'이 있다. 할증발행의 경우 액면가보다 돈이 더 많이 들어오므로 기업이 주주와의 거래에서 이득을 보게 된다. 따라서 이는 자본잉여금 항목으로 계상된다. 한편, 할인발행의 경우 액면가보다 기업에 유입되는 자금이 적기 때문에 주주와의 거래에서 상대적으로 손실을 본 것이다. 따라서 이런 마이너스 항목은 '자본조정'으로 기록한다.

주식을 발행하는 과정에서는 증권사 수수료나 부대비용이 들어가는데, 이러한 주식발행비는 주식발행가액에서 차감한다.

〈참고〉 주식발행의 유형

할증발행	(주)상빈은 액면가액 5,000원인 주식 1주를 7,000원에 할증발행을 했다. (차) 현금 7,000　　(대) 자본금 5,000 　　　　　　　　　　　　주식발행초과금 2,000
할인발행	(주)상빈은 액면가액 5,000원인 주식 1주를 3,000원에 할인발행을 했다. (차) 현금 3,000　　(대) 자본금 5,000 　　주식할인발행차금 2,000
주식발행비	(주)상빈은 액면가액 5,000원인 주식 1주를 6,000원에 할증발행을 하면서 주식발행비로 500원이 들었다. (차) 현금 5,500　　(대) 자본금 5,000 　　　　　　　　　　　　주식발행초과금 500

자본잉여금

자본잉여금은 기업이 주주와의 거래에서 이득을 본 계정이며, 이러한 자본잉여금에는 주식발행초과금, 감자차익, 자기주식처분이익이 있다.

주식발행초과금은 회사의 설립이나 유상증자의 과정에서 액면금액을 초과해 납입된 금액을 말한다.

감자차익은 자본금을 감소시키는 과정에서 액면가보다 싸게 주식을 매입해 소각하면서 발생한 이익을 말한다. 감자에는 유상감자와 무상감자가 있다. 유상감자는 자본구조 개선을 위해서 유상으로 주주로부터 주식을 사서 소각하는 것을 말하며, 무상감자는 누적된 결손금을 보전하기 위해 자본금을 감소시키는 것을 말한다. 결손이 누적되었다는 것은 매년 손실이 발생해 이익잉여금이 마이너스(-)라는 의미다. 이를 해소하기 위해서 주주들의 주식을 강제로 소각하는 것이 무상감자인데, 이 과정에서 기업은 손실의

〈참고〉 자본잉여금 총정리

의미		자본의 증가분 가운데 법정자본금(액면가액)을 초과하는 잉여금
특징		자본거래 시 발생하므로 손익계산서를 거치지 않고 바로 자본계정에 가감
종류	주식발행초과금	회사의 설립 또는 증자 시 액면금액을 초과해 납입된 금액
	감자차익	자본금 감소 시 발생하는 이익
	유상감자 (실질감자)	액면금액과 환급금액을 비교해 회계처리 (차)자본금 500 (대) 현금 450 감자차익 50
	무상감자 (형식감자)	누적된 결손금을 보전하기 위해 자본금 감소 (차) 자본금 500 (대) 이월결손금 450 감자차익 50
	자기주식처분이익	자사가 발행한 주식의 매입 또는 증여로 발생한 이익

감소라는 이득을 얻는다. 이것이 감자차익이다.

자기주식처분이익은 자사가 발행한 주식을 매입하거나 증여함에 따라 발생한 이익을 말한다. 자기주식은 기업이 발행한 주식을 다시 취득하는 것이므로 아무런 법적 권리가 없고, 따라서 자본의 마이너스 항목인 자본조정으로 분류되는 항목이다. 그러나 자기주식을 취득할 때 가격보다 비싸게 주주들에게 팔 경우 처분이익이 발생하는데, 이를 자기주식처분이익이라고 한다.

41 자본조정이란 무엇인가

자본조정이란 기업과 주주 간의 자본거래 과정에서 기업이 손해를 보는 계정을 말한다. 물론 자기주식과 같이 손해라는 말을 사용하기가 힘든 경우가 간혹 있어 더 엄밀하게 '자본금, 자본잉여금 등으로 분류할 수 없는 자본의 요소'라고 정의하기도 한다. 어쨌든 자본조정은 임시계정의 성격을 띠므로 언젠가는 사라져야 하는 항목이다. 추후에 자본잉여금과 상계해 사라지거나 자본금 등으로 대체되어 사라지는 것이다.

자본조정에는 주식할인발행차금, 자기주식, 주식매수선택권, 자기주식처분손실, 감자차손 등이 있다. 주식할인발행차금은 앞서 설명했듯이 주식발행 과정에서 액면가액보다 작은 금액으로 발행했을 때 액면가액과 발행금액의 차이를 뜻한다. 한편, 자기주식은 기업이 이미 발행한 주식을 회사 경영상의 이유로 다시 취득해서 보유 중인 항목을 말한다. 회사가 자기주식을 보유하는 이유는 주가관리목적이거나 유통주식수의 축소를 통한 배당금 유출 감소, 자본규모 축소를 통한 경영권 방어 등 동기가 다양하다.

이러한 자기주식을 보유하다가 다른 주주에게 처분하는 과정에서 취득금액보다 작은 금액으로 팔게 되면 처분손실이 발생한다. 이를 자기주식처분손실이라고 하는데, 자본조정의 항목이다.

주식매수선택권은 다른 말로 스톡옵션stock option이라고 한다. 이는 임직원들의 사기를 진작하고 근로의욕을 고취시키기 위해 주식을 살 수 있는 권리를 상여금으로 지급하는 것을 말한다. 한때 안철수 씨가 안랩의 스톡옵션을 직원들에게 무상으로 준 것이 이슈가 되기도 했다.

그런데 스톡옵션은 아직 자본이라 하기도 힘들고 자본거래의 결과도 아니므로 자본조정항목으로 분류한다. 회사의 주가가 상승하면 저렴한 가격으로 주식을 살 수 있는 권리이기 때문에 대체적으로 그 가치는 양수(+)이며, 이 가치를 별도로 평가해서 별도의 계정과목으로 계상한다.

마지막으로 감자차손은 감자를 할 때 주주에게 상환금액을 지급하고 주식을 사서 소각하게 되는데, 이때 주주에게 지불한 상환금액이 액면가를 초과하는 부분을 말한다. 상법상 감자차손은 결손금 보전순서대로 처리한다. 즉, 이익잉여금으로 상각하거나 다른 자본잉여금 과목들을 순차적으로 상계해 나중에 소멸시키게 된다.

〈참고〉 자본조정 총정리!

의 미	자본거래에 해당하나 최종 납입된 자본으로 볼 수 없는 자본		
자기주식	자기 회사의 주식을 재취득하는 것		
	취득 시 (원가법)	(차) 자기주식 500	(대) 현 금 500
	소각 시	(차) 자본금 300 감자차손 200	(대) 자기주식 500
	매각 시	(차) 현금 300 자기주식처분손실 200	(대) 자기주식 500
주식할인 발행차금	액면금액 이하로 주식을 발행할 때 액면금액에 미달하는 금액		
미교부주식 배당금	(1) 주식배당 : 회사가 이익잉여금을 현금으로 배당하지 않고 신주를 발행해 주식으로 주는 배당금 (2) 미교부주식배당금 : 배당금을 주식배당으로 결의한 날 발생		
	배당 결의	(차) 이월이익잉여금 100	(대) 이익준비금 100
	지급 시	(차) 미교부주식배당 100	(대) 자본금 100
배당건설 이자	(1) 의미 : 개업 전 이익이 없는데도 배당하는 것 (2) 상각 : 배당건설이자(자본조정)가 있을 경우 차후 이익잉여금(결손금)으로 처리		
기타 종류	미교부주식배당금, 신주청약증거금, 주식선택권, 주식할인발행차금, 감자차손, 자기주식, 자기주식처분손실, 배당건설이자		

42 증자와 감자

〈머니투데이〉 2017년 2월 1일자에는 넵튠이 운영자금 마련을 위해 30억, 투자자금을 위해 70억 등 총 100억 규모의 제3자배정 유상증자를 결정하고 1월 31일 공시했다는 기사가 실려 있다. 이렇게 경제뉴스를 보면 유상증자나 무상증자에 대한 이야기를 자주 접하게 된다. 이미 주식투자나 기업실무에 익숙한 사람들은 아는 용어겠지만 회계 입문자들에게는 생소한 단어일 것이다. 다음에서 증자와 감자의 의미를 살펴보고 종류도 알아보자.

증자 vs 감자

증자는 회사가 주식을 발행해서 일정한 자금을 끌어오는 것을 말한다. 기업의 자금조달 방식에는 외부 금융기관이나 대부자들을 이용해서 자금을 빌려오는 '부채' 방식이 있고, 투자자들을 모집해서 자본을 증가시키는

'증자' 방식이 있다. 증자는 자본금과 자본잉여금을 증가시키는 거래로 회계상으로는 자산과 자본을 동시에 증가시킨다.

이와 정반대의 개념이 감자다. 감자는 자본을 감소시키는 거래로서 주주에게 대가를 지불하고 주식을 사서 소각시키는 유상감자와 기업에 누적된 결손금을 없애기 위해 주주들의 자본금을 희생시키는 무상감자로 나눌 수 있다. 감자를 그냥 할 수는 없다. 기업이 마음대로 감자를 하게 되면 필연적으로 주주들이 손해를 보고 권리를 침해받을 것이기 때문이다. 따라서 주식을 감자하려면 상법상의 주주총회 특별결의를 거쳐야 한다.

유상증자 + 무상증자 = 증자

유상증자는 주식회사의 자본을 증가시키는 방법 가운데 가장 흔한 방법이다. 증자는 대부분 유상증자라고 볼 수 있다. 이는 회사의 주식을 증가시킬 뿐만 아니라 자산도 증가시킨다. 주주들이 증가된 자본을 현금 또는 현물로 납입할 것이기 때문이다. 이를 출자라고 한다. 전자를 현금출자, 후자를 현물출자라고 한다.

기업이 발행한 신주를 주주가 매입하면 회사는 순이익이 발생했을 때만 주주들에게 배당을 주면 된다. 주식은 채권과 달리 매기에 일정액의 이자를 지급하지 않아도 되므로 회사의 입장에서는 비용으로 나가는 것이 없다. 이 때문에 기업의 입장에서는 부채를 증가시키는 것에 비해 재무구조가 개선되고 손익 면으로도 유리한 효과를 얻게 된다.

무상증자는 별도의 납입 없이 사내유보금으로 주식을 증가시켜 주주들에게 주식을 나눠주는 방식이다. 무상증자의 재원은 보통 자본잉여금이다. 쌓여 있는 자본잉여금을 자본금으로 계정만 바꿔주는 것이 무상증자이기 때문에 실질적으로 기업의 재산이 증가하는 것은 아니고 단지 주식수만 늘어난다. 주식수가 늘어나기 때문에 필연적으로 자본금도 증가한다. 주주들은 무상증자가 주식수를 늘려주기 때문에 단기적으로 자신들의 주식가치가 늘어난다고 생각해 무상증자 소문이 돌면 주가가 오르는 경향이 있다.

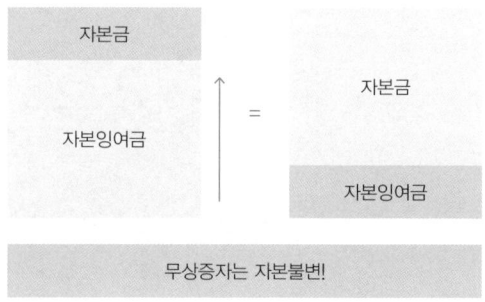

유상감자 + 무상감자 = 감자

유상감자는 기업의 규모를 축소시키거나 자본구조를 조정하려 할 때 주로 사용한다. 유상감자는 자본금을 감소시키고 주식수를 줄이기 위해 주주들에게 일정금액을 지급하는 방식이다. 일반적으로 기업의 규모보다 자본금이 너무 많거나 자본금을 줄이면서 기업의 내실을 다지려고 할 때 주로 실행한다. 이는 자본감소 과정에서 실질적으로 자산이 감소하므로 실질감자라고도 한다. 주주들에게 직접적으로 영향을 미치므로 상법에 따라 주주총회의 특별결의를 거쳐야 한다.

무상감자는 기업이 주주들의 자본금을 아무 대가 없이 감소시키는 것을 말한다. 이는 망해가는 기업이 살기 위해 주주들의 희생을 강요하는 것과 같다. 주로 단기순손실이 누적돼 결손금이 지나치게 불어난 기업이 결손금을 없애기 위해 자본금과 결손금을 상계하는 방식으로 실시한다. 무상감자는 자본금이 감소하는 대신 결손금도 감소하기 때문에 기업 전체의 자본은 변화하지 않는다. 자본의 변화가 없어 '형식적 감자'라고도 한다. 이 또한 주주들에게 손해를 가져올 수 있으므로 주주총회의 특별결의를 통해 이루어진다.

43 배당은 어떻게 지급되나

배당은 주주의 주요 수익원이다. 기업은 매출액에서 시작해 각종 비용을 차감하고 최종적으로 주주에게 귀속되는 당기순이익을 창출해낸다. 올해 창출된 당기순이익은 재무상태표상의 이익잉여금이라는 자본 항목으로 들어간다. 이익잉여금은 매년 벌어들인 당기순이익을 모으고 모아서 형성한 곳간의 곡식과도 같다.

이를 상법에서는 '배당가능이익'이라 한다. 배당을 줄 수 있는 재원이라는 뜻이다. 이런 이익잉여금이 클수록, 이익잉여금의 원천인 당기순이익이 클수록 주주는 배당을 많이 가져갈 수 있다.

배당은 상법상 주주총회를 통해서 지급된다. 배당의 재원은 이익잉여금이지만 회계상으로는 주주총회를 거쳐 처분이 되므로 '미처분 이익잉여금'이 재원이다. 주주총회를 통해서 배당으로 처분이 되고 그 과정에서 일정한 준비금도 적립하게 된다. 상법상으로는 현금배당액의 10%를 자본금의

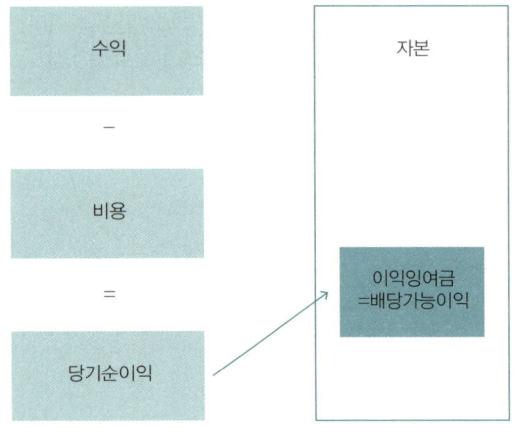

2분의 1에 달할 때까지 이익준비금으로 적립하도록 강제하고 있는데, 이는 지나치게 배당을 많이 주어 회사의 재원이 모두 유출되는 것을 방지하기 위해서다.

우리에게 익숙한 것은 주주총회를 통해 현금으로 배당을 지급하는 현금배당이지만 다른 방식의 배당도 있다. 주주에 대한 이익분배는 모두 배당이라고 할 수 있는데, 현금 대신 주식으로 배당을 주는 경우 이를 '주식배당'이라고 한다.

주식배당은 이익잉여금을 재원으로 삼아 주주들에게 주식을 발행, 지급하는 것을 말한다. 즉, 신규로 발행하는 주식수만큼 자본금이 증가하고 그만큼 이익잉여금은 감소하는 것이다. 주식배당은 현금처럼 재산이 기업 외부로 유출되지 않기 때문에 재정구조를 튼튼히 한다는 면에서는 현금배당보다 좋다. 그러나 지나친 주식배당은 자본금의 비대화를 초래할 수도 있다.

이익잉여금 처분계산서가 재무제표인가

　이익잉여금 처분계산서는 과거 기업회계기준서에서는 재무제표의 일종으로 공시하게 했다. 그러다가 최근 국제회계기준^{IFRS}으로 기업회계기준이 바뀌면서 이익잉여금 처분계산서는 더 이상 사업보고서 등에 재무제표 항목으로 공시하지 않는다. 그 대신 아직도 상법에서는 이익잉여금 처분계산서를 규정하고 있어 작성해서 별도로 공시하는 기업은 있다. 이는 의무는 아니지만 이익잉여금에 대한 처분내역을 잘 보여준다는 점에서 의미가 있다.

　이익잉여금은 손익계산서의 당기순이익이 누적된 항목으로 주주에게 배당을 지급하거나 다른 자본항목과 상계해 재무구조를 개선할 목적으로 사용된다. 이러한 이익잉여금을 사후적으로 관리하기 위해 이익잉여금 처분계산서가 존재한다. 이익이 나면 이익잉여금 처분계산서를, 손실이 나면 결손금 처리계산서를 작성하면 된다.

이익잉여금 처분계산서는 한 해 동안 벌어들인 순이익을 이익잉여금을 통해 분배할 때 사용하는 서식이다. 이익잉여금 처분계산서는 처분한 이익잉여금, 차기 이익잉여금 등으로 구성되는데, 주주총회 때 제출되는 서류 목록 가운데 하나로 감사에게 감사를 받게 되어 있다. 작성방법을 살펴보면 다음과 같다.

우선, 미처분 이익잉여금은 재무상태표상의 미처분 이익잉여금을 가져와서 기록한다. 이는 임의적립금 이익액과 이익잉여금 처분액이 주주총회를 통해 승인이 나기 때문에 일단 재무상태표에서 그대로 가져와 주주총회를 거쳐 처분한 뒤 이익잉여금 잔액으로 변모하게 된다.

다음으로 임의적립금 이입액, 이익잉여금 처분액은 당기말에 이사회에서 결정한 내용을 우선 기입하고, 주주총회에서 승인이 나면 최초 작성한 이익잉여금 처분계산서를 공시하고 장부에 옮겨 기록하면 된다. 만약 주주총회에서 수정을 할 경우에는 승인한 내용대로 회계처리를 해서 장부에 기록해야 한다.

이익잉여금 처분계산서는 기본적으로 미처분 이익잉여금, 임의적립금 등의 이입액, 이익잉여금 처분액, 차기이월 미처분 이익잉여금으로 구성돼 있다. 이러한 형식을 먼저 인지하고 몇 가지 사항을 주의해서 살펴보면 이익잉여금 처분계산서를 잘 해석할 수 있을 것이다.

먼저 이익잉여금 처분계산서가 이 네 가지 항목으로 이루어져 있기 때문에 전체적인 흐름을 읽을 수 있어야 한다. 미처분 이익잉여금에서 임의적립금을 올해 처분하기 위해 이입시키고, 처분을 한 다음 남은 것이 차기이월 미처분 이익잉여금이라는 사실을 알 수 있다. 이것이 전체적인 흐름이다.

이익잉여금 처분계산서
2017. 1. 1. ~ 12. 31.
처분확정일 : 2018. 3. 10.

미처분 이익잉여금	10,000,000
1. 전기이월 미처분 이익잉여금	10,000,000
임의적립금 등의 이입액	5,000,000
이익잉여금 처분액	(7,000,000)
1. 이익준비금	500,000
2. 기타 법정적립금	500,000
3. 배당금	5,000,000
4. 사업확장적립금	1,000,000
차기이월 미처분 이익잉여금	8,000,000

그다음으로는 기업의 이익잉여금이 주주총회에서 구체적으로 어떤 항목으로 처분되는지를 봐야 한다. 이 기업이 운영한 결과를 어떻게 주주들에게 분배하고 준비금을 적립하는지를 보고 기업의 운영을 전반적으로 유추해볼 수 있다. 이 양식에서 보면 사업확장적립금을 적립했는데, 이를 통해서 사업확장 계획이 있음을 알 수 있다.

또한 주주들에게 배당을 얼마나 주는지를 통해 기업의 자금력도 파악할 수 있다. 분식회계를 통해 이익은 예쁘게 꾸밀 수 있겠지만 실제로 주주에게 배당을 주는 것은 조작하기 힘들기 때문이다. 그래서 배당은 기업의 자금력이 좋다는 증거가 된다.

이처럼 이익잉여금 처분계산서는 재무제표의 일종은 아니지만 유용한 정보를 많이 제공한다. 이를 충분히 알면 투자나 기업운영에서 유익할 것이다.

수익이란 무엇인가

　영화를 보면 해적들이 많은 재산을 약탈해 오면 중간에 간부들이나 이해관계가 있는 자들에게 분배하고 마지막에 남는 것이 그 해적선의 주인에게 돌아간다. 이는 기업에도 마찬가지로 적용된다. 약탈을 해서 해적들의 수중에 들어온 돈은 기업의 경우 영업활동을 통해 창출한 수익에 해당한다. 수익은 기업이 벌어들인 돈이다.

　이 수익이라는 것에서 중간에 물건 공급자에게 분배한 매출원가라는 비용을 차감하고, 영업활동에 기여한 수많은 관계자들에게 지출된 판매비와 관리비를 차감하면 영업이익이 나온다. 이 영업이익에서 자금을 대준 은행에 이자비용을 지불하고 나면 세전이익이 나오고, 정부에 법인세를 납부하고 나면 당기순이익이 나온다. 이 당기순이익은 기업의 주인인 주주의 몫이다.

　이렇게 기업이 수익을 벌어오면 다양한 이해관계자들이 비용이라는 형태

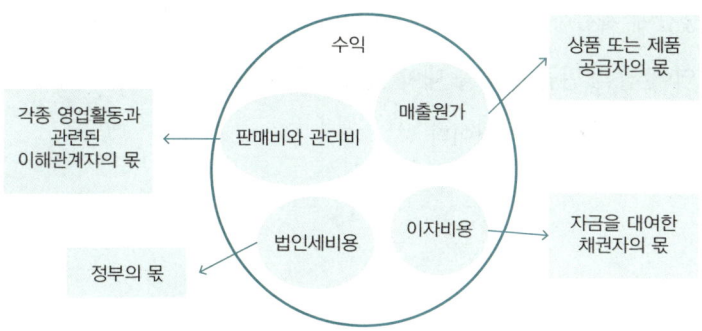

로 수익을 나눠 간다. 비용은 기업 외부의 이해관계자들에게 쥐여주는 돈이라고 생각하면 이해하기 쉽다. 그러고도 남는 돈이 이익잉여금이고, 이것은 주주가 배당금이라는 방식으로 가져간다.

기업의 손익계산서를 보면 수익이 얼마나 중요한지 명확해진다.

손익계산서

	매출액(수익)	
−	매출원가	공급자의 몫
=	매출총이익	
−	판매비와 관리비	영업 관련 이해관계자의 몫
=	영업이익	
+	영업외수익	일시적 수익
−	영업외비용	금융기관의 몫
=	법인세차감전순이익	
−	법인세비용	정부의 몫
=	당기순이익	

매출액에서 매출원가를 차감하고 판매비와 관리비를 차감하면 영업이익이 나온다. 여기서 영업과 관련이 없는 손익을 가감하면 법인세차감전순이익(세전이익)이 나오고, 법인세비용을 차감하면 최종적으로 당기순이익이 나

온다. 중간에 차감하는 항목들이 비용이며, 기업은 이 비용을 견디고도 당기순이익이 남을 만큼 수익을 내야 살아남을 수 있다. 그만큼 수익이 지속적으로 충분히 나야 하는 것이다.

판매에 따른 수익은 어떻게 기록되나

상품을 판매해 수익을 얻는 기업은 서비스업과는 달리 상품이 팔렸을 때 수익을 인식한다. 이때 상품이나 제품을 재화라고 표현하는데, 재화는 판매하기 위해 생산한 제품과 재판매를 위해 매입한 상품으로 고객에게 재화를 인도하는 시점에 수익을 인식하는 것이 일반적이다. 이러한 기준을 '판매기준' 또는 '인도기준'이라고 한다.

재화의 판매에 따른 수익은 다음 조건이 모두 충족된 경우 인식한다.

1. 재화의 소유에 따른 유의적 위험과 보상이 구매자에게 이전된다.
2. 판매자는 판매된 재화의 소유권과 결부된 통상적 수준의 관리상 지속적 관여를 하지 않고 효과적인 통제도 하지 않는다.
3. 수익금액을 신뢰성 있게 측정할 수 있다.
4. 거래와 관련된 경제적 효익의 유입 가능성이 높다.

5. 거래와 관련해 발생했거나 발생할 원가를 신뢰성 있게 추정할 수 있다.

이 다섯 가지 요건을 모두 충족해야 판매수익으로 기록할 수 있다. 각각을 설명하면 다음과 같다.

1. 소유에 따른 유의적 보상과 위험이 구매자에게 이전

재화의 소유에 따른 유의적 위험과 보상이 이전해야 판매한 것으로 볼 수 있다. 위험은 물건의 파손 등을 말하고, 보상은 재화를 사용하면서 누리는 모든 것을 말한다. '이전'은 일반적으로 법적 소유권 이전이나 재화의 물리적 이전을 뜻한다. 거래마다 법적인 소유권은 이전되었으나 실질은 판매자가 독점하는 경우도 있으므로 거래의 실질을 잘 따져보는 것이 중요하다.

판매자가 소유에 따른 유의적 위험을 부담하는 경우로는 인도된 재화의 결함에 대해 정상적인 품질보증범위를 초과해 책임을 지는 경우, 판매대금의 회수가 구매자의 재판매로 결정되는 경우, 설치조건부 판매에서 계약의 중요한 부분을 차지하는 절차가 아직 완료되지 않은 경우가 있다.

2. 재화에 대한 판매자의 통제 상실

판매자가 판매했지만 재화를 통제할 수 있다면 판매수익을 인식하면 안 된다. 판매자가 자기 마음대로 판매한 제품의 사용을 제한하는 경우 소유권을 이전했다고 해도 실질적인 권한이 이전된 것이 아니다. 그렇다면 판매했다고 볼 수 없다.

3. 수익금액의 신뢰성 있는 측정 가능

수익금액을 신뢰성 있게 측정할 수 있어야 수익으로 인식할 수 있는데, 이는 당연한 요건이다. 재무제표에 금액을 적으려면 금액을 알아야 한다. 그 금액을 측정할 수 없으면 거짓말을 하지 않는 이상 손익계산서에 수익금액을 입력하지 못할 것이다.

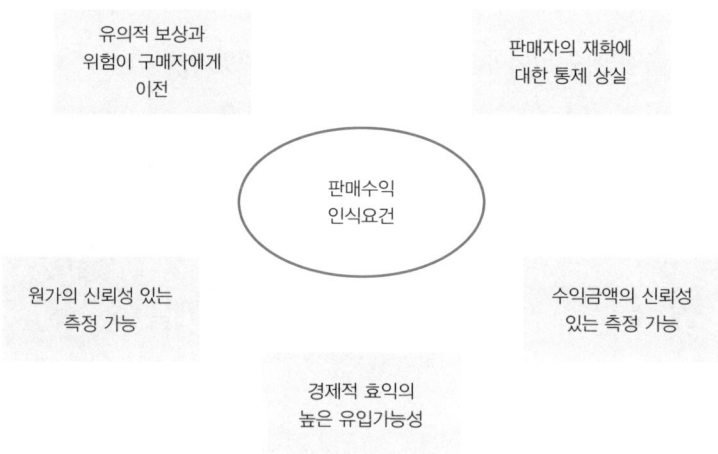

4. 경제적 효익의 높은 유입 가능성

경제적 효익의 유입 가능성이 높다는 것은 모든 수익의 공통적 요건이다. 수익은 기업이 돈을 벌었다는 의미다. 경제적 효익이란 이 '돈'이다. 판매를 했는데 대금을 회수할 가능성이 낮거나 대금회수에 불확실성이 있는데도 수익을 인식하면 성과가 과대평가될 것이다. 따라서 경제적 효익의 유입 가능성이 높을 경우에만 수익을 인식해야 한다.

5. 원가의 신뢰성 있는 측정 가능

원가의 신뢰성 있는 측정이 가능해야 한다는 말은 판매로 번 돈을 수익으로 기록하려면 그에 대응하는 '매출원가'를 파악할 수 있어야 한다는 의미다. 손익계산서에 수익만 기록하면 반쪽짜리 성과만 기록하는 것이다. 비용까지 인식해야 순이익을 산출할 수 있다. 이것이 '수익비용대응의 원칙'이 존재하는 이유다. 따라서 원가를 신뢰성 있게 측정할 수 있어야 판매수익을 인식할 수 있다.

47 서비스 수익은 어떻게 기록되나

서비스는 우리말로 용역^{用役}이라 한다. 용역의 제공에 따른 수익은 용역제공거래의 결과를 신뢰성 있게 추정할 수 있을 때 보고기간 말에 거래의 진행률에 따라 인식한다. 용역제공거래의 결과는 다음 요건을 만족할 때 신뢰성 있게 추정할 수 있다.

> 1. 수익금액을 신뢰성 있게 측정할 수 있다.
> 2. 거래와 관련한 경제적 효익의 유입 가능성이 높다.
> 3. 진행률을 신뢰성 있게 측정할 수 있다.
> 4. 거래원가를 신뢰성 있게 측정할 수 있다.

서비스 수익은 진행률에 따라 진행된 정도를 따져서 그만큼만 인식한다. 이를 진행기준이라고 하는데, 이는 장기간에 걸쳐 용역이 제공되는 특성을 반영한 회계처리방법이다. 진행기준으로 인식한 수익은 특정 회계기간의 용역활동과 성과의 정도에 대한 정보를 제공한다.

예를 들어 건설공사계약을 체결해 수익을 인식할 때 진행률은 건물이 지어진 정도라고 볼 수 있다. 이를 투입된 원가로 진행률을 계산해서 그 정도에 따라 수익을 인식하면 한 번에 수익을 인식하는 것보다 거래의 형태와 진척상황이 더 잘 나타난다.

각 요건을 분설하면 다음과 같다.

1. 수익금액의 신뢰성 있는 측정 가능

거래 상대방과 다음 모든 사항에 대해 합의한 경우 일반적으로 수익금액을 신뢰성 있게 추정할 수 있다.

- 수수되는 용역과 관련한 거래당사자들의 법적 구속력 있는 권리
- 용역제공의 대가
- 결제방법
- 결제조건

보통 수익금액은 계약서를 보면 알 수 있다. 계약서상 도급금액이나 계약금액이 용역거래를 통해서 지불하게 되는 총수입금액이기 때문이다. 그런데 계약서를 쓰지 않았거나 용역제공 거래를 확정하지 않은 경우 수익금액을 추정해야 할 수 있다. 추정을 한다는 것이 신뢰성이 없다는 것을 의미하지는 않으므로 상관없다.

2. 거래와 관련한 경제적 효익의 높은 유입 가능성

서비스 수익은 거래와 관련한 경제적 효익의 유입 가능성이 높을 때

만 인식한다. 그러나 이미 수익으로 인식한 금액에 대해서는 추후에 회수 가능성이 불확실해지는 경우에도 이미 인식한 금액을 조정하지는 않는다. 즉, 이미 수익으로 인식했다면 그것으로 된 것이다.

만약 회수가 불가능한 금액이 발생하면 그만큼 대손상각비 등으로 비용처리를 하면 된다.

3. 진행률의 신뢰성 있는 측정 가능

진행률은 다양한 방법으로 결정할 수 있다. 기업은 수행된 용역을 신뢰성 있게 측정할 수 있는 방법을 사용해야 한다. 거래의 성격에 따라 다음 방법을 사용할 수 있을 것이다.

- 작업수행 정도의 직접적인 조사
- 총예상용역량 대비 현재까지 수행한 누적용역량 비율
- 총추정원가 대비 현재까지 발생한 누적원가의 비율

현재까지 발생한 누적원가는 현재까지 수행한 용역에 대한 원가만을 포함하며, 다른 원가는 당연히 제외한다. 총추정원가는 현재까지의 누적원가와 향후 수행해야 할 용역원가를 예상, 합산해 결정한다. 용역제공이 특정기간 내에 불특정 다수의 활동으로 수행되는 경우 그 진행률을 더 잘 나타낼 수 있는 다른 방법이 없다면 실무적 편의를 위해 정액기준으로 기간에 걸쳐 수익을 인식할 수 있다. 만약 특정한 활동이 다른 활동보다 유의적일 때는 그 활동이 수행될 때까지 수익의 인식을 연기한다.

4. 거래원가의 신뢰성 있는 측정 가능

수익비용대응의 원칙에 따라 거래원가를 모르면 수익을 인식할 수 없다. 서비스 수익도 마찬가지다. 용역을 제공하는 데 들어간 원가를 신뢰성 있게 측정할 수 있어야 수익을 장부에 기록할 수 있는 것이다.

영업외수익은 무엇인가

　기업의 주된 영업활동은 업종과 관련이 있다. 금융업의 주된 영업은 자금의 대여다. 따라서 금융업을 영위하는 기업에서는 이자수익이 매출액이 된다. 한편, 제조업의 주된 영업은 제품의 생산과 판매다. 따라서 제조업을 영위하는 기업에서는 제품판매수익이 매출액이 되는 것이다. 이처럼 업종에 따라 본업에서 벌어들인 수익이 매출액이 된다.

　영업외수익은 매출액이 아니라 수익이다. 이는 주된 영업활동이 아닌 활동에서 창출된 수익이다. 금융업종 기업의 이자수익은 매출액이지만, 제조업을 영위하는 기업의 이자수익은 영업활동이 아니라 부수적인 수익으로서 영업외수익이 된다.

　즉, 영업외수익은 기업의 주된 영업활동이 아닌 기타 투자 및 재무활동을 통해 발생된 수익을 뜻한다. 재고자산이 아닌 자산을 팔면서 발생하는 처분이익, 화폐성 자산의 외화환산이익 및 환차익 등이 이에 해당한다.

〈참고〉 영업외수익의 종류

이자수익	예금, 채권, 대여금 등에서 발생하는 모든 이자수입
배당수익	단기매매증권, 매도가능증권 등 주권에서 발생한 배당금
임대료	기업 소유의 부동산 임대 및 임차 부동산의 전대로 발생한 임대료 수입
단기투자자산 평가이익	회사채, 주식 등 단기매매증권의 시가(공정가치)가 장부금액을 초과하는 부분
단기투자자산 처분이익	회사채, 주식 등의 단기매매증권을 장부금액보다 높은 가액으로 처분할 때의 차익
외환차익	외화자산을 원화로 환수하거나 외화부채를 원화로 상환할 때 발생하는 환차익
외화환산이익	환율의 변동으로 인한 장부상 평가차익
지분법이익	유의적인 영향력을 행사하는 피투자회사의 당기순이익 발생으로 인한 이익
장기투자증권 손상차손환입	투자증권의 회수 가능액이 회복된 경우의 회복금액
투자자산처분이익	투자자산 처분 시 장부금액보다 비싸게 매도한 경우의 차익
유형자산처분이익	건물, 기계장치 등 유형자산을 장부금액보다 높은 금액으로 처분했을 때의 차익
사채상환이익	회사채 상환 시 사채의 장부가액보다 상환금액이 작은 경우의 이익
전기오류수정이익	전기의 회계상 오류를 수정하면서 발생하는 이익

49 급여의 회계처리

비용은 기업의 경제적 효익이 감소한 것을 뜻한다. 즉, 지출액 가운데 자산으로 처리하지 못하고 그 효익이 소멸된 것 또는 자산 가운데 효익이 없어져 소멸한 부분이 비용이다. 그리고 비용에서 매출원가 다음으로 중요한 계정이 급여다.

급여는 기업을 경영하는 과정에서 발생하는 큰 부분의 고정비라고 할 수 있다. 급여의 회계처리는 세금과도 관련이 있고 4대보험과도 직접 연결되므로 관련된 내용도 함께 정리하는 것이 좋다. 급여는 다른 말로 '인건비'라고도 하는데, 이에 대해서 살펴보자.

인건비는 사용자와 근로자 간의 근로계약 관계에서 근로의 대가로 지급하는 급부를 말한다. 근로자는 기본급, 제수당, 상여 등의 금원을 제공받는다. 인건비는 복리후생비와는 조금 다른데, 이는 실비변상적인 특성 때문이다. 복리후생비는 근로소득이 아니라 회사에서 근로자들의 복지를 위해 간접적으로 제공하는 효용을 말하는 것으로 야식비, 회식비 등이 이에 해당한다.

급여와 관련된 회계처리는 근로소득세, 4대보험과 관계가 있기 때문에 복잡하다. 급여 회계처리는 다음과 같다. 국민연금보험료의 회사부담분은 '세금과공과'로 처리하고, 건강보험료와 고용보험료의 회사부담분은 '복리후생비'로 처리한다. 또 산재보험료는 '보험료'로 회계처리를 하는 것이 관행이다. 물론 계정과목은 어떻게 설정해도 무방하다. 다만, 일관성 있게 매년 계정과목을 유지해야 하므로 처음 설정할 때 신중할 필요가 있다.

잡금(잡비)라는 계정은 근로기간이 3개월도 안 되는 일용근로자에게 일당으로 지급하는 경우 사용하는 계정과목이다. 이는 세무신고와 4대보험에서 정규직 근로자와는 다른 방식을 사용하며, 회계관리상으로도 별도로 관리한다. 잡금(잡비)을 지급할 때는 '일용노무비 지급명세서'를 작정해 지출증빙으로 사용하고, 일용근로자의 신분증 사본과 증빙을 보관한다.

급여의 회계처리는 노무를 제공한 달에 급여를 지급하는 경우에는 지급할 때 회계처리를 해야 한다. 이를테면 군대처럼 매월 10일에 급여를 지급하는 경우 10일에 근로자에게 급여를 이체하면서 회계처리를 한다. 급여를 지급하면서 근로소득세 원천징수액과 4대보험료를 미리 떼고 지급하는데, 이는 예수금(대신 납부하는 계정, 부채)으로 회계처리를 한다. 이 예수금은 국세청과 관련기관에 대신 납부해야 한다.

만약 노무를 제공한 달에 급여를 지급하지 않고 다음 달에 지급하는 경우에는 노무를 제공한 달의 말일(30일 또는 31일)에 급여에 대한 회계처리를 해야 한다. 이런 항목은 주로 실적을 계산해서 지급하는 '실적급'에 해당한다. 노무제공은 끝났지만 아직 돈을 지급하지 않았으므로 미지급급여라는 부채를 기록하고, 다음 달에 지급하면서 미지급급여 계정을 삭제한다.

> **〈참고〉** 급여와 관련된 회계처리
>
> **1. 노무를 제공한 다음 달 급여를 지급하는 경우**
> (주)상빈은 종업원에 대한 급여를 노무를 제공한 달의 다음 달 20일에 지급하는 정책을 취하고 있다. 2017년 2월분 급여 100만 원이 발생했다. 이 경우 2월 28일에 미지급비용을 인식한다.
>
> (차) 급여 1,000,000   (대) 미지급급여 1,000,000
>
> **2. 급여를 지급하면서 원천징수 등을 한 경우**
> (주)상빈은 종업원의 2월 급여를 다음 달 20일에 지급하였다. 2월 급여는 100만 원이고, 각종 공제사항은 근로소득세 원천징수액 10,000원과 주민세 1,000원, 국민연금 직원부담분 50,000원, 건강보험료 직원부담분 10,000원이다. 이때 회계처리는 '예수금' 계정을 통해 수행한다.
>
> (차) 미지급급여 1,000,000   (대) 현금   929,000
>   소득세 예수금   11,000
>   국민연금 예수금 50,000
>   건강보험료 예수금 10,000
>
> **3. 근로소득세 원천징수액을 납부한 경우**
> (주)상빈은 4월에 급여에 대한 근로소득세 원천징수액 및 주민세 종합 11,000원을 납부하였다.
>
> (차) 소득세예수금 11,000   (대) 현금 11,000
>
> **4. 국민연금, 건강보험료를 납부한 경우**
> (주)상빈은 4월에 2월분 국민연금 직원부담분 50,000원과 건강보험료 직원부담분 10,000원을 납부하였다.(건강보험과 국민연금은 사용자와 종업원이 각각 절반씩 부담하며, 그 금액은 표준보수월액표에 따른다.)
>
> (차) 국민연금예수금 50,000   (대) 현금 60,000
>   건강보험료예수금 10,000

판매비와 관리비란 무엇인가

 판매비와 관리비는 기업의 주된 영업활동과 관련해 간접적으로 발생하는 모든 비용을 말한다. 이는 직접적으로 매출액에 대응되는 매출원가와는 다르다. 영업비용 가운데 매출원가를 제외한 모든 원가를 말하는 것으로 봐도 무방하다. 판매비와 관리비를 분리해서 살펴보면 다음과 같다.

 판매비는 상품이나 제품을 판매하기 위해 지출하는 비용으로 대부분 영업·마케팅 부서와 관련이 있다. 즉, 영업 관련부서의 인건비, 접대비, 광고비, 판촉비 등을 포함하는 것이 판매비라고 볼 수 있다.

 관리비는 말 그대로 영업활동을 관리하는 데 들어가는 지출이다. 주로 회사의 관리부서인 경영팀, 총무·인사팀, 경리팀, 전략기획팀 등에 들어가는 인건비, 세금과 공과, 임차료 등이 포함된다. 관리비는 판매비보다 간접비의 성격이 더 강하다.

 매출액에서 판매비와 관리비가 차지하는 비중이 크다면 제품을 생산하는 비용이나 재고자산 매입비용보다 판매와 경영을 위해 부수적으로 발생하는 비용이 더 많다는 뜻이다. 만약 매출액에서 생산원가나 매입원가가 높아 매출원가가 높으면 원가절감을 위한 생산효율화, 매입 과정의 원가절감 노력이 필요하겠지만, 판매비와 관리비의 경우 부수적 판촉비용이나 인건비의 절감이 필요할 것이다. 업종마다 판매비와 관리비의 비중이 다르므로 동종업계와 비교해서 과다한지 여부를 따져봐야 한다.

〈참고〉 판매비와 관리비의 종류

종업원 급여	임직원에게 지급하는 봉급, 제수당, 상여금, 일용근로자 급여(잡금) 등 근로계약에 따라 지급하는 금액을 말한다.
퇴직급여	영업기간 도중 임직원이 퇴사하는 경우 자사의 퇴직금지급규정에 따라 지급하는 금액을 말한다.
복리후생비	간식비, 야식비, 경조사비, 고용보험료 및 건강보험료의 회사부담분, 건강진단비 회사 부담액, 자가운전 보조수당, 사내 동호회비 등 종업원의 복지를 위해 지출하는 비용을 말한다.
임차료	사무실의 임차료, 차량 리스료, 창고의 임차료 등 부동산 또는 동산의 임대차 계약상 지급하는 비용을 말한다.
접대비	주대, 차대, 경조사비, 대리운전비 등 일반적으로 회사의 영업과 관련해 거래처에 제공하는 금전이나 물품을 말한다.
감가상각비	유형자산의 가치가 시간이 지남에 따라 감소하는 것을 해당 자산의 내용연수에 걸쳐 비용화한 것을 말한다.
세금과 공과	회사 차량에서 발생하는 자동차세, 부동산 재산세, 사업소세, 국민연금 회사부담분, 벌금, 과태료, 각종 부담금 등 회사에 대해 국가나 지자체가 부과하는 조세와 공공지출을 처리하는 계정과목을 말한다.
광고선전비	광고물 구입비, 광고 제작비, 광고물 배포비, 매체이용 비용 등 기업의 제품판매나 이미지 개선을 위해 지출하는 비용을 말한다.
연구비	신제품이나 신기술의 연구활동과 관련해 지출한 비용을 말한다.

대손상각비	거래처의 파산 등의 사유로 채권회수가 불가능하게 된 경우 이를 비용으로 처리하는 계정이다.
여비교통비	판매 및 관리 활동에 종사하는 종업원 및 임원의 고속도로 통행료, 교통비, 출장여비, 숙박비 등 여비 및 교통비를 처리하는 계정이다.
차량유지비	세차비, 정기주차료, 차량수선비, 검사비, 통행료 등 차량의 유지 및 관리를 위해서 발생하는 비용을 말한다.
통신비	전화요금, 우편요금 등에 지출되는 비용을 처리하는 계정이다.
교육훈련비	임직원의 강의비용, 견학비, 강사료, 학원비 등 교육을 위해 지출한 비용을 처리하는 계정이다.
수선비	건물 내외벽의 도장, 기계수선에 들어가는 지출, 비품수선비 등을 처리하기 위한 계정이다.
수도광열비	가스요금, 기름값, 난방비용, 도시가스요금, 수도요금, 전기요금, 연료비용 등 영업활동에 들어가는 각종 비용을 처리하기 위한 계정이다.
포장비	포장재료비, 박스 같은 규격품의 비용 등 상품이나 제품의 포장을 위해 지출한 금액을 처리하는 계정이다.
소모품비	소모자재대금인 복사기 부품교체비, 건전지, 전구 교체비 등을 처리하는 계정이다.
지급수수료	용역 수수료, 세무기장 수수료, 변호사 변호 수수료, 컨설팅 수수료, 중개 수수료 등을 처리하는 계정이다.
보험료	기업이 위험을 보장받기 위해서 보험에 가입해 지급하는 보험료를 처리하는 계정이다.
보관료	상품, 제품, 원재료 등을 창고에 보관하는 데 소요되는 창고임차료 등을 말한다.
운반비	운반에 소요되는 배달료, 상·하차비용, 택배비용, 용달비 등을 처리하기 위한 계정이다.
판매수수료	판매활동과 관련해 거래처에 지급하는 수수료를 처리하는 계정이다.
잡비	비용항목 가운데 빈번히 발생하지 않고 금액도 중요하지 않은 계정을 묶어서 처리하기 위한 계정이다.

51 영업외비용이란 무엇인가

영업외비용은 기업의 주된 영업활동이 아닌 활동에서 발생한 비용과 차손을 말한다. 물론 중단사업손익에도 해당되면 안 된다. 즉, 영업활동에서 발생하는 매출원가 및 판매비와 관리비가 아닌 비용이라고 생각하면 쉽다. 그런데 영업외비용이 중요할까? 이에 대한 답은 생각보다 중요하다는 것이다. 이 영업외비용 때문에 기업의 경영성과인 당기순이익이 폭락할 수도 있기 때문이다.

〈매일경제〉 2017년 2월 3일자 기사를 보면 모바일게임 '영웅'의 개발사 썸에이지의 지난해 매출이 주력 매출원의 노후화로 전년 대비 36% 감소한 것으로 나타났다. 특히 당기순손실이 67억 9,448만 원 발생했는데, 이는 영업외비용으로 처리된 일회성 비용인 합병비용 52억 원 때문인 것으로 분석되었다.

썸에이지의 손익계산서

	매출액(수익)	60억 4,007만 원
−	매출원가	
=	매출총이익	
−	판매비와 관리비	
=	영업이익	(15억 5,594만 원)
+	영업외수익	
−	영업외비용	(52억 원) 합병비용
=	법인세차감전순이익	
−	법인세비용	
=	당기순이익(손실)	(67억 9,448만 원)

이처럼 영업외비용이 반복적이지 않고 일시적인 비용이라고 무시하다가는 큰 코 다친다. 그래서 영업외비용의 종류와 내용을 아는 것이 그만큼 중요하다고 볼 수 있다.

〈참고〉 영업외비용의 종류

이자비용	단기차입금 이자나 회사채에서 발생하는 이자, 대출이자 등 타인에게 자금을 빌려 쓰고 지불하는 성격의 비용을 처리하는 계정이다.
단기투자자산 처분손실	단기투자자산(단기매매증권, 당기손익인식금융자산)을 처분할 때 장부금액보다 저렴한 값으로 처분하면서 발생하는 손실을 처리하는 계정이다.
단기투자자산 평가손실	단기투자자산을 회계기간 말에 시가(공정가치)로 평가하면서 시가가 장부금액보다 떨어져서 발생하는 평가손실을 처리하는 계정이다.
외환차손	외화자산을 상환받을 경우 원화로 받는 금액이 외화자산의 장부금액보다 작은 경우 또는 원화로 상환하는 금액이 외화부채의 장부금액보다 큰 경우에 발생하는 손실을 처리하는 계정이다.

외화환산손실	회계기간 말 화폐성 외화자산의 환율이 하락해서 발생하는 평가차손이나 화폐성 외화부채의 환율이 상승해서 발생하는 차손을 처리하는 계정이다.
파생상품 거래손실	선도, 선물, 옵션 등 파생상품이 청산되는 과정에서 발생하는 손실 또는 거래비용을 말한다.
파생상품 평가손실	파생상품의 회계기간 말 공정가치가 감소해 발생하는 평가손실을 말한다.
기부금	영업과 관련 없이 무상으로 특정인에게 지급하는 급부를 말하는데, 이를 처리하기 위한 계정이다.
지분법손실	유의적인 영향력을 미치는 관계회사의 당기순손실로 인해 투자회사가 인식하는 손실을 의미한다.
장기투자증권 손상차손	투자주식이나 채권의 회수 가능한 가액(시장가치)이 폭락해 장부가액보다 떨어졌을 때 인식하는 손실을 처리하는 계정이다.
매도가능증권 처분손실	매도가능증권(주로 주식)을 처분하면서 장부가액보다 낮은 가치로 처분해 발생하는 손실을 뜻한다.
유형자산 처분손실	유형자산을 처분하면서 장부가액보다 싸게 처분해 발생하는 손실을 처리하는 계정과목이다.
사채상환손실	사채를 조기에 상환하면서 사채의 장부금액보다 높은 금액으로 상환해 발생한 손실을 의미한다.
전기오류 수정 손실	전기 이전에 발생한 회계상 오류로 순이익이 과대계상된 것을 수정하는 과정에서 발생한 손실을 말한다.
잡손실	가산세, 벌금, 보상금, 연체료, 지체상금 등 영업외비용 가운데 일시적이고 우발적이며 금액으로도 중요성이 떨어지는 항목을 말한다.

52 지분법회계란 무엇인가

지분법이란 관계기업의 순자산변동액 가운데 투자기업 지분율 해당액을 관계기업투자주식(지분법투자주식)에 반영해 관계기업의 재무상태와 성과가 투자기업의 재무제표상에 나타나게 하는 회계처리 방법이다. 이것은 기업회계 기준에 나온 문장을 옮겨놓은 것이다. 이게 무슨 말일까? 아마 이 책을 보는 독자들 대부분은 이해를 하지 못했을 것이다.

지분법회계는 우선 투자기업(주식을 산 기업)과 관계기업(주식을 발행한 기업) 간에 특별한 관계가 형성되었을 때 행하는 회계처리다. 구체적으로는 투자기업이 관계기업의 주식을 20% 이상 취득하거나 다른 사유로 '유의적인 영향력significant influence'을 행사할 수 있는 경우 지분법을 적용한다. 이는 일반적인 투자주식과 달리 관계기업을 어느 정도 좌지우지할 수 있는 투자기업의 영향력을 반영한 경제적 실질을 보여주기 위한 회계처리라고 볼 수 있다.

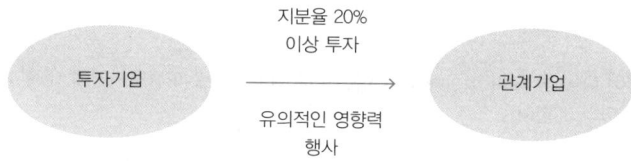

　지분법은 투자주식을 취득할 때는 취득원가(취득가액+부대비용)로 기록하고, 그 후에는 관계기업의 순자산 변동을 투자기업의 지분법투자주식 금액에 반영하는 방법이다. 이는 투자기업과 관계기업이 경제적으로 하나라고 보기 때문이다. 두 기업은 법적으로는 분리돼 있지만 유의적인 영향력으로 인해 하나처럼 움직일 수 있게 된다. 이를 반영해 지분법투자주식이라는 계정으로 두 기업을 연결해주는 것이다.

　이러한 지분법을 적용하게 하는 요건으로는 지분율과 실질영향력이 있다. 이를 기준으로 유의적 영향력이 있다고 판단되면 지분법을 적용한다.

　먼저 지분율 요건은 간단하다. 투자기업이 피투자기업의 주식을 지분율 20% 이상 취득하면 지분법을 적용하게 된다. 지분율 20%라는 요건은 상당히 객관적이다. 한편, 지분율이 20%에 미달해도 실질적으로는 투자기업이 관계기업에 유의적 영향력을 행사하는 것으로 평가할 수 있는 경우가 있는데, 이것이 실질영향력 요건이다.

　투자기업이 피투자기업에 대해 유의적 영향력이 있는지를 평가하는 과정에서 다른 기업이 보유한 잠재적 의결권의 영향을 고려한다. 이때 잠재적 의결권행사 조건과 그 밖의 계약내용을 종합적으로 검토해야 한다.

　이렇게 검토한 뒤 유의적 영향력이 있다고 판단되면 지분법을 적용한다. 지분법은 피투자회사인 관계기업에서 손익이 발생하면 그 손익에 지분율을 곱해 투자회사가 지분법손익으로 경영성과에 반영하는 것에서 시작한다.

> **〈참고〉 실질영향력 요건**
>
> 투자기업이 다음 중 하나 이상에 해당하는 경우 일반적으로 피투자기업에 대해 유의적 영향력이 있다고 본다.
>
> 1. 투자회사가 피투자회사의 이사회나 이에 준하는 의사결정기구에 참여할 수 있는 경우
> 2. 배당이나 다른 분배에 관한 의사결정에 참여하는 것을 비롯한 피투자회사의 정책결정 과정에 참여할 수 있는 경우
> 3. 투자회사와 피투자회사 사이에 중요한 거래가 있는 경우
> 4. 투자회사와 피투자회사 경영진 간에 상호교류가 있는 경우
> 5. 투자회사와 피투자회사가 중요한 기술정보를 제공하는 경우

만약 관계기업에서 순이익으로 배당을 투자기업에 지급하면 그만큼 순자산이 감소하므로 투자기업의 지분법투자주식을 감소시키는 회계처리를 해야 한다. 이처럼 관계기업의 순자산증감에 지분율을 곱해 그대로 지분법투자주식을 증감시키는 것이 지분법이다.

예를 들어 투자기업이 피투자기업(관계기업)의 주식을 지분율 30%를 투자해 지분법투자주식 3,000,000을 지분법투자지식이라는 자산으로 인식했다고 해보자. 이 경우 투자기업은 피투자기업에 유의적인 영향력을 행사할 수 있다. 따라서 지분법을 적용해야 한다.

만약 관계기업에서 당기말에 순이익 1,000,000원을 보고한 경우 여기에 지분율 30%를 곱한 300,000원만큼 투자기업은 지분법이익을 인식하면서 지분법투자주식을 300,000원 증가시켜야 한다. (185쪽 표 참조)

이를 투자기업의 입장에서 회계처리를 하면 다음과 같다.

| (차) 지분법투자주식 300,000 | (대) 지분법이익 300,000 |

만약 관계기업에서 총 500,000원의 배당을 발표하면서 500,000원에

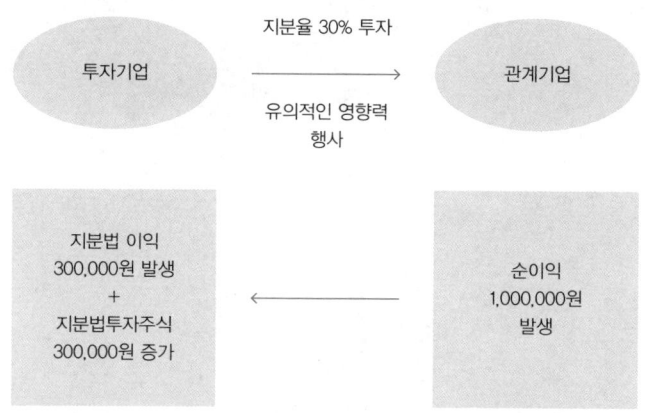

30%를 곱한 150,000원을 현금으로 투자기업에 지급하는 경우 회계처리는 어떻게 해야 할까? 이때는 관계기업의 현금이라는 자산이 감소한다. 그만큼 순자산이 감소하므로 투자기업의 입장에서는 지분법투자주식을 감소시켜야 한다. 즉, 투자기업은 현금으로 받은 만큼 지분법투자주식 150,000원을 감소시켜야 한다. 회계처리를 하면 다음과 같다.

(차) 현금 150,000   (대) 지분법투자주식 150,000

03

비즈니스에서 반드시 알아야 할 회계지능

53 기업의 언어, 회계

　일상에서 언어로 대화를 하듯이 기업을 이야기하려면 회계라는 언어를 알아야 한다. 기업은 그 자체로 추상적 존재지만 매출액이 얼마이고 자산은 얼마인지, 부채가 얼마인지 등 금액을 통해 회사의 규모를 알 수 있다. 이처럼 기업을 가장 객관적으로 표현하는 것이 회계다.
　일반적으로 사람들은 회계라고 하면 '어렵다', '지루하다', '딱딱하다'는 등 거부감부터 나타낸다. 회계는 그 안에서 사용하는 용어도 생소할 뿐만 아니라 숫자와 표를 통해 전달하기 때문에 복잡해 보이고 다가가기가 망설여지기 마련이다. 일반인에게 회계는 가까이하기 싫은 존재인 것이다.
　그런데 우리가 일상적으로 언어 없이는 대화가 안 되듯이 회계를 거치지 않고는 기업을 제대로 알 수 없다. 우리가 주식투자를 하거나 기업경영을 하거나 업무계획을 수립하는 등 기업을 둘러싼 활동을 할 때 회계는 반드시 사용해야만 하는 필수도구다. 회계만큼 객관적인 전달수단도 없을 뿐더러 그만큼 효율적인 관리도구도 없기 때문이다.

자본주의사회에서 회계를 모른다면 항상 문맹으로 사는 것과 같다. 언제까지 자본주의의 노예가 될 것인가? 언제까지 숫자로 사기 치는 것에 당할 것인가? 평생 회계를 모른 채 앵무새처럼 반복되는 거짓에 속아 넘어갈 것인가?

회계는 자본주의 경제체제 속에서 속지 않고 살기 위한 최소한의 보호막이다. 회계를 알면 기업이 전달하는 각종 정보를 해석할 수 있다. 회계를 알면 기업이 어떤 활동을 하고, 어느 정도의 실적을 내는지 알 수 있다. 기업을 꿰뚫어 보는 눈이 생기는 것이다.

일반적으로 회계는 경제주체(대표적으로 기업)의 거래를 장부에 기록하는 것을 말하며, 이는 부기(장부기장)라고도 한다. 그런데 좀 더 넓은 개념으로 보면 회계는 단순한 기록을 뛰어넘는다. 회계는 큰 의미에서는 경영이다. 숫자를 가지고 의사결정을 하고 구체적으로 기업의 행동을 이끌어내는 과학이며, 엄밀한 논리로 정보를 생산해내는 수학이다. 즉, 회계는 어찌 보면 수학과 과학, 언어와 경영이 복합된 종합예술인 것이다.

회계는 생산자와 이용자 사이에서 중간 역할을 한다. 생산자는 회계정보를 생산해내는 역할을 한다. 구체적으로는 거래를 기록하고 이를 보기 좋게 표로 정리해서 재무제표를 만들어 공시한다. 여기서 공시(公示)란 기업 외부에 있는 정보이용자를 위해 재무제표를 공개한다는 뜻이다. 증권시장에 상장된 법인의 경우에는 전자공시시스템(dart.fss.or.kr)을 통해 공시한다.

어쨌든 회계는 생산자를 통해서 제구실을 한다. 그리고 이렇게 생산된 재무정보는 정보이용자를 통해 활용되고 또한 재창조된다. 보통 투자자는 회계정보를 이용해서 어느 기업에 투자할지를 결정한다. 재무제표를 보고 그 기업이 좋은 기업인지 나쁜 기업인지를 판단해 투자 여부를 결정하게 되는 것이다. 또한 채권자는 기업에 빌려준 돈을 돌려받을 수 있을지를 따져보는 데 회계정보를 사용하고, 과세관청은 세금을 얼마나 걷을지를 결정하는 데 회계정보를 활용한다. 이와 같이 다양한 정보이용자들이 회계정보인 재무제표를 이용한다.

회계는 기업활동을 숫자로 객관화해서 보여준다. 기업의 활동은 자금을 조달해 그 자금으로 건물도 짓고, 물건을 사서 팔고, 종업원도 고용하고, 기계를 취득해서 가동하며, 한편으로는 빚을 지기도 한다. 우리 인간으로 치면 취업해서 돈을 벌고, 집을 사려고 대출을 받고, 재테크를 위해 투자하는 활동과 비슷하다.

이러한 기업활동은 고스란히 재무제표에 '계정과목'으로 표현된다. 뒤에서 구체적으로 설명하겠지만, 계정과목을 설정하고 자유자재로 해석하는 것이 회계공부의 시작이라고 할 수 있다.

54 회계의 분류

회계는 기업의 경영활동에 대해서 다양한 이해관계자에게 유용한 정보를 제공하기 위해 정보를 기록, 요약, 제공하는 것을 말한다.

정보이용자는 다양하다. 주주, 채권자, 거래처, 과세관청, 내부 경영자, 종업원 등이 정보이용자다. 이 가운데 기업 내부에 있는 내부 경영자와 종업원을 내부 정보이용자라 하고, 나머지 기업 외부에 있는 이들을 모두 외부 정보이용자라 한다. 이렇게 구분하는 이유는 다음에 설명할 회계의 분류 때문이다.

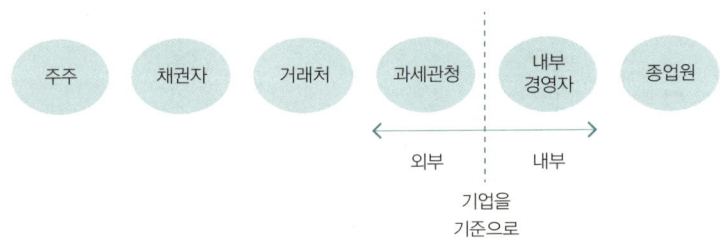

주주와 채권자는 투자금액을 통한 배당금이나 이자를 제대로 받을 수 있는지, 구체적으로 얼마나 받을 수 있는지에 관심이 있다. 그래서 이를 확인하기 위해 재무정보를 이용할 것이다.

종업원은 회사가 내는 이익에 따라 자신이 받을 보너스 액수가 달라지기 때문에 이익을 얼마나 내는지에 관심이 있다. 회사의 실적뿐만 아니라 지속적으로 성장 가능성이 있는 회사인지도 재무정보를 통해 파악할 수 있고, 아울러 이를 통해 고용안정성 등도 가늠해볼 수 있다.

경영자는 재무정보를 통해 올해의 실적을 확인하고 다음 해 계획을 세우는 데 활용한다. 재무정보로 성과를 분석하고, 이익에 기여를 많이 한 제품이나 부서를 파악해 상을 주기도 할 것이다. 반면 손실을 발생시킨 원인을 분석해 구조조정을 해야 할 수도 있다.

거래처는 그 회사의 재무정보를 보고 회사의 신용도를 파악할 것이다. 현재 빚을 얼마나 지고 있는지, 매출은 잘 늘고 있는지 등을 파악하는 한편 돈을 제때 갚는지도 파악하려 할 것이다. 이는 재무정보를 잘 해석하면 충분히 알 수 있는 정보다.

과세관청은 회사가 돈을 벌어들인 만큼 세금을 거둬들이려 한다. 과세관청의 입장에서는 세금이 누락돼 세수가 적게 걷히는 것이 가장 큰 위험이기 때문에 순이익이 적정한지를 세법의 눈으로 바라보게 된다. 또한 다른 정부기관들도 기업의 실적을 파악해 예산과 계획 설정에 참고하기도 한다.

이와 같이 다양한 정보이용자가 회계정보를 이용한다. 기업들은 각 이용자의 수요에 맞게 정보를 가공해서 제공해야 하며, 그렇기 때문에 회계를 분류해야 한다.

재무회계 vs 관리회계 vs 세무회계

정보이용자가 기업 외부에 있다면 '재무회계', 기업 내부에 있다면 '관리회계', 과세관청이라면 '세무회계'로 구분할 수 있다. 회계는 이렇게 세 가지로 분류할 수 있는데, 그렇다고 세 가지 회계가 각기 다른 내용을 다루는 것은 아니다. 본질적으로 동일한 기업의 동일한 거래를 다루되, 다른 관점에서 다른 기준으로 정보를 가공하는 것이다.

재무회계는 외부 정보이용자들에게 제공해야 하기 때문에 정보를 대충 작성해서는 안 된다. 외부 정보이용자의 범위는 대단히 넓고, 제각기 이용하려는 목적도 다르다. 그런 수요에 대응하려면 표준화되고 통일된 기준이 필요하다. 그것이 바로 '기업회계기준'이다.

최근에는 전 세계의 회계를 통일시키자는 물결이 일어나 어느 정도 정착된 상태다. 국가 간의 투자와 거래가 활성화되고 주식시장에서도 국경이 사라지고 있다. 우리나라 투자자가 해외기업에 투자하기도 쉬워졌고, 외국인 투자자도 국내 주식시장에 대규모 투자를 하고 있다.

이렇게 국경을 넘어 투자가 이루어질 경우 재무정보가 공통된 기준으로 작성되어야 혼란이 없다. 그런 필요에 따라 국제회계기준IFRS으로 장부를 작성해 공개하자는 움직임이 일어난 것이다. 국제회계기준은 기업회계기준의 '국제적 통일 버전'이라고 보면 이해가 쉬울 것이다. 이제 주식시장에서 거래를 하려는 기업은 국제회계기준에 따라 장부를 작성해야 한다.

관리회계는 재무회계와는 목적이 다르다. 우선 내부 정보이용자를 위해 작성한다는 것이 특징이다. 기업 내부의 경영자를 위해 작성하는 회계가 관리회계다.

그렇다면 왜 내부 경영자를 위해 회계정보를 따로 만들어야 할까?

경영자는 기업을 직접 경영하고 자신의 비전에 따라 움직이는 사람들이다. 기업의 실적이 저조하면 사업을 개편하거나 실적을 높이기 위해 영업활동을 촉진해야 한다. 그러려면 실적이 얼마나 났는지 정확히 알 필요가 있다. 그리고 어느 부서가 실적에 기여했는지, 어느 제품이 손익분기점$^{break\ even\ point}$을 넘기며 회사 이익에 기여하고 있는지 등을 따져봐야 한다. 이를 위해 관리회계를 통해 경영자에게 맞춤형 재무정보를 제공해야 하는 것이다.

관리회계는 경영자만 이용하는 특수한 회계이기 때문에 굳이 통일된 기준이 필요하지 않다. 경영자가 이해하기 쉽고 사업 및 제품을 평가하기에 좋은 방식이라면 어떤 기준도 허용된다. 심지어 표로 작성하지 않고 그래프나 그림으로 작성해서 정보를 제공해도 된다. 이처럼 관리회계는 매우 유연하고 다양한 형태를 띤다.

마지막으로, 세무회계는 기업이 작성한 재무회계 정보를 과세관청의 입맛에 맞는 방식으로 재가공한 회계다. 재무회계는 기업의 이익을 과대하게 평가하는 것을 억제하는 '보수주의원칙'을 적용해 정보를 가공한다. 이에 반해 세무회계는 기업이 이익을 누락해서 세금을 적게 내는 것을 방지하기 위해 '순자산증가설'이라는 무기로 기업을 감시한다.

세무회계는 기업으로부터 세금을 최대한 많이 걷기 위해 '세법'을 적용해서 장부를 새로 만든다. 이는 재무회계의 국세청 버전이라 할 수 있다. 즉, 과다하게 잡힌 비용은 세법 기준을 들이대서 세무조정으로 없애버리고, 누락된 수익은 세법을 적용해 다시 살리는 과정을 거치게 된다. 이 과정을 통해 적정한 세금을 걷을 수 있는 것이다.

재무회계 vs 관리회계 vs 세무회계 한눈에 보기

구 분	재무회계	관리회계	세무회계
목적	외부 보고	내부 보고	세무신고
정보이용자	주주, 채권자 등 외부 정보이용자	경영자 등 내부 정보 이용자	과세관청
작성기준	기업회계기준	강제 기준 없음.	세법의 규정
보고서 형식	재무제표	특정하지 않음.	세무조정계산서

55 일상에서 본 회계의 필요성

 현대사회에서는 경제활동이 갈수록 복잡해지고 다양한 양상을 띠고 있다. 그렇기 때문에 돈의 흐름을 잘못 파악하면 방향을 잃고 헤매거나 남들에게 속아 넘어갈 가능성도 커졌다. 다양한 수입과 지출이 발생하는데 회계를 모른다면 이 수입이 큰지 적은지, 이 지출이 정당한지 부당한지 제대로 판단할 수 없다. 그야말로 '바보'가 되는 것이다.

 우리는 알게 모르게 거대한 자본주의체제 안에서 경제주체로 살고 있다. 경제주체는 가계·기업·정부·해외로 나눌 수 있는데, 논의의 편의상 해외는 제외하기로 하자. 가계는 우리가 일상적으로 꾸리는 가족의 개념으로 보면 된다. 가계는 월급이나 사업소득을 통해 수입원을 확보하고 의식주 문제를 해결하기 위해 지출을 한다.

 가계의 지출은 고스란히 기업의 수입원이 된다. 기업은 벌어들인 수입에서 일정비용을 지출하고 순이익을 창출한다. 또한 정부는 이 순이익을 대상으로 세금을 걷고 국민을 위해서 공공서비스를 제공한다.

　기업은 회계정보로 각종 의사결정을 하고, 그 의사결정은 고스란히 가계와 정부에 영향을 미친다. 기업의 의사결정은 가계에 흘러 들어가는 소득의 크기를 결정할 수도, 정부로 들어가는 세금의 액수를 결정할 수도 있기 때문이다. 그만큼 회계를 알아야 돈의 흐름을 정확히 파악할 수 있다.

　주식투자자나 부동산투자자의 입장에서도 회계정보는 중요하다. 주식의 가격은 기업의 재산상태와 실적에 따라 결정된다. 주가는 기업의 회계상태를 반영한다고 할 수 있다. 따라서 회계를 모른 채 주식투자를 한다는 것은 자기 돈을 그냥 기업에 갖다 바치는 것과 다르지 않다.

　부동산투자도 마찬가지다. 임대사업을 하면 회계를 통해 손익을 계산해 보아야 하며, 부동산을 사고팔 때는 세금이 중요한 문제로 떠오른다. 이는 모두 회계지식을 기본 전제로 해서 이루어지는 것들이다. 회계를 모르고 투자하면 손해를 보고도 그 사실을 알 수 없게 된다.

　직장인들에게는 회계가 더 필요하다. 직장에서 이루어지는 사업의 90%는 기업의 의사결정에 따른 결과다. 기업의 의사결정은 궁극적으로 관리회계를 거쳐 이루어진다. 이러한 기업의 의사결정 논리를 모른 채 시키는 일만 한다면 심하게 말해 노예와 다를 게 없다. 이후에 임원이 되거나 중간관리자가 되고 싶다면 미리 회계를 공부하고 의사결정 메커니즘에 익숙해질 필요가 있다는 의미다.

　우리는 이제 생존을 위해 회계를 배워야 하는 시대에 살고 있다. 자본주의 경제체제에서는 돈 없이 살아남기가 힘들며, 그 돈의 생리를 가장 잘 알 수 있는 것이 바로 회계다. 지금이라도 진지하게 회계를 바라봐야 하는 이유다.

56 회계를 잘하려면

많은 사람에게 회계를 가르치다 보면 회계 강의만 들으면 회계를 잘할 수 있고 어떤 투자나 경영에도 적용할 수 있을 것으로 착각하는 경우가 많다. 이는 마치 회계는 수학처럼 공식으로 이루어져 있으니 공식만 암기하면 문제를 풀 수 있다고 생각하는 것과 같은데, 그야말로 큰 오산이다.

회계는 작성기준인 기업회계기준이나 관리회계적 기법에서 시작하는 것이 맞다. 분명한 논리와 원칙도 존재한다. 그것을 부정할 수는 없다. 그런데 우리가 영어 문법을 안다고 해서 영어를 잘하는 것은 아니잖은가? 문법은 분석을 하는 데는 유용하겠지만 유창하게 영어를 사용하는 데는 오히려 걸림돌이 될 수 있다. 회계도 마찬가지다. 지나치게 규칙에 얽매여서 정작 필요한 목적에 활용하지 못하는 것을 경계해야 한다.

이 책에 정확한 회계규칙과 방법을 상세히 소개했지만, 이것만 믿고 다양한 경제현상을 스스로 해석하는 데 소홀하다면 반쪽짜리 회계공부에 그치고 말 것이다. 운전면허를 딸 때 이론시험은 만점을 맞더라도 실제 도로주행을 하지 못하면 떨어지는 것과 같은 이치다.

회계는 자주 보고 내 것으로 체화하는 것이 가장 좋은 방법이다. 예를 들어 당신이 주식투자자라면 금융감독원 전자공시시스템에 자주 들어가 삼성전자, 포스코 등 대표적 기업들의 재무제표를 자주 찾아보아야 한다. 그리고 어떤 계정과목이 얼마의 금액으로 되어 있는지를 보고 스스로 해석해보는 것이다. 아울러 주석의 설명을 통해 재무제표에 나온 금액이 어떤 의미가 있는지를 알아본다. 이렇게 하면 회계내공이 급상승할 것이다.

뉴스에서 자주 나오는 분식회계사건이나 연말정산, 세금이슈, 경영사례 등을 보고 이 책에서 배운 회계지식을 동원해 해석하고 나름대로 설명해보려 애쓴다면 당신도 1년 안에 회계전문가가 될 수 있을 것으로 확신한다. 기업의 현상을 이해하고 해석하고 설명할 수 있다면 그것이 진짜 전문가가 아니겠는가?

이왕 회계공부를 시작한 이상 지속적으로 회계적으로 사고하는 습관을 들이자.

57 우리가 잘 몰랐던 회계의 역사

지중해에서 발전한 복식부기원리와 회계장부

중세 유럽은 지중해를 통해 무역을 하고 경제를 발전시켰다. 이탈리아 반도를 둘러싼 도시국가들이 적극적으로 무역에 도전하면서 유럽과 아시아 간의 무역으로까지 확장되기에 이르렀다. 그 당시 상인이 성장하면서 부wealth의 중심이 귀족계층에서 상인에게로 옮겨 가 고도로 복잡한 상업거래가 발생했다.

복잡한 거래는 필연적으로 제도와 규칙을 탄생시켰으며, 이때 생겨난 것이 복식부기원리다. 초기 회계장부는 단순히 일기 형식이었지만, 이후 채권과 채무관계를 양쪽으로 나눠 정확히 기록, 관리하는 형식으로 발전했다. 지금으로 치면 자산과 부채를 나누어 적는 복식부기와 유사하다. 이는 권리의무를 분명히 기록해 분쟁을 최소화하려는 목적으로 시작되었을 것이다. 이렇게 관리하지 않으면 칼로 살점을 잘라 가거나 목숨을 건 싸움이 이

어졌을 것이기 때문이다.

이렇게 체계적으로 발전한 '자산-부채=자본'이라는 회계등식은 독일의 대문호 괴테가 찬사를 보냈을 만큼 당대 최고의 발명품이 되었다. 이 회계등식 하나로 장부기록이 효율적으로 이루어졌고, 상업의 안전한 발달이 촉진되었다.

역사가 만든 악마들의 심판자 '공인회계사'

역사적으로 주식투자는 사람들의 광적인 심리를 자극했고, 수많은 사람들이 실제로 미치광이나 패자로 변모했다. 우리가 잘 아는 존 메이너드 케인스는 역사적으로 대공황 시절에 가장 위대한 경제학자로 추앙받았고, 주식투자를 통해 상당한 부를 축적했다. 이와는 달리 역사상 최고의 물리학자 중 한 사람인 아이작 뉴턴은 주식투자로 수십억을 날린 뒤 자신의 천재성으로도 계산하지 못한 것이 주가와 회계였다고 토로한 바 있다.

사실 뉴턴이 투자로 손실을 본 것은 철저히 정부의 회계부정과 사기행각에 놀아난 결과였다. 당시 영국 정부는 어마어마한 빚을 지고 있었는데, 식민지를 경영하기 위해 동인도회사 같은 기업을 만들고 비용을 충당하기 위해 무자비한 전쟁을 일삼았다. 사실 식민지배를 통해 벌어들인 이득은 모두 정부에 자금을 빌려준 자본가에게 배당으로 나눠주고, 손실은 이 사실을 모르는 바보 같은 일반투자자나 식민지배를 당한 이들의 몫이었다.

정부 주도의 회계부정은 여기서 끝나지 않았다. 18세기 초 남해회사의 적자를 메우기 위해 영국 정부는 또다시 분식회계와 주가조작을 감행한다. 실제로는 쓰레기만도 못한 적자기업으로 '정부가 보증하는 유망주'라는 작전을 펼친 것이다. 그 결과 주가는 10배나 뛰었고, 이 기업의 실체가 드러나자 다시 10분의 1로 폭락했다.

　이 과정에서 수많은 개미투자자들이 파산을 경험하고 인생의 패자가 되었다. 분노한 시민들이 봉기를 일으키려 하자 이를 막기 위해 만든 것이 회계감사제도와 공인회계사였다. 공인회계사는 수많은 회계부정을 잡아내고, 역사의 단두대 위에서 부실기업의 사기행각을 처벌하는 심판자 역할을 톡톡히 했다.

회계를 통한 지배의 역사

　제이컵 솔Jacob Soll의 《회계는 어떻게 역사를 지배해 왔는가》라는 책을 보면 지배계층은 다른 수단보다 회계를 통해 노예와 식민지를 다스려왔다. 회계는 다른 무엇보다 확실한 통치수단이자 가장 객관적인 의사결정 수단임에 틀림없다.

　위 책의 제10장을 보면 미국을 건국한 사람들이 회계원리를 활용한 것으로 나와 있다. 공장보다 회계장부에 의존한 식민지 개척사업의 일화는 회계가 가장 신뢰할 만한 수단이라는 것을 여실히 보여준다.

　자크 네케르Jacques Necker의 재정보고서는 프랑스혁명의 발발에 중요한 역할을 했다. 또한 미국 헌법 입안자들에게도 영감을 주어 그들은 미국의 회계원리를 기초로 정부를 구성할 기회를 획득했다. 미국은 헌법보다 회계논리가 지배하는 국가였던 것이다. 미국의 식민지 개척사업은 이익을 창출하기 위해 시작된 것으로 모든 약정은 회계장부에 기록되고 회계적으로 관리되었다고 한다. 어찌 보면 헌법은 형식이고 실질은 회계가 지배했다고 할 수 있다. 회계의 영향력은 소름 끼칠 만큼 지배적이었다.

　회계에 매료된 벤저민 프랭클린의 일화는 더 흥미롭다. 독일의 사회과학자 막스 베버는 벤저민 프랭클린을 가리켜 '프로테스탄트 자본주의 정신의 상징'이라고 표현했다. 회계는 프랭클린의 인생에 절대적 영향력을 끼쳤다. 그는 기업과 영국 식민지에서 일할 때도 장부를 기록, 관리했다. 그가 전파한 프로테스탄트 경제윤리는 회계에 기반해 구성되고 전파되었다. 벤저민 프랭클린은 또한 우체국에 회계 시스템을 도입한 것으로도 유명한데, 그만큼 실용주의적 면모를 보여준 인물이었다.

이와 같이 회계는 경제와 관련된 역사에서 핵심을 이루고 있다.

58 국제회계기준은 무엇인가

국제회계기준 IFRS.

이름만 들어도 뭔가 글로벌한 냄새가 난다. 회계를 작성하는 규칙이 '기업회계기준'이고, 기업회계기준 가운데서도 국제적인 통일성을 위해 특별히 탄생한 것이 IFRS(International Financial Reporting Standards)다. 요즘에는 대부분의 국가에서 국제회계기준을 표준으로 삼아 회계정보를 하나의 기준으로 만들려는 시도를 하고 있다. 물론 미국은 US-GAAP이라는 미국 회계기준이 더 우월하다고 생각하는 듯하지만 회계기준의 국제화 물결에서 벗어날 수는 없을 것이다.

국제회계기준의 효과

국제회계기준은 영국에 본사를 둔 국제회계기준위원회가 국제적으로 사용할 수 있는 기업의 언어인 회계문법을 일치시키기 위해 제안한 국제 회계처리기준이다. 지금 전 세계에서는 국경을 초월해 왕성한 거래가 이루어지고 있고, 국가 간의 투자자금 이동도 활발히 이루어지고 있다.

만약 이런 상황에서 A국가에 투자할 때는 회계처리가 A기준으로 이뤄져 보고서가 나오고, B국가에 투자할 때는 회계처리가 B기준으로 이뤄져 보고서가 나와 서로 다르다면 투자자는 매우 혼란스러울 것이다. 각 국가별 회계기준에 따라 투자를 하다 보면 회계번역에 들어가는 비용도 엄청날 것이고, 투자가 활성화되기도 어려울 것이다.

이런 문제점을 해결하기 위해 탄생한 것이 국제회계기준이다. 국제회계기준은 모든 국가의 회계처리방식을 통일시켜주기 때문에 투자자가 어느 나라의 기업에 투자를 하든 일관된 기준으로 투자 의사결정을 할 수 있게 된다. 또한 기업의 입장에서는 다른 나라에 진출할 때 재무제표를 변환할 필요 없이 국제회계기준으로 작성한 하나의 재무제표만 사용함으로써 해외 진출에 따른 비용을 절감할 수 있다.

국제회계기준의 특징

국제회계기준은 국제적 통일성을 강조하면서도 재무정보가 기업의 현실을 가장 잘 반영하게 하는 몇 가지 특징이 있다. 정보이용자들의 의사결정을 확실하게 도우려는 의도가 엿보이는 이 특징을 살펴보면 다음과 같다.

(1) 원칙 중심의 회계기준

우리나라가 기존에 사용해온 일반기업회계기준 K-GAAP은 철저히 규칙 중심의 회계기준이었다. 그런데 규칙 중심의 회계처리를 할 경우 국가별로 전문가의 판단과 재량을 존중할 수 없게 된다. 국가마다 관행과 문화가 다르기 때문에 동일한 사건에도 회계처리가 미묘하게 다를 수 있다.

이런 상황에서 규칙 중심의 회계처리기준을 들이댈 경우 그 규칙대로만 재무제표를 작성해야 하므로 예외를 허용하지 않아 저항이 생길 수 있다. 그리고 회계기준에 조금이라도 맞지 않게 작성하면 회계감사를 통해 지적을 받아 불이익을 당할 수 있다.

이런 엄격한 규칙 중심의 회계기준에서 벗어나 원칙 중심으로 회계기준을 만들면서 기업과 전문가들의 재량을 대폭 확대해 인정해주었다. 일정한 원칙만 지키면 회계처리 방식을 선택할 수 있게 함으로써 더욱 유연한 회계 관행을 만들고 있는 것이다.

(2) 공정가치 평가의 확대

국제회계기준은 기존의 일반 기업회계기준보다 공정가치$^{fair\ value}$ 평가를 확대했다. 여기서 공정가치란 역사적 원가(원래 구입했을 때의 가격)와 대비되는 개념으로서 현재 시장에서 거래되는 합리적 가격이라고 볼 수 있다.

국제회계기준에서는 일정요건을 만족하면 공정가치 평가를 강제하거나 기업에 유리하면 공정가치로 표시하는 것을 선택할 수 있는 옵션을 두고 있다. 기존의 역사적 원가로 기록하면 아주 오래전 가격이 재무제표에 표시돼 기업의 현실을 반영하지 못하고 의사결정을 방해할 우려가 있다. 그래서 이런 규정을 두고 있는 것이다.

(3) 연결재무제표 중심의 회계기준 개편

국제회계기준은 지배와 종속의 관계에 있는 두 기업 간에는 재무제표를 하나로 합쳐 연결재무제표를 작성, 공시하도록 강제하고 있다. 실제로는 두 개의 회사지만 알고 보면 경제적으로는 한 회사로 볼 수 있는 경우 그 실질에 맞게 회계처리를 함으로써 각종 왜곡된 표시를 방지하기 위해서다.

예를 들어 A회사가 B회사의 주식을 50% 이상 취득해 보유할 경우 A회사는 B회사의 의결권을 장악해 실질적으로 지배하게 된다. 이런 지배력을 지닌 A회사는 B회사의 모회사(엄마 같은 영향력을 갖춘 회사)라 볼 수 있고, 두 회사는 하나처럼 움직이게 된다. 따라서 재무제표를 하나로 작성, 공시해야 두 회사 간의 내부거래로 실적을 부풀리는 등의 부정행위를 방지할 수 있다. 이를 위해 국제회계기준은 연결재무제표를 강제하고 있다.

회계의 만능공식, 회계등식

회계는 차변의 금액과 대변의 금액이 일치해야 한다는 대원칙 때문에 회계등식의 지배를 받는다. 어찌 보면 기업은 두 가지 면을 가지고 있다. 즉, 밝은 플러스(+)의 세상과 어두운 마이너스(−)의 세상이 공존하는 것이다. 우리의 삶도 앞과 뒤가 다르듯 기업도 앞과 뒤가 다르다. 그런데 그 앞과 뒤는 하나로 연결되어 있고, 앞으로 먹은 것이 그대로 뒤로 빠져나간다. 즉, 앞으로 뭔가를 먹으면 반드시 뒤로 나오게 되어 있다.

> 자산＝부채＋자본
> 플러스(+)＝마이너스(−)

이것이 바로 회계등식이다.

자산을 회계에서는 '미래 경제적 효익의 유입'이라고 표현하는데, 법적으로는 '권리'라는 명칭으로 사용된다. 자산은 우리가 흔히 아는 현금, 유가증권, 건물, 상품, 기계장치, 특허권 등을 말한다. 그런데 자산이 왜 '미래 경제적 효익의 유입'일까?

예를 들어 기업은 건물을 사용한다. 건물은 자산이다. 이런 건물을 임대하고 월세를 받는다면, 매월 월세라는 경제적 이득이 기업으로 유입된다. 그렇기 때문에 자산은 미래 경제적 효익의 유입인 것이다. 다른 예로 상품을 들 수 있다. 기업은 상품을 팔아서 돈을 번다. 이때 버는 돈은 매출액으로 기록되는데, 어쨌든 돈은 경제적 이득이다. 그렇기 때문에 미래 경제적 효익이 유입된다고 해도 맞는 말이다.

이처럼 자산은 기업의 입장에서는 플러스(+) 세상이다. 기업은 자산을 가지고 돈을 벌어들이고 외형을 키워 나간다. 돈이 돈을 버는 세상이기 때문에 현금은 더 큰 현금을 벌어준다. 건물은 기업에 월세라는 이익을 가져다주거나 건물을 사용해 더 큰 가치를 창출하게 도와준다. 또 상품은 자신을 불살라서 매출액을 안겨주고, 유가증권인 주식 등은 배당금이나 이자수익을 가져온다. 이 모두가 플러스 요인이다.

반대로 부채와 자본은 마이너스 요소다. 부채는 회계적으로 '미래 경제적 효익의 유출'을 의미한다. 법률적으로 부채는 '의무'라는 말로 사용된다. 이는 직관적으로도 이해하기 쉽다. 부채는 다른 말로 빚이다. 기업의 입장에서 빚은 언젠가는 강제로 자산을 갉아먹을 존재다.

예를 들어 부채 가운데 대표적인 것이 사채다. 사채는 회사채의 다른 말로 일반인에게 사채라는 증서를 써주고 매기 이자를 내고 만기에 원금을 갚는 조건으로 돈을 빌리는 것과 같다. 이에 따라 매기 정해진 기간에 이자비용으로 돈이 유출되고, 만기에 원금을 갚으려면 또 현금이 유출될 수밖에 없다. 이는 미래 경제적 효익인 현금의 유출에 틀림없다.

그렇다면 왜 자본이 마이너스의 세계에 있을까? 자본은 주주의 몫이다. 자본의 정확한 정의는 '자산 – 부채'인 순자산이다. 기업의 자산으로 부채를 갚고 남은 재산은 모두 주주의 것이다. 그러므로 주주는 기업의 입장에서 보면 주인이자 남은 재산을 독식하는 존재다. 어찌 보면 기업은 주주의 노예라 할 수 있다. 주주에게 귀속되는 자본은 언젠가는 주주에게 배당을 통해 자산이 유출되거나 청산 후 잔여재산 분배를 통해 유출될 것이 분명하다. 천년만년 살아남는 기업은 없기 때문이다.

이처럼 플러스(+) 세계에 사는 자산은 결국 마이너스(−) 세계에 사는 부채와 자본에 의해 없어진다. 이 관계를 보여주는 것이 바로 회계등식이다.

 # 회계상 거래는 어떻게 다른가

회계상 거래는 그냥 거래와 어떤 차이가 있을까? 우리의 일상에서 일어나는 모든 사건을 일반적인 '거래'로 볼 수 있다. 이를테면 A가 아침에 일어나서 엄마와 같이 밥을 먹겠다고 말한다. 엄마가 미리 밥을 차려주겠다고 약속을 한 것이니, 이것도 거래라고 할 수 있다.

사업관계에서도 수많은 사건이 일반 거래의 범주에 포함된다. 거래처 사람과 만나기로 약속하는 것도 거래고, 계약서를 작성해서 주고받는 것도 거래다. 오늘 점심약속을 하는 것도 거래고, 종업원을 고용하기로 한 일 자체도 거래다. 이렇게 수많은 거래가 있는데, 회계상 거래는 어떻게 다를까?

회계상 거래가 되려면 다음의 요건을 만족시켜야 한다.

(1) 자산, 부채, 자본의 증가 또는 감소를 초래해야 회계상 거래다.
기업이 종업원을 고용하기로 계약서만 작성할 경우 이것은 어떠한 자산, 부채, 자본에 영향을 주지 않는다. 따라서 이것은 회계상 거래가 아니다. 또한 거래처와 물건을 납품하기로 계약서를 작성해도 당장 자산, 부채, 자본의 변동이 없기 때문에 거래가 아니다.

(2) 확실한 금액이 나와야 기록할 수 있는 회계상 거래다. 예를 들어 물건을 외상으로 납품하고 매출채권을 장부에 기록했다면 매출액을 장부에 기록할 수 있는 회계상 거래가 맞다. 그러나 반품가능성을 확실히 알 수 없는 반품가능 조건의 거래를 했다면 어떨까? 그러면 반품될 확률에 따라서 반품충당부채를 설정하고 수익을 낮게 잡아야 한다. 그러나 이 반품금액을 확실히 예상할 수 없는 경우라면 거래상 매출액을 기록해서는 안 된다.

모든 거래를 기록하는 것이 회계가 아니다. 회계는 객관적으로 금액을 파악할 수 있고 계정의 변화를 가져오는 거래만 기록할 거래로 인정한다. 이 논리를 잘 파악해야 회계를 정확히 이해할 수 있다.

혈액순환과 같은 회계의 순환 과정

 인간은 세상에 태어나면 기어 다니다가 걷기 시작하고, 청소년기를 거쳐 성인이 된 뒤 사망하기까지 성장 과정을 거친다. 이처럼 회계도 회계의 순환 과정을 거쳐 결과물인 재무제표가 탄생한다.
 회계의 순환 과정은 회계기록의 대상이라 할 수 있는 회계상 거래를 식별해 장부상에 기록(분개)한 뒤 이를 요약해 재무제표를 작성하기까지 일련의 과정을 의미한다. 1년간 회계상 거래를 분개하고 원장에 전기했다면 회계기간 말에 결산절차를 수행해야 한다.
 여기서 결산이란 회계연도 말에 회사의 자산, 부채, 자본의 재무상태를 확인하고 그 기간에 생긴 순이익(손실)을 명확히 계산하기 위해 장부를 마감하고 재무제표를 작성하는 과정을 말한다.

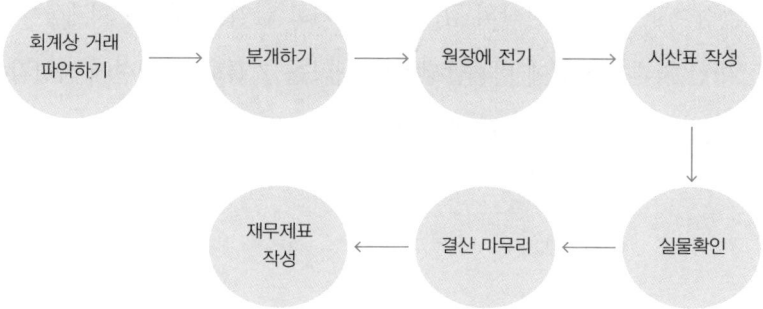

각 단계를 세분화하면 (1) 회계상 거래를 파악하고 (2) 분개를 한 다음 (3) 원장에 전기하고 (4) 시산표를 작성한다. (5) 실물확인을 하고 (6) 결산 마무리 작업을 수행한 다음 (7) 마지막으로 재무제표를 작성한다. 이를 구체적으로 설명하면 다음과 같다.

(1) 회계상 거래 파악하기

회계상 거래는 모든 거래 가운데 자산, 부채, 자본의 변동을 수반하면서 금액을 확정할 수 있는 거래를 말한다. 이런 거래를 빠짐없이 파악해 기록하는 것이 회계담당자의 역할이다. 장부에 자산, 부채, 자본, 수익, 비용에 영향을 주는 모든 거래를 추적하고 증빙을 근거로 수집해두어야 한다.

(2) 분개하기

회계상 거래를 파악했다면 그 거래를 차변과 대변에 나누어 분개하는 과정이 필요하다. 분개는 일반적으로 전표를 통해 이루어지며, 이를 분개장이라고도 한다.

예를 들어 사장님이 거래처의 김 과장을 접대하기 위해 100만 원을 썼다고 가정하자. 이것은 자산의 감소를 일으키고 금액도 확실한 회계상 거래다. 이런 거래는 차변에 비용발생인 '접대비'를 기록하고, 대변에 자산감소인 '현금'을 기록하는 분개를 해야 한다.

(차변) 접대비 100만 원   (대변) 현금 100만 원

(3) 원장에 전기

분개한 것을 원장에 옮겨 적는 것을 '전기'라 한다. 원장은 다른 말로 T계정이라고도 하는데, 이는 계정과목별로 설정한다. 원장인 T계정은 차변과 대변에 각각 대응되는 계정을 적고 금액을 기록한다. 그러고 나서 남은 잔액은 나중에 시산표로 보내면 된다. 앞의 접대비 지출 사례를 원장에 전기하면 다음과 같다.

접대비		현금	
현금 100만 원		기초 500만 원	접대비 100만 원

나중에 접대비 잔액 100만 원은 시산표의 차변에 접대비 항목으로 보내서 집계하고, 현금 잔액 400만 원은 시산표의 차변에 현금 항목으로 집계한다.

(4) 시산표 작성하기

아무리 꼼꼼한 사람도 실수를 하기 마련이다. 이러한 실수를 파악하고 바로잡을 수 있게 도와주는 것이 바로 '시산표'다. 계정과목마다 차변과 대변의 금액이 남아 있고 그 합계를 구해서 적으면 이것이 합계잔액시산표가 된다. 자산, 부채, 자본, 수익, 비용의 계정과목별로 차변과 대변에 금액을 적어서 합계를 내면 대차평균의 원리에 따라 양쪽 금액이 일치해야 한다. 시산표는 만약 이것이 일치하지 않을 경우 그 오류를 찾아내기 위해서 고안된 표다.

〈참고〉 시산표 양식

기준일자 : 20 년 월 일 　　　　　　　　　　작성일자 : 20 년 월 일

잔액	누계	월계	이월	계정과목	이월	월계	누계	잔액
100	150	50	150	(유동자산)	300	100	150	50
				현　　금				
				당좌예금				
				보통예금				
				정기예금				
				정기적금				
				받을어음				
				외상매출금				
				상　　품				
				제　　품				
				반제품				
				재료부품				
				대여금				
				공과금				
				선지급금				
				(고정자산)				
				장치장식				
				집기비품				
				차량운반구				
				철　　형				
				전화가입비				
				출자금				
				보증금				
				임원보험				
100	150	50	150	<자산합계>	300	100	150	50
				(유동부채)				
				지급어음				
				외상매입금				

(5) 실물확인

시산표에 따라 양쪽 금액이 일치한다면 누락된 거래가 없는 이상 큰 오류는 없는 것이다. 그러면 결산으로 가기 전 장부상의 계정과목이 실제로 존재하는지 확인해야 한다. 원장의 금액은 장부상 금액이라고 하는데, 실제로 재고자산이나 유형자산의 실물을 보고 파손이나 부패가 된 것이 있으면 일정한 감액이 필요하다. 그리고 현금 및 현금성자산은 은행의 통장잔액을 파악해 일치하는지 확인해야 하고, 유가증권은 분실되지 않았는지 확인해 보아야 한다.

(6) 결산 마무리

시산표로 대차평균이 맞는지 확인했고, 계정과목별로 실물과 일치하는지까지 확인했다면 이제 결산 마무리 단계로 들어간다. 결산 마무리 단계에서는 가수금, 가지급금 등 가계정(임시계정)을 없애고 본계정으로 대체해야 한다. 보통 가수금은 잡수익으로 바뀔 수도 있고, 가지급금은 대여금이나 잡비 등으로 바뀔 가능성이 크다. 그리고 인위적으로 설정하는 비용인 감가상각비를 설정하는 등 자산 가운데 비용화해야 하는 것들을 비용으로 만들어준다.

(7) 재무제표 작성

결산 마무리 단계를 거쳐 자산, 부채, 자본, 수익, 비용을 빠짐없이 모두 검토했다. 이제는 자산, 부채, 자본을 종합해서 '재무상태표'를 작성하고, 수익과 비용을 종합해서 '손익계산서'를 작성한다. 그리고 자본의 변동내역을 종합해 '자본변동표'를 작성하고, 현금흐름을 별도로 파악해 '현금흐름표'를 작성한다.

부기와 기장은 무엇인가

부기 book-keeping 또는 기장은 사업이나 직장생활을 해본 사람이라면 누구나 들어봤을 용어다. 그런데 정작 내용을 정확히 알지 못하는 것이 현실이다. 간단히 말하자면 부기와 기장은 장부에 기록한다는 뜻이고, 협의의 의미로는 회계사무소에서 세무신고를 하는 것까지 포함한다. 내 경우도 이안택스를 개업했을 때 기장을 한다고 하면 장부작성부터 세금신고까지 대행해주는 서비스를 총칭했다.

부기에는 단식부기와 복식부기가 있다. 단식부기는 가계부를 쓰듯 한 줄 한 줄 거래를 기록하는 것이고, 복식부기는 차변과 대변을 나눠 체계적으로 거래를 기록하는 것을 말한다. 보통 단식부기는 수입과 지출항목으로 나눠서 플러스(+)와 마이너스(-)로 모든 것을 설명한다. 이와는 달리 복식부기는 회계의 순환과정을 거쳐 재무제표가 탄생하기까지의 다소 복잡한 과정을 거치게 된다.

부기와 기장의 대상은 회계상 거래다. 앞서 회계상 거래를 소개했으므로 기록방법을 알 필요가 있다. 우리는 이제 분개가 차변과 대변으로 나누어 기록하는 것임을 아는데, 이렇게 분개를 하는 것이 복식부기에서의 기장이다. 기장은 거래의 8요소를 통해 기록한다. 거래의 8요소에는 자산의 증가, 자산의 감소, 부채의 증가, 부채의 감소, 자본의 증가, 자본의 감소, 수익의 발생, 비용의 발생이 포함된다. (자세한 내용은 34쪽 참고.)

전표란 무엇인가

 전표는 기업의 회계상 거래가 발생한 내역을 장부에 기록해 증거로 보관하기 위한 표를 말한다. 전표를 통해 거래가 발생한 것을 확인하고 관련부서나 타인에게 전달하기 위해 작성하고, 회계상 거래가 발생한 것을 계정과목마다 구체적으로 기록한다.

 전표는 거래내역마다 구분해서 작성한다. 또한 입금전표, 출금전표, 대체전표, 분개전표 등 종류별로 구분해서 작성한다. 전표는 기업 내부의 결재와 재정의 통제를 목적으로 기록하고, 나중에 결산이나 예산 집행의 기초자료로 활용한다.

 전표는 내부에서 관리목적으로만 작성하기 때문에 외부에 공표하는 재무제표와 달리 강제적 기준이 있는 것은 아니다. 다만, 기업이 사용하기에 편리한 표준양식이 있고, 회계업무를 효율적으로 관리하기 위한 전산 프로그램도 많이 개발되고 있다.

> **〈참고〉 전표작성 노하우**
>
> 1. 전표작성은 거래가 발생한 날짜로 '전표작성일자'에 기입한다.
> 2. 차변과 대변에 구체적인 계정과목을 기입한다.
> 3. 거래내역은 구체적으로 기록한다.
> 4. 출납과 거래의 내용을 확실히 기록해서 책임소재를 분명히 한다.
> 5. 결제란을 통해 거래 자체를 보고하고 책임소재를 분명히 한다.

1. 입금전표 : 현금이 들어오는 거래를 기입

입금전표란 현금이 기업으로 유입되는 거래에 사용하는 현금전표다. 출금거래에 대해 작성하는 출금전표와 반대되는 표라고 생각하면 이해하기 쉽다. 입금전표에는 항상 차변에 있는 현금에 대응하는 대변의 계정과목을 기록한다. 만약 차변에 대응되는 대변 계정과목이 여러 개라면 각각 계정과목별로 전표를 발행하는 것이 원칙이다.(출처 : 비즈폼)

2. 출금전표 : 현금이 유출되는 거래를 기입

출금전표란 현금이 유출되는 거래에 사용되는 현금전표다. 입금거래에 대해 작성되는 입금전표와는 반대되는 표라고 보면 이해하기 쉽다. 출금전표는 대변에 기록되는 현금에 대응되는 차변의 계정과목을 기록한다. 만약 대변에 대응하는 차변 계정과목이 여러 개라면 각 계정과목별로 전표를 여러 장 발행해야 한다.(출처 : 비즈폼)

3. 대체전표 : 현금의 수입과 지출이 없는 거래에 사용

대체전표는 기업의 회계상 거래가 발생한 내역 가운데 현금의 수입과 지출이 없는 비현금거래를 기록하는 전표다. 대체거래는 전부대체거래와 일부대체거래로 구분된다. 전부대체거래는 분개 그대로 기록하고, 일부대체거래는 일부입금대체거래의 현금거래는 입금전표로, 일부출금대체거래의 현금거래는 출금전표를 이용해 기재한다. 그리고 대체거래는 대체전표에 기재한다. (출처: 비즈폼)

대 체 전 표

결	팀장	부서장	본부장	대표이사
재				

• 작성일 : 20   년   월   일

차 변					대 변			
계정과목	적 요	금 액			계정과목	적 요	금 액	
소모품비	복사기 구입		1,500,000		현금	복사기 구입		1,500,000
합 계			1,500,000		합 계			1,500,000

회계감사란 무엇인가

내부감사 vs 외부감사

회계감사는 내부감사와 외부감사로 나뉜다. 내부감사는 기업 내부의 별도 감사팀이나 내부감사인이 위험요소를 모니터링하고 자체적으로 규정에 맞게 검토하는 것을 말한다. 다만, 내부감사는 기업 내부자들이 맡기 때문에 객관성이 떨어질 수 있다.

한편, 외부감사는 우리가 흔히 접하는 '회계감사'라 할 수 있다. 외부감사는 국가에서 권한을 부여받은 공인회계사[CPA]에게 기업의 재무제표가 적정하게 작성되었는지 감사를 받는 것이다. 이는 기업회계기준과 외부감사에 관한 법률, 국제감사기준 등 법과 규정에 따라 엄격히 이루어진다.

분식회계의 감시자 공인회계사

옛날에는 공인회계사가 감사대상 기업과 내통해 부정한 회계처리를 눈감

아주거나 함께 공모해 회계부정을 저지르기도 했지만, 지금은 워낙 감독도 살벌하고 법규도 엄격해서 그것은 불가능에 가깝다. 회계사가 분식회계를 눈감아주었다가는 대우그룹사태로 인한 산동회계법인의 몰락, 미국의 엔론사태에 따른 아서앤더슨의 몰락처럼 회계법인 자체가 공중분해 될 수도 있다. 물론 해당 기업을 감사한 회계사들도 엄청난 벌금을 물거나 구속되기도 한다. 가끔 손실을 본 주주가 조직폭력배인 경우도 있는데, 쥐도 새도 모르게 회계사를 잡아가서 해를 끼칠지도 모를 일이다.

요즘에는 회계감사를 잘못한 회계사는 재기가 불가능하다는 말이 돌 만큼 회계감사는 엄격한 영역으로 발전하고 있다. 이는 기업의 부정과 재무제표 분식회계를 감시해야 할 회계사들의 어깨가 더 무거워졌음을 의미한다.

회계감사는 재무제표에 대한 의견제시로 끝

회계감사는 공인회계사(회계법인)가 기업의 재무제표가 기업회계기준(상장기업의 경우 국제회계기준)에 따라 적정하게 작성되었는지를 검토해 감사의견을 제시하는 것으로 마무리된다. 공인회계사는 기업의 재무제표를 감사하고 적정의견, 한정의견, 부적정의견, 의견거절 등을 표명하게 된다. 이것이 감사의견이다.

(1) 적정의견

적정의견은 공인회계사인 감사인이 감사범위에 제한을 받지 않고 회계감사기준에 따라 감사한 결과 해당 기업의 재무제표가 기업회계기준에 따라 적정하게 작성돼 신뢰할 수 있다고 밝힌 것이다.

사실 우리나라 상장기업의 재무제표를 감사한 결과인 감사보고서를 보면 90% 이상이 적정의견이다. 공인회계사가 적정의견 외에 다른 의견을 제시하기는 정말 쉽지 않다. 다른 의견을 받은 기업은 상장이 폐지되거나 다른 불이익을 입게 되기 때문이다. 만약 상장이 폐지되어 주식이 휴지가 되는 날에는 주주들이 회계법인으로 몰려와 공인회계사의 멱살을 잡을 수도 있다.

적정의견은 감사인이 보기에 기업의 재무제표 감사 과정에서 기업이 요구하는 자료를 성실히 제공해서 감사에 지장이 없었고, 재무제표도 국제회계기준에 맞게 잘 작성되어 있다면 찍혀 나가는 의견이다. 여기서 주의할 점은 적정의견이 나왔다고 해서 이 기업이 우량한 기업이라는 보장도 아니고, 재무제표를 잘 작성했다고 해서 부정이나 분식회계가 전혀 없다고 보장할 수는 없다는 사실이다.

(2) 한정의견

감사인이 수행할 수 있는 감사범위가 부분적으로 제한된 경우 또는 감사를 실시한 결과 기업회계기준에 따르지 않은 몇 가지 사항이 있지만 해당 사항이 재무제표에 그다지 큰 영향을 미치지 않는다고 판단할 때 제시하는 의견이다.

한정의견은 재무제표의 작성이 전체적으로는 양호한 편이지만 일부분에서 중요 정보가 공시되지 않았거나, 기업회계기준(국제회계기준)에 따라 작성하지 않은 일부분이 문제가 되는 경우 제시하는 의견이다. 한정의견은 상장폐지가 되는 의견이지만 부적정의견이나 의견거절처럼 즉각적으로 폐지되는 의견은 아니다. 한정의견을 받으면 처음에는 관리종목으로 지정되고, 연속해서 두 번 한정의견을 받으면 상장폐지가 된다.

(3) 부적정의견

기업회계기준에 위배되는 사항이 재무제표에 중대한 영향을 미쳐 기업의 경영상태가 전체적으로 왜곡되었다고 판단할 때 감사인이 표명하는 의견이다.

부적정의견은 해당 기업의 재무제표가 기업회계기준(국제회계기준)을 전체적으로 지키지 않은 경우에 내려진다. 회계감사를 해보니 이 기업의 재무제표가 총체적 난국일 만큼 작성 상태가 엉망이라는 의견이다. 웬만해서는 부적정의견이 나오지 않는다는 사실만 봐도 재무제표가 얼마나 엉터리인지 알 수 있다. 부적정의견을 받으면 즉각적으로 상장폐지가 된다.

(4) 의견거절

감사인이 감사보고서를 만드는 과정에서 필요한 증거를 얻지 못해 재무제표 전체에 대한 의견표명이 불가능한 경우나 기업의 존립에 의문을 제기할 만한 객관적 사항이 중대한 경우, 또는 감사인이 독립적인 감사업무를 수행할 수 없는 경우 의견거절을 하게 된다.

의견거절은 기업의 부도나 회계부정처럼 기업의 운영 자체가 심각한 위기에 처해 있을 때나 감사증거의 확보가 어려워 정상적인 회계감사가 불가능한 경우에 제시하는 의견이다. 기업 자체가 쓰레기라고 판단이 될 때 내리는 의견이기 때문에 그 영향력도 크다. 의견거절이 내려지면 즉각적 상장폐지가 이루어진다.

65 제품의 원가는 어떻게 계산되나

지금 주변을 둘러보라. 수많은 물건이 눈에 들어올 것이다. 내 앞에는 지금 노트북이 놓여 있는데, HP라는 브랜드의 제품이다. 이런 제품은 공장에 원재료가 투입돼 완성품이 만들어지기까지 많은 가공공정을 거치게 된다. 이 공정process 자체가 시간과 돈을 잡아먹는다. 오히려 원재료보다 이런 과정에서 들어가는 비용이 훨씬 많다.

그럼 기업에서 제품을 제조할 때 원가계산은 어떻게 할까? 기본적으로 제품은 원재료에서 시작한다. 원재료를 투입해 가공을 거치고, 이 과정에서 발생하는 것이 가공비. 원재료를 투입해 발생하는 재료비와 가공하면서 발생하는 가공비의 합계가 바로 제품을 제조하는 데 들어가는 제조원가다.

구입한 원재료는 제조공정에 투입된다. 이렇게 투입된 원재료의 원가를 직접재료비Direct Material라 한다. 그리고 가공공정에서는 공정의 노동자들이 수작업으로 조립과 가공을 주도하는데, 이때 노동자에게 지급되는 임금을

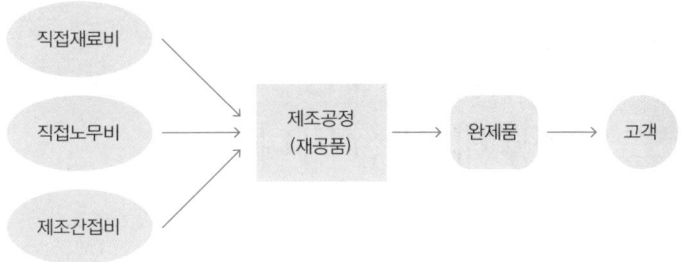

직접노무비 Direct Labor라 한다. 그런데 원재료와 노동자만으로 제품이 완성될 리 없다. 공장을 돌리려면 전기도 필요하고 물도 필요하다. 또 기계를 돌리다 보면 컨베이어벨트가 마모되기 때문에 감가상각비도 발생한다. 거기에 공장관리자의 급여, 공장을 빌려 쓰는 데 들어가는 임차료도 추가된다. 이렇게 제품을 만드는 과정에서 간접적으로 발생하는 모든 가공비를 제조간접비 OverHead Cost라 한다.

이와 같이 당기에 발생한 직접재료비 DM, 직접노무비 DL, 제조간접비 OH를 합쳐서 당기총제조원가라고 한다. 즉, 제조공정에 투입된 모든 제조원가라는 뜻이다. 당기총제조원가는 제조공정에서 재공품이라는 계정과목으로 집계되고, 제품이 완성되면 완제품이라는 계정과목으로 전기돼 기록된다.

모든 제조원가는 재공품을 거쳐 제품으로 탄생하는 과정을 거친다. 이는 사람이 태어나서 교육을 받고 한 사람의 어른으로 성장하는 과정과 유사하다. 원재료는 아기라 볼 수 있고, 이 아기를 교육시키는 과정에서 오는 청소년기에 해당하는 것이 재공품이다. 즉, 재공품은 청소년처럼 미완성 개념의 제품이다. 어른이 된 상태가 완제품이라 할 수 있는데, 완제품 상태에서는 기업 외부로 판매가 가능하다.

이렇게 제품의 원가가 계산되는 과정을 알면 우리가 사용하는 제품을 만드는 데 얼마의 비용이 들어갔을지 추측해볼 수 있다.

경영자를 위한 회계, 관리회계

관리회계는 기업 내부의 경영자가 의사결정을 하는 데 필요한 경제적 정보를 제공하는 내부 경영을 위한 회계를 뜻한다. 관리회계의 주요 의사결정은 기업의 CEO부터 종업원에 이르기까지 다양한 문제를 다룰 수 있다. 경영자가 자신에게 주어진 자원을 활용해 특정 프로젝트를 수행할 수 있도록 회계정보를 해석할 때 기본이 되는 정보가 원가정보다. 경영자를 위한 관리회계는 제품의 원가를 계산하는 데 그치지 않고 경영 의사결정을 지원하거나 원가를 통제하고 성과평가에 반영하는 분야까지 발전했다.

관리회계는 큰 틀에서는 원가정보를 생산하는 원가회계와 원가정보를 활용해서 경영 의사결정에 사용하는 관리회계로 분류할 수 있다. 그리고 관리회계는 또다시 의사결정을 위한 이론과 성과평가 및 원가통제를 위한 이론으로 나눌 수 있다. 다음에서 원가회계와 관리회계 분야를 구체적으로 살펴보자.

제품 원가계산 분야

제품 원가계산 분야는 기업의 제품 원가를 계산하고 이를 통해 손익계산서상의 매출원가와 재무상태표상의 기말재고자산 가액을 결정하는 분야다. 원가계산은 보통 생산하는 제품의 원가가 얼마인지를 결정하기 때문에 제조업에서는 매우 중요하다. 제품의 원가는 직접재료비, 직접노무비, 제조간접비로 구성되며, 일반적으로 판매비와 관리비 및 영업외비용은 제품 원가에서 제외되므로 이를 구별해내는 것이 중요한 쟁점이다.

의사결정 분야

의사결정 분야는 경영활동 지원을 위한 정보를 수집해 경영활동 계획을 수립하고 어떤 활동을 수행할지에 대한 의사결정을 지원하는 분야다. 즉, 어떤 사업대안이 있을 때 거기에 투자하는 것이 타당한지를 따져보고, 타당하다면 투자를 진행하도록 돕는 역할을 수행하는 것이다. 의사결정은 확실한 대안 간의 비교도 수행하지만, 최근에는 불확실한 경제상황을 가정해 확률적으로 의사결정을 할 수 있게 하는 이론이 발전하고 있다.

원가통제 및 성과평가 분야

원가통제 및 성과평가 분야는 예정원가 또는 미리 설정된 표준원가와 실제 발생한 원가 간의 차이를 계산해 기업에 유리한 차이는 더욱 유리한 방향으로 이끌어주고, 불리한 차이는 책임을 묻는 식으로 통제하도록 도와준다.

구체적으로 예산과 표준을 설정하는데, 이러한 표준원가와 실제원가의 차이는 부서원들이 표준원가에 비해서 얼마나 실제로 발생한 원가를 절감하고 잘 통제했는지를 보여준다. 만약 표준원가보다 실제원가가 작다면 원가절감이 일어난 것으로 보아 담당직원에게 보너스를 주어도 좋을 것이다. 반대로 원가가 아닌 판매수익 측면에서도 예산과 실제를 비교할 수 있는 기준을 통해 성과평가에 반영할 수 있다. 이러한 척도를 지속적으로 발전시키고 경영에 적용하는 것이 이 분야의 과제라 할 수 있다.

67 세무신고를 위한 세무회계

세무회계는 재무회계와는 달리 목적이 확실하다. 즉, 세금을 걷는 데 목적이 있다. 세무회계는 국세청에서 법인이나 개인사업자로부터 세금을 걷기 위해 적용을 강제하는 세법을 적용해야 하는 특수 회계다. 따라서 세무회계를 잘하려면 세법을 알아야 한다.

기업은 매 회계연도마다 영업활동으로 돈을 벌고 다양한 회계거래를 함에 따라 장부에 거래가 기록으로 남게 된다. 그리고 장부에 기록된 거래는 재무제표라는 보고서를 통해 외부에 공표된다. 재무회계는 재무제표를 작성해 경영성과와 재무상태를 정보이용자들에게 제공한다. 즉, 기업을 둘러싼 수많은 이해관계자들에게 유용한 정보를 제공하는 것이 목적이다.

이와 달리 세무회계는 일정한 사업연도(일종의 회계연도)에 어느 정도의 소득이 있었는지 세법의 눈으로 파악해 과세소득을 파악한다. 세무회계의 정보이용자는 국가인 과세관청(국세청)이며 개인사업자는 소득세법, 법인사업자는 법인세법의 규율을 받는다. 재무회계가 기업회계기준에 따라 장부를 작성한다면 세무회계는 그 장부를 세법 규정에 맞게 다시 작성해서 세무신고를 해야 한다.

세법은 기업회계기준과 달리 정책목적에 따라 규정이 해마다 자주 바뀐다. 게다가 중소기업과 대기업을 차별하는 규정도 있고, 소득공제와 세액공제를 통해 비용으로 계상하지 않은 항목인데도 세금 감면의 목적상 추가로 공제하는 규정도 있다. 또한 비용처리를 많이 해서 탈세하는 것을 방지하기 위해 몇 가지 비용에는 한도를 두어 소득이 지나치게 낮게 잡히지 않게 관리하고 있다.

예를 들어 접대비는 일정한 산식에 따른 한도 내에서만 손금(세법상 비용)으로 인정해 그 한도를 초과할 경우 비용으로 인정하지 않는다. 이렇게 비용으로 인정하지 않는 금액은 세무조정이라는 작업을 통해 세무회계상 장부에서는 비용에서 제거하기도 한다. 세무조정은 재무회계에서 작성한 장부가 세법의 규정과 일치하지 않는 경우 이를 조정해 세법의 기준에 맞추는 작업이다.

〈참고〉 **세법의 분류**

1. 국세기본법 : 모든 세금에 공통적으로 적용되는 사항을 규정
2. 법인세법 : 법인의 소득에 대해 과세하는 세금을 규정
3. 소득세법 : 개인의 소득에 대해 과세하는 세금을 규정
4. 부가가치세법 : 거래에 매기는 세금인 부가가치세를 규정

주식투자를 위한 재무분석

그냥 복권을 사듯 주식을 사는 것이라면 회계를 몰라도 된다. 하지만 제대로 분석해서 저평가된 주식을 고르고, 그것에 투자해서 장기적으로 큰 이익을 얻을 생각이라면 반드시 회계를 알아야 한다.

가치투자는 주식투자의 정석

가치투자는 기업가치의 펀더멘털을 보고 주식에 투자하며, 투자의 타이밍을 따지지 않는다. KOSPI가 상승하는지 또는 폭락하는지에 대해서도 관심을 두지 않는다. 오직 투자하기로 마음먹은 기업의 재무제표와 시장의 지표를 비교해 저평가되어 있는지, 고평가되어 있는지에만 관심을 둔다. KOSPI 등 주가지수는 앞으로 어떻게 변할지 알기 힘들다. 가치투자는 주가지수보다는 정말 괜찮은 기업을 발굴하는 데 모든 노력을 쏟는다. 그런 다음 기업가치를 분석하고 시장과 비교해 저평가된 기업에 투자하고 장기

보유를 하면 그만이다.

  기업의 수익성, 안정성, 활동성 등이 기업가치를 결정하게 되어 있고 이는 적정주가를 파악할 수 있게 해준다. 적정주가와 실제주가를 비교하면 고평가 또는 저평가 여부를 알 수 있다. 이런 작업에서 회계는 필수지식이다.

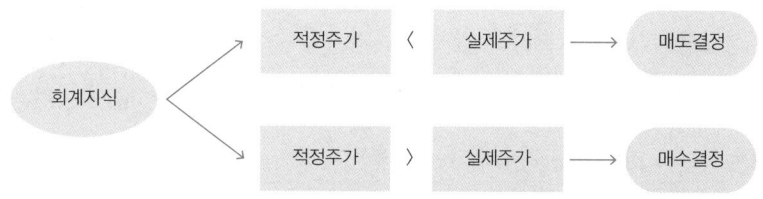

  투자자가 투자 의사결정을 할 때는 적정주가가 실제주가에 얼마나 근접해가는지를 보고 투자와 그 시기를 결정한다. 가치투자를 하려는 사람은 실제주가가 적정주가보다 훨씬 낮을 때 미리 그 주식을 매수한다. 실제주가가 적정주가보다 높아지면 그 주식을 팔아 매매차익을 챙기기 위해서다. 만약 실제주가가 적정주가를 향해 움직이지 않게 되면 이런 분석은 큰 의미가 없다. 이를 전문용어로 '가치함정'에 빠졌다고 한다.

  그렇다면 실제주가가 적정주가로 움직여간다는 것을 어떻게 믿을 수 있는가? 이는 워런 버핏의 스승 벤저민 그레이엄의 가르침에서 힌트를 얻을 수 있다. 그레이엄은 시장의 보이지 않는 손이 주식시장의 가격을 적정가격으로 이끄는데, 그것은 시장에서 거래가 빈번히 일어나는 과정에서 장기적으로 그럴 수밖에 없는 원리라고 설명했다. 장기적으로 기업의 실질적 내재가치를 반영한 적정주가로 수렴하는 것은 주식투자자들의 거래 때문이다. 그레이엄의 논리에는 장기적으로 투자자들이 기업의 진정한 가치를 알게 된다는 가정이 깔려 있는 듯하다.

요즘 회계지식이 풍부해지고 있다. 이렇게 회계지식이 전파되다 보면 모든 투자자가 적정주가를 알게 되겠지만, 아직 그 정도 수준은 아니다.

그런데 실제주가가 적정주가로 수렴하게 되는 장기가 언제인지에 대해서는 어느 누구도 명확한 답을 내지 못하고 있다. 사실 이것이 문제다. 시장에는 1년 또는 10년간 저평가된 주식도 존재한다. 내내 가치가 오르지 못하다 상장폐지가 되는 기업도 있지 않은가. 또 주식투자에는 가치투자 기법만 통용되는 것은 아니지 않은가. 물론 너무 맹신하는 것은 좋지 않다. 하지만 적어도 다른 투자기법보다는 확률적으로 수익을 낼 가능성이 높다.

워런 버핏 덕분에 가치투자와 재무제표에 대한 관심이 높아졌다. 예전에는 회계공부를 해서 주식투자를 한다고 하면 고리타분한 사람이라는 평가를 받았다. 그것은 교과서만 공부하고 수능을 보는 것과 같다는 비유를 들을 정도였다. 하지만 지금은 많은 투자자가 기업의 펀더멘탈인 내재가치를 재무제표로 철저히 분석하고 업종을 파악해 차근차근 정공법으로 투자하는 것이 안정적인 수익을 보장해준다는 것을 알고 있다.

기업가치의 변화를 잡는 회계

주식투자로 돈을 버는 방법이 뭘까? 투자 수익을 내는 가장 확실한 원칙은 진짜 좋은 주식을 사는 것이다. 즉, 내재가치가 높은 회사의 주식을 사야 한다. 그런데 기업의 내재가치를 파악하기 위한 재무적 분석은 회계지식을 필요로 하는 매우 어려운 문제다. 하지만 주식투자를 하려고 경영학을 전공할 필요는 없듯 개인 투자자들이 회계지식을 다 알 필요도 없다. 이 책에 나오는 내용 정도만 알면 충분하다.

기업의 내재가치와 관련된 자료는 재무제표에 다 있다. 재무제표를 보면 이 기업이 영업활동을 잘하고 있는지, 빚은 얼마나 지고 있는지, 혹시 위험한 요소는 없는지 등을 파악할 수 있다. 또 경제환경과 산업에 대한 센스는 뉴스만 잘 들여다봐도 파악이 된다. 그런데 종목에 대한 센스는 절대로 뉴스만 봐서는 알 수 없다. 재무제표를 보아야 한다. 가치투자에서는 재무제표가 처음부터 끝까지 중요하다. 적어도 대충 투자해서 손해를 보지 않으려면 말이다.

재무제표는 회계지식만 있으면 충분히 분석할 수 있다. 이미 투자자들은 재무제표를 통해 많은 정보를 비교하고 있다. 인터넷 커뮤니티만 들어가도 기업별로 어떤 재무제표를 봐야 하는지를 분석하는 사람들이 상당히 많다. 재무제표를 둘러싼 몇 가지 회계지식만 있으면 주요 지표를 자신이 직접 생산해내서 주식을 비교해볼 수 있을 것이다.

재무제표에는 일정시점의 재산상태를 나타내는 재무상태표, 일정기간의 경영성과를 나타내는 손익계산서, 일정기간 기업의 현금흐름을 보여주는 현금흐름표 등이 있다. 이 가운데 손익계산서와 재무상태표 분석지식은 주식투자자에게 필수다.

69 직장인을 위한 회계지능

　대한민국은 지금 불황이다. 정부가 아무리 이자율을 낮추려고 해도 더 이상 이자율을 낮추지는 못한다. 게다가 새로운 성장동력도 떨어져가고 있다. 우리나라는 역사적으로 인적자원 외에는 자원이 없는 나라. 이런 나라에서 가장 중심이 될 수 있는 산업은 제조업, 서비스업 등 사람이 하는 분야다. 그리고 사람이 모이면 필연적으로 계산이 뒤따르게 돼 있다. 그 계산을 잘하는 사람만이 사기를 당하지 않고 살아남을 수 있다.

　직장생활을 시작한 사람이 처음부터 중요한 업무를 맡아서 하기는 힘들다. 처음 몇 년은 선배들이 시키는 일이나 단순작업만 돌아온다. 그러다가 3년 차가 되고 갑자기 승진이라는 것을 하게 되면 여러 가지 프로젝트가 물밀듯 닥친다. 한마디로 기회가 흘러 들어오는 것이다.

　기회는 준비된 자에게만 의미가 있다. 준비되지 않은 자에게는 기회가 오히려 재앙이 될 수도 있다. 자신에게 프로젝트가 맡겨져도 업무 간의 연계성이나 철저한 계산 아래 일을 해보지 않았다면 망칠 수밖에 없다. 거시적으로 업무를 해본 적도 없고 그에 대한 지식도 부족하기 때문이다.

회계지식은 기회를 위한 투자다. 평생 말단사원으로만 있을 거라면 회계를 몰라도 된다. 경영을 할 일이 없을 것이기 때문이다. 하지만 조금이라도 위로 올라가고 부서 단위, 팀 단위, 기업 단위의 경영자로 성장하려는 사람에게 회계는 필수적 도구다.

재무제표를 통한 경영의 가장 성공적인 사례는 SK하이닉스다. 피터 드러커^{Peter Drucker}도 《프로페셔널의 조건》 등의 저서에서 재무제표를 알아야 한다고 강조한 바 있다.

언제까지 신입사원으로 남아 있을 것인가? 경영자가 되기 위한 준비를 해야 하지 않겠는가? 이것이 직장인들이 지금이라도 회계공부를 해야 하는 이유다.

사업자들이여, 회계를 하라

한때 사업가가 동물적 감각과 도전정신만 있으면 성공하던 시절이 있었다. 그런데 지금은 갈수록 기술도 발전하고 있고 새롭게 시작해서 복잡한 경제세계에서 적응하는 것 자체가 힘들어졌다. 철저히 분석하고 사업을 시작하지 않으면 빚만 지고 망하기 쉽다.

스타트업을 하는 사람들이 가장 취약한 분야는 거의 회계와 재무다. 이들은 핵심 아이디어와 기술에만 집중하고 회계는 아웃소싱을 주면 된다고 생각한다. 하지만 이런 마인드로는 크게 성장하기 힘들다.

투자자들은 바보가 아니다. 사장이 되어 자금을 마련하려면 대출을 받지 않는 이상 정부자금이나 투자자모집 쪽으로 눈을 돌리게 되고, 이때 재무제표를 통한 기업의 가능성을 어필해야 한다. 기업가의 화려한 스펙도 물론 중요하지만 회사의 스펙도 매력적이어야 한다.

회사가 일정 궤도에 오르고 나면 회사의 경영성적표인 재무제표를 통해 투자자에게 평가를 받게 되어 있다. 이때 재무제표를 모르면 회계지식으로 무장하고 있는 투자자들을 설득할 수 없다.

한편, 기업 운영 측면에서도 회계지식은 필수다. 돈 새는 구멍이 많은데도 회계를 모르면 그냥 당할 수밖에 없다. 자기 집 곳간에 쥐가 들어와 곡식을 다 파먹고 있는데도 조치를 취하지 못한다면 집안어른 노릇을 제대로 한다 할 수 있겠는가. 특히 사업가는 밖에서 새는 바가지보다 안에서 새는 바가지를 더 무서워해야 한다. 그리고 안에서 새는 바가지를 알아내는 가장 **빠른** 길은 장부와 증빙을 들춰보는 것이다. 이때 회계가 큰 활약을 할 것이다.

거창하게 회계학 박사가 되어야 한다고 말하는 것이 아니다. 기초적으로 장부가 어떻게 작성되고, 어떤 증빙이 필요하며, 어떤 재무제표 항목을 보아야 하는지만 익히면 된다. 그리고 회계용어에 어떤 것들이 있는지 정도만 잘 알아두면 회의나 각종 모임에서 최소한 무식하다는 소리는 듣지 않을 것이다.

71
회계의 중심, 회사란 무엇인가

우리 주변에는 수없이 많은 회사가 있다. 회사는 이익을 창출하고, 자산을 증식시키며, 부채와 자본으로 자금을 조달해 새로운 사업에 투자를 한다. 회사는 영리를 목적으로 계속 영업활동을 하는 사단법인이다. 상법상 회사는 영리성, 사단성, 법인성을 지닌 단체다. 이 세 가지 요건을 모두 갖춰야 회계 처리의 중심인 회사라고 할 수 있다.

영리성은 회사의 목적은 자선사업이 아니라 돈을 버는 데 있다는 의미다. 따라서 비영리조직이나 학회 등은 회사라고 할 수 없다. 회사는 기본적으로 영리사업이 주된 목적이고 이를 계속적으로 추구해야 한다.

사단성은 둘 이상의 개인이 모여 특정한 목적을 위해 활동하려고 설립한 단체라는 의미다. 사단은 재단과 달리 사람의 모임이기 때문에 인적인 의미가 강하다.

법인성은 법적으로 국가가 인격을 부여했다는 의미다. 여기서 말하는 인격은 법적으로 권리의무의 주체로서 인정했다는 것이다. 경제활동을 하려면 법률적인 책임과 권리가 귀속돼야 하고 경제적으로 손익이 귀속되는 실체여야 한다. 이것을 인정하기 위해 법인성이라는 개념이 필요하다.

이러한 요소가 있어 회사는 타인과 거래를 하면서 취득하게 되는 각종 권리를 자산으로 재무상태표에 인식(기록)하게 되고, 갚아야 할 의무를 부채로 인식할 수 있게 된다. 또한 타인과의 거래 과정에서 발생하는 경제적 소득을 수익으로 인식하고, 발생하는 경제적 지출을 비용으로 인식할 수 있게 된다.

> **〈참고〉 상법상 회사의 종류**
>
> 1. 합명회사
> 합명회사는 2인 이상의 무한책임사원으로 구성되며, 무한책임사원은 회사에 대하여 출자의무를 가지고 회사채권자에 대하여 직접 연대하여 무한책임을 진다.
> 이때 무한책임사원은 합명회사의 업무를 집행하며, 업무집행을 전담할 사원을 정할 수 있다. 업무집행사원을 정하지 않은 경우에는 각 사원이 회사를 대표하고, 여러 명의 업무집행사원을 정한 경우에는 각 업무집행사원이 회사를 대표한다.
>
> 2. 합자회사
> 1명 이상의 무한책임사원과 1명 이상의 유한책임사원으로 구성되며, 무한책임사원은 회사채권자에 대하여 직접 연대하여 무한책임을 지는 한편, 유한책임사원은 회사에 대해 일정부분 출자의무를 부담할 뿐 그 출자가액에서 이미 이행한 부분을 공제한 가액을 한도로 책임을 진다.
> 이때 무한책임사원은 정관에 다른 규정이 없을 때는 각자 회사의 업무를 집행할 권리와 의무가 있으며, 유한책임사원은 대표권한이나 업무집행권한은 없고 회사의 업무상태와 재산상태를 감시할 권한을 가진다.
>
> 3. 유한책임회사
> 공동기업이나 회사의 형태를 취하면서도 내부적으로는 사적 자치가 폭넓게 인정되는 조합의 성격을 가지고, 외부적으로는 사원의 유한책임이 확보되는 기업형태에 대한 수요에 따라 도입된 회사이다. 이 형태는 벤처기업 등의 신생기업에 적합하다.

유한책임회사는 2인 이상의 유한책임사원으로 구성되며, 유한책임사원은 회사채권자에 대하여 출자금액을 한도로 간접 유한책임을 지고, 업무집행자가 유한책임회사를 대표한다. 이때 정관에 사원 또는 사원이 아닌 자를 업무집행자로 정해놓아야 하며, 정관 또는 총사원의 동의로 둘 이상의 업무집행자가 공동으로 회사를 대표할 것을 정할 수 있다.

4. 주식회사
1명 이상의 주주로 구성되며, 주주는 회사채권자에게 간접책임만을 부담하며 자신이 가진 주식의 인수가액 한도 내에서만 유한책임을 진다. 주주라는 다수의 이해관계인이 있으므로 의사결정은 주주총회에서 이루어지고, 업무집행기관으로 이사회 및 대표이사를 둔다. 이때 이사의 업무집행을 감사하고 회사의 업무와 재산상태를 조사하기 위해 감사를 둔다. 우리나라의 회사는 대부분 주식회사의 형태를 취하고 있다.

5. 유한회사
1명 이상의 사원으로 구성되고, 유한회사의 사원은 회사 채권자에게 간접책임만을 부담하며 자신이 출자한 금액의 한도 내에서만 유한책임을 진다. 유한회사는 주식회사와 달리 이사회가 없고, 사원총회에서 업무집행 및 회사대표를 위한 이사를 선임하며, 선임된 이사는 각자 업무를 집행하고 회사를 대표한다.

※ 출처 : 법제처 생활법령정보

회계사 도움 없이 잘못 낸 세금을 돌려받는 방법

 간혹 세무신고를 하다 보면 소득공제나 세액공제 항목을 챙기지 못해 세금을 과다하게 납부하는 경우가 있다. 연말정산을 하는 근로소득자도 세무상 요건을 잘 몰라서 공제혜택을 못 보고 넘어가는 일이 많은데, 하물며 복잡한 필요경비를 챙겨야 하는 사업자는 오죽할까. 필요경비로 인정받지 못하는 줄로 착각해서 공제받지 못하고 세금을 왕창 냈다가 뒤늦게 이를 알게 되었다면 어떻게 해야 할까? 이러한 납세자를 위해 매우 좋은 제도가 있는데, 바로 '경정청구'이다.
 나도 경정청구를 통해 내가 모시는 분들의 세금을 엄청나게 환급받게 한 경험이 있다. 세법은 생각보다 복잡하고 경우마다 적용되는 방식이 다르기 때문에 세제혜택을 볼 수 있는 항목이 있는데도 그냥 넘어갈 때가 많다. 이럴 때 경정청구를 이용하면 세액을 다시 바로잡고 잘못해서 더 납부한 세금을 돌려받을 수 있다.

경정청구가 신고기한 내에 세금을 너무 많이 내서 돌려받는 것이라면 무제한적으로 인정받을 수 있는지 궁금할 것이다. 안타깝게도 경정청구는 법정 신고기한 경과 후 5년 이내의 것까지만 청구해서 환급받을 수 있다. 옛날에는 경정청구를 하려면 세무서를 직접 방문해 수기로 5장의 경정청구 서류를 작성해야 했다. 나 또한 경정청구를 하려고 세무서를 여러 번 방문했던 기억이 있다.

그런데 최근에는 홈택스로 집에서 편리하게 경정청구를 진행할 수 있다. 홈택스로 경정청구를 신고하는 방법을 자세히 살펴보자.

먼저 홈택스hometax.go.kr에 접속하자. 그러면 아래와 같은 화면이 뜰 것이다. 메뉴 중에서 '신고 / 납부'를 클릭한다.

신고 / 납부 코너로 들어간 다음, 오른쪽의 '종합소득세'를 클릭한다.

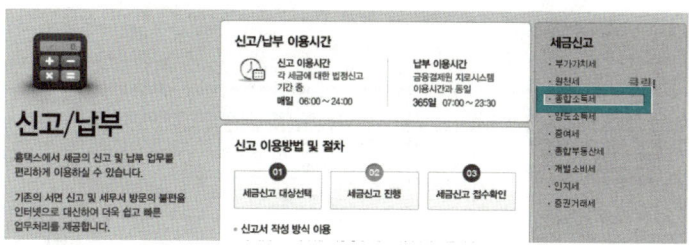

그러면 종합소득세 신고 페이지로 이동한다.

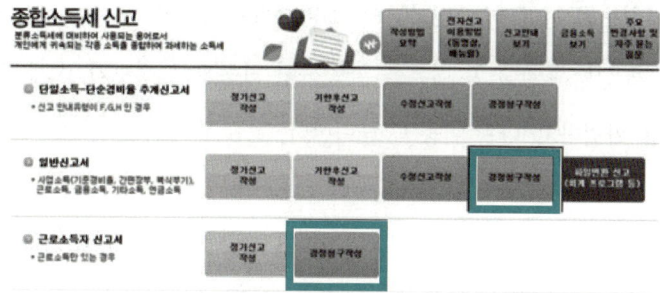

종합소득세 신고 페이지에서 사업소득자용 경정청구작성(위쪽) 작성 또는 근로소득자 연말정산용 경정청구작성(아래쪽)을 클릭하면 해당 페이지로 이동한다.

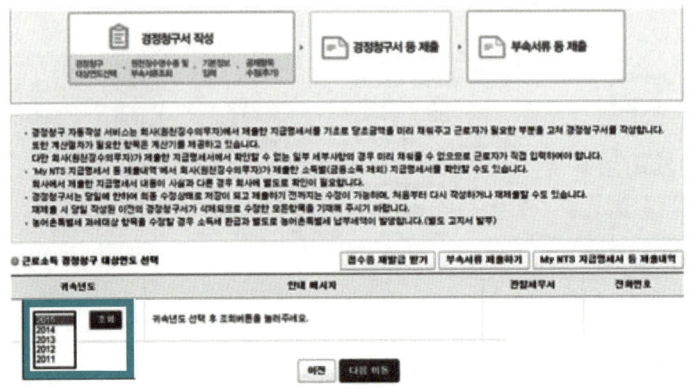

해당 페이지에서 경정청구를 할 귀속연도를 선택하면 된다. 만약 2017년에 경정청구를 한다면 2012년부터 2016년까지 조회할 수 있을 것이다. 귀속연도를 선택해서 조회 버튼을 클릭하면 자동으로 정보가 뜨게 되어 있다. 이를 확인하고 '다음 이동'을 클릭한다.

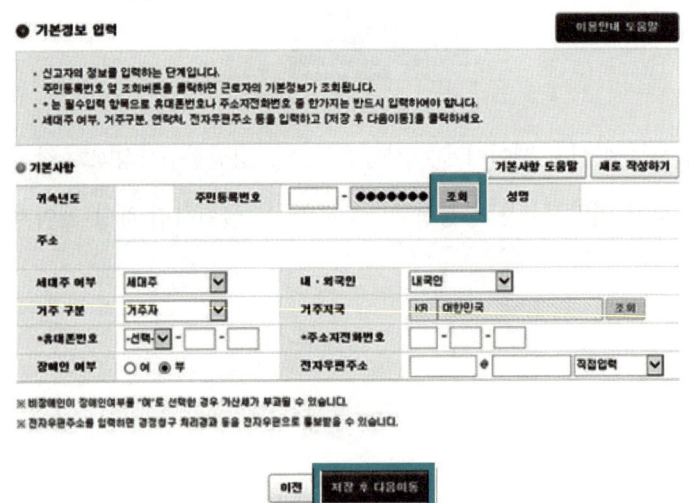

그런 다음 기본정보 입력 페이지가 뜨면 주민등록번호 옆의 '조회'를 클릭하고 기본사항을 입력한 뒤 '저장 후 다음이동'을 클릭한다.

다음은 근로소득신고서 수정입력(연도) 페이지다. 이는 회사의 지급명세서를 통해서 자동으로 나타나기 때문에 소득공제와 세액공제 항목의 수정사항을 직접 수정해주어야 한다. '입력 / 수정하기'를 클릭해 수정을 진행한다. 모두 수정하고 나서 아래의 경정청구 사유를 선택하고 국세환급금 계좌를 입력한 다음 '신고서작성 완료'를 클릭하면 결과화면이 뜬다.

마지막으로 '신고서 제출하기'를 클릭하면 경정청구서 제출내역 확인 페이지에서 경정청구 신고내역을 확인할 수 있다. 이렇게 5개 연도 중 경정청구가 필요한 연도의 세액을 경정해서 환급받을 수 있다.

홈택스를 이용하려면 기본적으로 공인인증서가 필요하다. 그런데 인터넷으로 절차를 밟는 것 자체가 어르신들에게는 부담스러운 것이 사실이다. 이런 절차가 익숙지 않다면 가까운 세무서에 전화를 걸어 '소득세과'를 바꿔달라고 하면 된다. 소득세과 담당자에게 경정청구를 하고 싶은데 어떻게 하면 좋은지 물어보면 필요한 서류와 절차를 상세히 안내해줄 것이다. 이 안내에 따라 세무서를 방문해서 경정청구를 해도 된다.

73 비즈니스에서 개인과 법인의 세금차이

나도 한때 개인사업자로 쇼핑몰 창업도 해봤고, 벤처기업을 설립해서 경영해본 적이 있다. 또 4년 전 주식회사 이안택스를 공동으로 창업해 창립멤버로 활동한 이력도 있다. 개인사업자와 법인사업자를 모두 경험해본 사람으로서 처음 사업을 시작하는 예비 창업자들에게 조언을 해주려 한다.

사람이 태어나면 곧바로 출생신고를 하고 대한민국 국민으로서 권리와 의무를 지니고 살아가게 된다. 기업도 마찬가지다. 사업자등록을 하거나 법인등기를 하고 사업을 시작해야 한다. 사업자등록은 말하자면 사람의 출생신고와 같다. 사업자로서 첫걸음을 내디디는 과정인 것이다.

사람은 처음부터 남자 아니면 여자로 태어난다. 법인도 법인으로 사업을 할지 개인으로 사업을 할지 선택해야 한다. 또 사람이 살면서 성전환수술을 할 수 있듯 개인도 법인으로 전환할 수 있다.

개인사업자가 좋을까, 법인사업자가 좋을까

개인사업자와 법인사업자의 최고세율을 살펴보자. 개인사업자는 과세표준에 적용되는 최고세율이 38%, 법인사업자는 과세표준에 적용되는 최고세율이 22%다. 이것만 보면 당연히 법인사업자가 세금 면에서는 유리해 보인다.

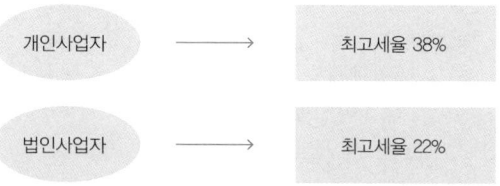

한때 경영지도 활동을 할 때 내가 자주 들었던 질문 가운데 하나도 "개인으로 창업하는 것보다 법인이 더 좋지 않으냐"는 것이었다. 그런데 인생에 정답이 없듯이 이에 대한 답도 상황마다 다르다. 창업을 할 때 사업자마다 업종도 다르고 그가 처한 경영환경이나 목표로 하는 기업의 규모도 다르다. 그에 따라 개인사업자가 좋은지 법인사업자가 좋은지 답이 나온다. 일단은 개인사업자와 법인사업자에 대해 구체적으로 파악하고 난 뒤 결정해야 할 것이다.

일반적인 통념은 법인이 세금 면에서 유리하다는 것이다. 최고세율이 낮기 때문이다. 이 말은 반은 맞고 반은 틀리다. 개인은 소득세를 납부한다. 소득세율은 소득금액에서 소득공제를 차감한 과세표준 금액에 따라 최저세율 6%부터 최고세율 38%까지 세율이 다양하다. 반면 법인은 과세표준이 2억이 안 되면 10%의 세율을 적용받고, 2억이 넘어가면 200억까지는 20%의 세율을 적용받는다. 그리고 그 이상의 과세표준에 대해서는 22%의 세율을 적용받는다.

> **〈참고〉** 개인과 법인의 세율구간

개인사업자

과세표준	세율
1,200만 원 이하	6%
1,200만 원~4,600만 원	15%
4,600만 원 ~ 8,800만 원	24%
8,800만 원 ~ 1억5천만 원	35%
1억 5천만 원	38%

법인사업자

과세표준	세율
2억 원 이하	10%
2억 원~200억 원	20%
200억 원 초과	22%

개인과 법인의 세율구간을 자세히 보면 소득규모에 따라 유불리가 달라진다는 것을 알 수 있다. 예를 들어 과세표준이 1,200만 원 이하인 영세사업자는 개인으로 사업을 할 경우 세율 6%를 적용받는 데 반해 법인으로 사업을 할 경우 10%의 세율을 부담해야 한다. 보통 과세표준은 매출액에서 일정한 필요경비를 차감한 금액이므로 번 돈만큼 지출도 많으면 충분히 과세표준을 줄일 수 있다. 따라서 과세표준이 적은 사업자는 개인사업자가 유리하다.

게다가 개인은 사업소득세만 계산해서 납부하면 더 이상 과세 문제가 발생하지 않는다. 그런데 법인은 소득이 발생하면 법인세로 세금을 계산해서 납부하고, 나중에 주주들이 배당으로 돈을 가져가면 또 배당소득세를 납부해야 한다. 즉, 회사 내부에 자금을 유보할 때까지는 법인세만 신경을 쓰면

되지만 배당으로 현금을 가져갈 때는 15.4% 원천징수를 하고 추가로 소득세도 납부해야 하는 것이다. 배당소득에 대해서는 이중과세조정제도가 있기는 하지만, 결국에는 소득세의 분리과세 세율(소득세 14% 및 지방세 1.4%)만큼은 부담하게 되어 있다.

그래도 규모가 큰 사업을 할 때는 법인이 유리한 것이 사실이다. 규모가 커지면 개인은 38%의 세율을 부담할 수밖에 없지만, 법인은 22%의 세율을 부담하면서 나중에 이익을 분배할 때 배당소득세는 따로 세율구간을 적용해 주주들이 각자 알아서 세금을 내면 되기 때문이다.

세율구간 외에 세금계산구조에서도 개인과 법인은 몇 가지 차이를 보인다. 이에 대해서 추가적으로 살펴보고 의사결정을 하면 될 것이다. 다음에서 개인과 법인의 세금계산상의 차이를 알아보자.

항목	개인사업자	법인사업자
적용세법	소득세법	법인세법
과세표준	총수입금액－필요경비	익금－손금
과세기간	1월 1일~12월 31일	정관에서 정함. 정하지 않으면 1월 1일~12월 31일
과세범위	특정 사업소득은 원천징수로 과세종결(분리과세)	무조건 합산과세
납세지	사업자의 사업장 소재지	법인등기부등본상의 본점 및 주사무소
장부기장	일기장의무자, 간이장부대상자, 복식부기의무자로 분류	무조건 복식부기의무자
이중과세	이중과세 문제가 없음.	법인세 과세 후 주주가 배당을 받으면 배당소득세를 과세하는 이중과세의 문제가 발생함.

공정가치와 공정가치 회계의 문제점

공정가치의 정의

공정가치는 합리적 거래를 전제로 다른 당사자 간에 자산이 거래될 수 있는 가격을 말한다. 즉, 시장가격에 준하는 가격을 말한다. 2012년 도입될 국제회계기준IFRS에서는 기업들이 보유한 자산을 공정가치인 현재의 시장가격에 맞춰 평가해야 한다. (출처 : 한경 경제용어사전)

한국채택국제회계기준K-IFRS이 도입되고, 취득당시의 역사적 원가로 평가해 기재하던 기존의 재무제표가 시장에서 거래되는 공정가치로 평가하는 것을 장려하는 방향으로 회계기준이 대폭 개정되었다. 이에 따라 많은 재무제표상의 토지, 건물, 금융자산 등이 공정가치로 평가돼 재무상태표상 자산의 평가가 시장가치를 더 잘 반영하게 되었다. 하지만 이러한 회계처리방식에도 문제는 있다.

재무보고서가 기업가치를 정확히 대변하는가

최근 대우조선해양의 분식회계사건으로 꽤 많은 수의 회계사가 구속되었고, 아직도 검찰수사가 진행되고 있는 것을 보면 큰일이 아닐 수 없다. 내가 회계사로 사회에 첫걸음을 내디뎠던 2011년 이후에도 이미 IFRS로 국제적 통합과 개혁을 위한 조치가 많이 이루어졌는데, 기업 회계를 둘러싼 세상은 여전히 진흙탕에 가깝다. 기업의 가치를 정확히 평가하려면 일단 기업회계의 허점을 파악하고 있어야 한다.

우리가 아는 대로 분식회계로 큰 이슈를 몰고 온 사건들은 미국에서도 전통이 오래되었다. 정보가 완전하고, 기업회계기준이 정보를 표시하는 세밀한 기준을 제시해주고, 이를 통해서 기업의 진정한 가치를 잘 나타낼 수 있다면 투자자와 사외 이사진, 경영진이 회사의 재무제표를 전적으로 신뢰할 수 있을 것이다.

경제학에서 가정하는 완전정보시장이 아니더라도 효율적 시장에 가까운 시장을 가정한다면 재무제표상의 수치를 토대로 미래의 현금흐름, 타이밍, 불확실성에 대해 정확한 평가를 내리고, 가치평가가 현재 주가에 적절히 반영되었는지 알 수 있을 것이다. 그리고 어느 기업에 투자해야 할지 또는 어느 기업을 인수해야 할지 현명하게 판단할 수 있을 것이다. 이를 통해 자본은 효율적으로 배분될 것이고, 주주들과 각종 이해관계자들은 자신의 위험을 관리하고 적정한 이익을 누릴 수 있을 것이다.

하지만 불행하게도 현실에서는 몇 가지 이유로 이런 일이 불가능하다.

먼저, 기업의 재무제표는 경영진의 재량에 따른 판단과 평가에 전적으로 의존하고 있다. 그런데 문제는 이 판단과 평가가 크게 빗나갈 수 있다는 사실이다.

다음으로, 공시되는 일반적인 재무평가지표들은 기업들을 서로 비교할 수 있게 만든 기준이지만, 특정 회사의 가치를 판단하는 데는 가장 정확한 방법이 아닐 수도 있다. 빠르게 변화하는 경제환경에서 기업활동을 변화시키는 구글이나 페이스북 등 IT기업의 경우는 더욱 그러하다. 나도 한때 IT 벤처기업을 경영한 적이 있는데, 기업의 기술과 관련된 시장성은 한 달, 아니 일주일 만에도 쉴 새 없이 변동한다. 이러한 상황을 재무제표가 따라갈 리 만무하다.

그런데 이러한 문제점 때문에 IFRS는 전문가의 재량을 폭넓게 인정하고 있고, 다양한 회계학자들이나 증권분석가들이 비공식적 평가기준과 그 활용기법을 개발하고 있다. 하지만 이러한 비공식적 특정기준에도 문제점이 내포되어 있다. 예를 들면 EBITDA(Earning Before Interest and Tax Depreciation and Amortization)를 일반적인 채권상환을 위한 영업현금의 대용치로 사용하고 있으나 이는 정확한 현금흐름으로 볼 수 없다. 또한 EV-EBITDA 비율로 기업가치를 평가해 인수합병에서 협상을 할 때 사용하기는 하지만 정확성이 현저히 떨어진다.

마지막으로, 가장 심각한 회계상의 문제점은 경영자의 여러 가지 동기에 있다. 관리자 및 경영진에게는 재무제표에 고의적으로 오류를 만들 만큼 강력한 동기가 있다는 것이다. 즉, 분식회계의 가능성과 회계기준에만 부합하면 의도적인 회계조작을 저지하기가 어렵다는 것이 가장 심각한 문제라고 볼 수 있다.

| 〈참고〉 | 공정가치 회계의 실무상 문제점 |

기업회계의 관행상 경영진과 투자자는 기업의 자산가치를 결정할 때 두 가지 기준을 사용한다. 처음에 지불한 가격으로 평가하는 역사적 원가법과 당장 팔았을 때 이 자산이 가져올 금액인 공정가치다. 물론 K-GAAP을 사용하던 2006년 이전에는 공정가치와 시장가치를 혼용했고, 유동자산이냐 고정자산이냐에 따라서 측정기준이 상이했다. 현행 K-IFRS에서는 재고자산을 순실현가능가치^{NRV}로 평가하는 것을 제외하고는 공정가치로 평가하게 되어 있다.

약 20년 전, 인터넷이 발달하기 이전에 기업의 재무제표는 취득가액에 의존했다. 쉽게 검증할 수 있다는 매우 큰 장점이자 덕목이 있어서 더욱 그러했다. 그러나 오늘날의 기업들은 갈수록 종류가 늘어나는 여러 자산군을 측정할 때 공정가치를 더 많이 사용하는 추세를 보인다. 재무상태표를 검토하면 그 기업의 현재 경제적 상황을 더 정확히 알 수 있다고 생각하기 때문이다. 그런데 무엇이 공정가치인지에 대해서는 회계실무자 간에도 이견이 많다. 이 때문에 이 측정방식은 회계보고 절차의 성격을 엄청나게 주관적으로 변모시켰다. 그리고 이 문제는 재무제표를 작성하는 사람과 이용하는 사람 모두에게 큰 고민거리를 안겨준다.

2008년 금융위기 당시 한국공인회계사회와 금융감독원, 금융위원회 등은 공정가치를 적용하는 방법을 매뉴얼화하기 위한 논의를 진행했다. 회계감사인에게 공정가치를 확인하는 방법을 알려주기 위해서였다. 하지만 이 조치는 혼란을 줄여주기는커녕 오히려 더 복잡하게 만들었다. 측정 또는 평가절차가 어려웠고, 대부분의 경우 너무 주관적이고 논란의 여지가 컸기 때문이다.

개인적으로 유럽의 금융제도에 대해 관심이 많아 스위스에서 주관하는 금융투자분석사 3차 시험을 보았던 2012년, 유럽 은행들의 회계처리방식에 대한 자료를 볼 기회가 있었다. 2011년 유럽 은행들이 그리스 채권을 회계처리 한 것을 보면 유럽 은행들이 그리스 채권을 감가상각한 비율은 20%에서 50%까지 각양각색이었다. 유럽의 금융기관들이 모두 동일한 데이터에 근거했고, 빅4 회계법인의 감사를 받은 자료라는 것을 보면 놀랄 만한 결과다.

일부 영국계 은행들은 회계기준에서 요구하듯이 활성시장에서 거래되는 가격 또는 시장가격$^{observable\ market\ price}$을 사용해 평가한 것으로 알려졌다. 반면 프랑스계 금융기관은 같은 데이터에 근거했으면서도 상각률을 20% 정도로 낮게 적용했다. 이들은 활성시장 가격을 거부하고 자체모형을 통해 공정가치를 평가한 것으로 보인다.

일례로 주식이나 기업가치의 평가에 블랙숄즈 모형이 유행하던 시절이 있었다. 지금은 각종 시뮬레이션 기법(스토케스틱 모형이나 몬테카를로시뮬레이션 기법 등 확률론을 사용한 방법)이 발달돼 병행되고 있지만 말이다. 이 당시 시장가치가 시장에서 결정되는 것이 아니라 BA2 계산기상의 블랙숄즈 공식에 의해 산출된 주가가 적정한 가치로 제시됨에 따라 주가가 그 가격으로 수렴했다는 재미있는 설도 있을 만큼 재무모형에 의한 가치는 사람들에게 신뢰감을 주는 것이 확실하다.

다만 이러한 재무모형을 통한 공정가치평가도 문제가 있다. 무형자산(영업원, 특허, 연구개발사업)에 공정가치원칙을 일관되게 적용하기가 얼마나 어려울지 한번 생각해보자. 무형자산을 평가한 방식을 공개할 때는 그런 추정치가 나오도록 한 각종 가정에 대해 아주 기본적인 정보만 주석 등으로 제공해야 한다. 금융감독원 등 기관들의 보고서 가운데서 100페이지가 안 되는 보고서를 찾기는 쉽지 않다.

이 보고서에 공정가치평가의 근거가 된 가정을 모두 공개한다면 보고서의 분량은 감당하기가 어려울 것이다.

더욱 복잡하고 다양한 금융자산이 탄생하고 있는 오늘날에는 다양한 모형에 대한 연구가 병행돼야 할 것이다. 최신 모형이나 방법도 이를 이용하는 정보이용자들에게 이해시킬 수 있도록 재무제표 주석에 표시하는 과정에서 더 많은 노력이 필요한 것이 현실이다. 이는 IFRS와 국제적 통합의 물결 속에서 회계전문가들이 옛날보다 몇 배 더 공부를 해야 하는 이유이기도 하다.

어서 와, 사업자등록은 처음이지?

 가끔 오피스텔이나 상가를 매입한 분들이 나에게 사업자등록을 어떻게 해야 하는지 묻곤 한다. 생각보다 쉬운 작업이지만, 처음 하는 입장에서는 난감하기도 할 것이다. 내가 처음 쇼핑몰사업을 했을 때만 해도 세무서에 직접 가서 사업자등록을 해야 했고, 사업자등록증이 곧바로 나오지도 않았다. 게다가 미성년자일 때 사업자등록을 했기 때문에 세무서 담당자에게서 사유서까지 써오라는 부당한 갑질을 당해야 했다.

 요즘에는 인터넷의 발달로 홈택스를 통해서 집에서 사업자등록을 간편하게 할 수 있다. 다음에서 사업자등록을 쉽게 하는 절차를 살펴보자.

 세금과 관련된 모든 절차는 국세청의 홈택스에서 진행할 수 있다. 최근에는 인터넷으로도 세무업무 대부분이 가능해졌다. 사업자등록도 마찬가지다. 이때 미리 준비할 것은 '공인인증서'다. 공인인증서는 은행에 가서 발급받고 싶다고 이야기하면 일정한 절차를 거쳐 발급해준다. 공인인증서를 발급받았다면 홈택스를 통해 사업자등록을 할 준비가 된 것이다.

홈택스에 접속하면 다음과 같은 화면이 뜰 것이다. 이 가운데 '신청 / 제출' 메뉴를 클릭한다.

그러면 해당 페이지로 이동하게 된다. 다음과 같은 페이지가 뜨면 맨 아래에 있는 '사업자등록 신청 / 정정 등' 메뉴를 클릭한다.

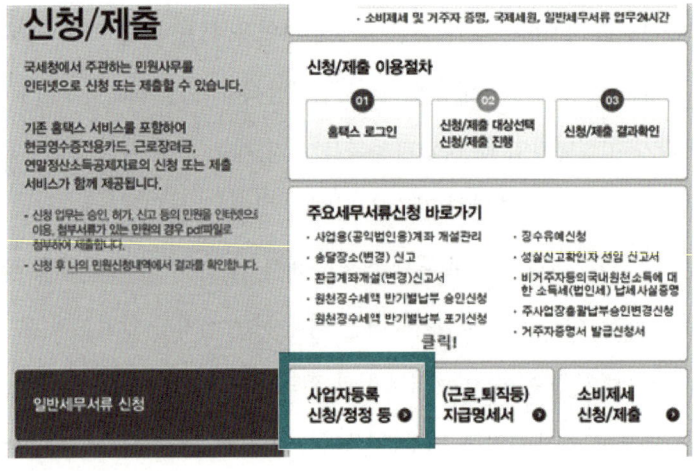

그러면 다음 화면으로 넘어간다. 화면을 보면 제출서류 준비와 신청서 입력, 제출서류 등록, 신청내용 확인 및 전송만 하면 사업자 등록이 처리된다는 것을 쉽게 알 수 있다.

그럼 이제 사업자등록 신청을 해보자. 왼쪽 아래의 '사업자등록신청(개인)' 바로가기를 클릭한다.

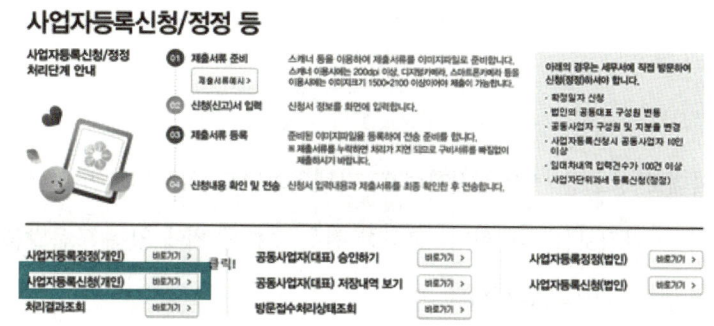

클릭을 하면 공인인증서로 로그인을 하라는 페이지가 뜬다. 미리 만들어 둔 공인인증서를 이용해 로그인을 하면 본격적인 사업자등록 절차로 넘어간다.

로그인이 완료되면 아마 보안프로그램을 설치하라는 내용이 뜰 것이다. 그러면 보안프로그램을 설치해야 하는데, 진행하는 대로 모두 '예'를 누르고 넘어가면 된다. 그리고 나면 다음과 같이 사업자등록 신청 화면이 뜰 것이다.

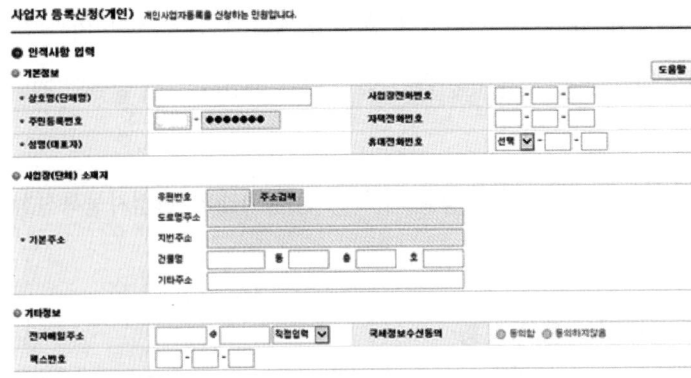

순서대로 상호명, 사업장전화번호, 자택전화번호, 휴대전화번호, 사업장 소재지, 기타정보를 입력한다. 궁금한 점은 오른쪽 위에 있는 도움말을 클릭하면 안내를 받을 수 있다.

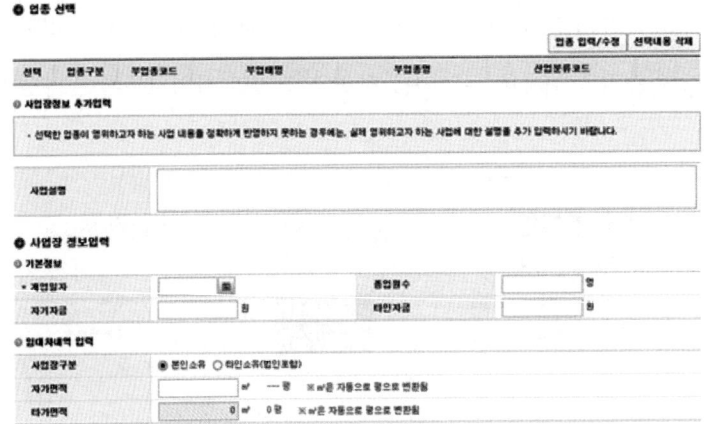

다음으로 업종 선택과 사업장 정보를 입력하면 된다. 이를 모두 기록한 뒤 맨 아래의 '저장 후 다음' 버튼을 클릭하면 신청서가 제출된다. 그런 다음 준비한 서류를 전송하고 다시 모든 항목을 체크하고 전송하면 사업자등록이 완료된다. 제출서류는 '저장 후 다음' 버튼을 누르면 상세히 안내되므로 그대로 챙기면 된다.

04

주식투자자를 위한 재무분석

들어가면서

초보투자자들이 재무분석 자료를 구하는 방법

초보투자자일 때부터 기업과 재무제표를 공부하고 투자해야 10년 후 수익률 1,000% 이상을 달성한 고수익자 명단에 오를 수 있다. 그냥 취미로 주식투자를 하거나 한두 푼 벌고 말 것이라면 상관없지만, 미래에 목돈을 더 크게 불릴 생각이라면 공부해야 한다. 이익은 고사하고 손해라도 보지 않으려면 종목을 제대로 알고 투자해야 한다.

투자정보는 보통 '네이버 금융'을 통해 전반적으로 확인할 수 있다. 네이버 금융코너에 들어가서 종목을 검색하기만 해도 재무정보와 주가정보, 차트 등 다방면에서 분석할 수 있는 정보를 얻을 수 있다. 그런데 주식 초보자의 입장에서는 이 종목에 투자하는 게 좋은지에 대한 의견도 듣고 싶은데 그런 내용은 여기서 확인하기 힘들다. 그래서 좀 더 투자에 적합한 정보를 얻고 싶다면 에프앤가이드 www.fnguide.com를 이용하는 것이 좋다.

초보자들은 에프앤가이드에 접속해 종목을 검색하기만 하면 된다고 생각할 테지만, 막상 접속해보면 어느 메뉴를 클릭해야 종목분석 정보를 볼 수 있는지 헷갈릴 것이다. 대부분 유료정보이기 때문이다.

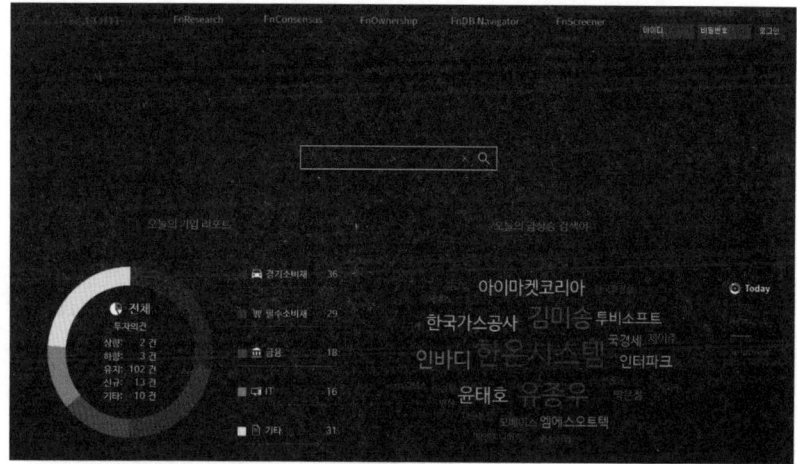

삼성전자의 손익계산서

종목과 관련해 전반적인 정보와 해당 종목에 투자해도 좋은지에 대한 투자의견 등 양질의 정보를 무료로 볼 수 있는 페이지는 에프앤가이드 기업정보 http://comp.fnguide.com 이다.

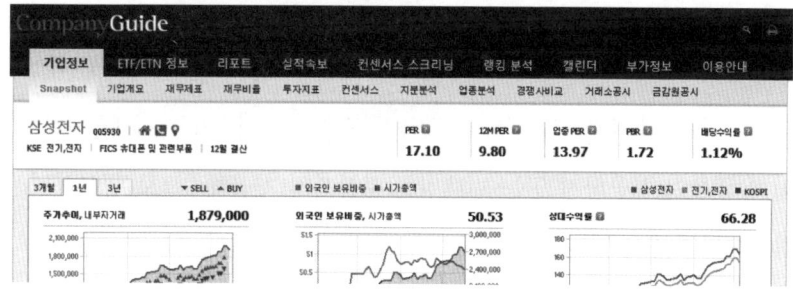

기업정보에서 'Snapshot(스냅샷)'에 들어가면 위와 같은 화면이 뜬다. 대표적인 종목인 삼성전자 정보가 먼저 뜨는데, 내가 원하는 종목을 검색하면 그에 대한 정보를 자세히 찾을 수 있다.

예를 들어 오른쪽 위 검색바에서 '셀트리온' 종목을 검색해보자. 그러면 아래와 같이 종목과 관련된 분석정보가 뜬다.

일단 주가추이와 외국인 보유비중, 상대수익비율이 맨 위에 뜨는데, 이러한 흐름은 주가차트와 함께 참고하면 도움이 된다. 또한 시세현황은 네이버 금융이 제공하지 않는 디테일한 부분까지 제공해주므로 공부하면서 참고하기에 좋을 것이다.

운용사별 보유 현황 [2016/09]				단위 : 천주, 억원, %
운용사명	보유수량	시가평가액	상장주식수내비중	운용사내비중
미래에셋자산운용	522.22	555.64	0.45	0.22
메리츠자산운용	282.94	301.05	0.24	1.12
삼성자산운용	109.99	117.03	0.09	0.04
마이다스에셋자산운용	46.47	49.44	0.04	0.55
현대인베스트먼트자산운용	42.53	45.25	0.04	0.15
하이자산운용	38.19	40.64	0.03	0.08
하나UBS자산운용	36.70	39.05	0.03	0.03
KB자산운용	32.64	34.73	0.03	0.02
KTB자산운용	26.92	28.64	0.02	0.19
IBK자산운용	24.21	25.76	0.02	0.03

실적이슈에서는 실적발표 예정일과 예상실적을 요약해 보여주며, 운용사별 보유현황도 제공한다.

주주현황과 대주주의 지분율도 보여준다. 더욱이 투자의견 컨센서스를 통해 매수해야 할지 매도해야 할지 종목에 대한 의견도 제시한다. 전문가의 의견이니 어느 정도 신뢰할 만하다. 또한 목표주가와 EPS, PER도 기본적으로 제공한다.

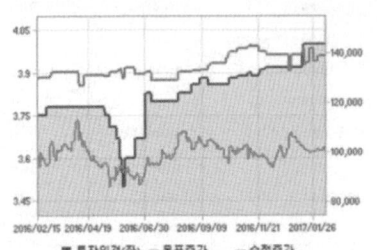
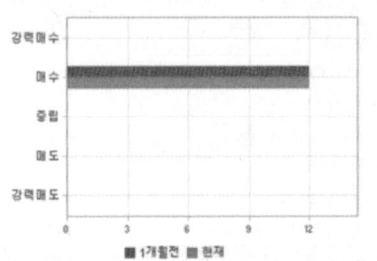

Business Summary (2016/12/12)

매출액 및 당기순이익 증가

* 생명공학기술 및 동물세포대량배양기술을 기반으로 항암치료 및 자가면역질환 등에 사용되는 항체의약품을 개발, 생산하는 것을 목적사업으로 하고 있음. 연결대상 종속회사로는 셀트리온 제약, 셀트리온 화학연구소, Celltrion Pharma USA, 셀트리리온 돈, 셀트리온 에브라지아, 셀트리온 유럽이 있음. 동사는 항체의약품 시장에서 선도적 지위를 유지하고 있으며, 자체 바이오신약 개발을 위한 연구개발에 대한 투자도 지속적으로 진행하고 있음.

* 동사의 2016년 3분기 누적 매출액은 4,617.6억원으로 전년동기 대비 6.1% 증가했음. 외형성장에도 불구하고 매출원가 및 판관비가 전년동기 대비 각각 8.6%, 37.1% 증가, 영업이익은 전년동기 대비 87% 감소한 1,780.9억원 시현에 그쳤음. 비영업부문에서도 적자가 지속되며 164억원의 손실을 기록했으나, 전년동기 대비 적자폭이 큰 폭으로 감소함에 따라 1300.1억원의 당기순이익을 기록하며 전년 동기 대비 21.4%증가하였음.

에프앤가이드의 가장 큰 장점은 사업성을 서술식으로 요약해 설명해준다는 점이다. 매출액과 당기순이익의 증감이유를 전문가가 분석해 제시한다. 또한 현재 진행 중인 사업이나 앞으로 진행할 사업에 대한 정보도 제공하므로 종목분석에 도움이 될 것이다.

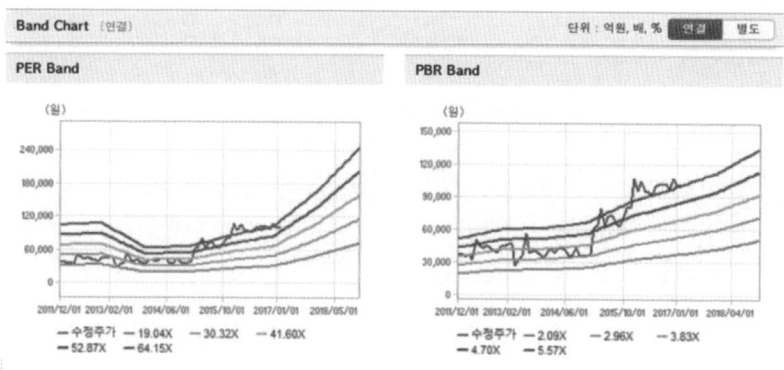

업종비교를 통해 매출액과 EPS, PER 등 업종평균과 비교할 때 어느 정도인지 한눈에 볼 수 있다. 이를 통해 해당 종목의 저평가 여부에 대한 감을 잡을 수 있다(각 지표의 의미와 분석기법은 뒤에서 다룬다).

맨 아래에는 기업의 재무제표를 요약해 제공한다. 손익계산서와 재무상태표, 각종 재무비율이 요약돼 제시된다. 이것을 해석할 능력만 있으면 별도로 이런 지표를 찾아서 요약할 필요가 없다. 정말 위대한 일이다. 이것을 보고 투자에 참고하면 되니 매우 편리하다고 생각한다.

Chapter 04 주식투자자를 위한 재무분석 275

Financial Highlight [연결|전체]

단위: 억원, %, 배, 천주

IFRS(연결)	Annual				Net Quarter			
	2013/12	2014/12	2015/12	2016/12(E)	2016/03	2016/06	2016/09	2016/12(E)
매출액	2,262	4,710	6,034	6,565	1,085	1,850	1,683	1,877
영업이익	998	2,015	2,590	2,616	270	771	740	826
당기순이익	1,025	1,175	1,583	1,900	118	596	586	626
지배주주순이익	1,025	1,127	1,541	1,852	109	593	581	617
비지배주주순이익	0	48	42		9	3	5	
자산총계	19,785	23,224	27,482	29,293	27,352	28,558	29,190	29,368
부채총계	8,914	9,746	9,384	8,339	7,554	7,917	7,951	7,900
자본총계	10,871	13,478	18,098	20,954	19,799	20,641	21,239	21,469
지배주주지분	10,871	12,474	16,942	19,617	18,512	19,207	19,798	20,062
비지배주주지분	0	1,004	1,156	1,338	1,287	1,434	1,441	1,407
자본금	1,005	1,036	1,124	1,169	1,164	1,166	1,166	1,166
부채비율	81.99	72.31	51.85	39.80	38.15	38.35	37.44	36.80
유보율	1,116.85	1,182.93	1,480.61		1,510.56	1,567.99	1,618.70	
영업이익률	44.14	42.77	42.91	39.85	24.88	41.67	43.98	44.00
지배주주순이익률	45.29	23.92	25.54	28.20	10.06	32.05	34.55	32.90
ROA	5.52	5.46	6.24	6.69	1.72	8.53	8.12	8.55
ROE	9.59	9.65	10.48	10.13	2.46	12.58	11.92	12.39
EPS (원)	981	1,008	1,332	1,588	94	509	499	530
BPS (원)	10,943	11,875	15,352	17,535	16,106	16,680	17,187	17,917
DPS (원)	0	0	0	37				
PER	34.50	35.69	60.46	63.29				
PBR	3.09	3.03	5.25	5.73	6.50	5.49	5.90	5.61
발행주식수	111,758	111,892	115,760		116,429	116,590	116,590	
배당수익률	0.00	0.00	0.00					

망할 기업을 판단하는 안정성 지표

재무비율 중에서 안정성비율은 굉장히 다양하다. 투자자가 안정성비율을 보는 이유는 대상 기업이 망할 가능성이 있는지를 파악하기 위해서다. 한마디로 기업의 리스크를 가늠해보기 위해 안정성비율을 검토하는 것인데, 일정수준을 넘어가서 위험하다고 판단되면 투자하지 않는 것이 좋을 것이다. 실전에서 활용할 수 있는 안정성비율을 소개해본다.

부채비율 활용하기

$$부채비율 = \frac{총부채}{자기자본}$$

부채비율은 부채를 자본으로 나눈 비율이다. 이는 기업이 자기자본보다 외부의 채무자에게 얼마나 의존하고 있는지를 나타낸다. 기업의 재무레버리지financial leverage의 정도라고도 하는데, 이는 부채를 외부에서 가져다 쓴 만큼 수익성이 좋을 때는 확실하게 고수익이 나오고, 수익성이 나쁠 때는 확실하게 망하는 정도를 의미한다.

보통 부채비율이 1.0 아래일 경우 매우 안전한 상태라고 생각할 수 있고, 1.0~2.0인 경우에도 상대적으로 안전한 상태로 볼 수 있다. 하지만 부채비율이 산업평균보다 지나치게 높으면 투자를 하면 안 된다. 투자해서 잘되면 큰돈을 벌 수 있는 기업이지만 망하면 파산위험이 굉장히 클 것이기 때문이다.

금융업은 다른 업종에 비해 부채비율이 높다. 또 제조업은 상대적으로 부채비율이 낮은 편이다. 건설업은 금융업과 비슷하게 부채비율이 높은 편인데, 이는 대출을 받아서 사업을 일으키는 경우가 많기 때문이다. 그런데 부채비율만으로 해당 기업이 안전한지 여부를 파악하는 것은 무리가 있으므로 뒤에 소개하는 비율과 함께 판단하는 것이 좋다.

자기자본비율 활용하기

$$자기자본비율 = \frac{자기자본}{총자산}$$

자기자본비율은 총자산에서 자기자본(자본)이 차지하는 비율을 뜻한다. 여기서 자본은 총자산에서 총부채를 뺀 잔여지분의 개념이다. 이 비율은 전체 보유자산을 위해 얼마의 비중으로 자기자본을 조달했느냐를 나타내는 비율이다.

자기자본비율은 0.5를 기준으로 이를 넘어서면 자본이 부채보다 많아서 일반적으로 안전하다고 판단한다. 보통 자기자본비율이 0.5라는 것은 부채비율이 1.0이라는 의미와 크게 다르지 않다. 어쨌든 자기자본비율이 클수록 파산위험은 적어진다. 다만, 자기자본비율이 높아서 1.0에 가깝다면 부채를 전혀 쓰지 않아 레버리지를 통한 사업확장 가능성은 오히려 떨어질 수도 있다. 따라서 0.5 언저리의 상태가 적당하다고 생각한다.

유동비율 활용하기

$$유동비율 = \frac{유동자산}{유동부채}$$

유동비율은 유동부채 대비 유동자산의 비율로서 기업의 단기적 채무상환 능력을 나타낸다. 부채비율이 전체적인 기업의 재무건전성을 나타낸다면 유동비율은 단기적인 지급능력을 파악하는 지표다. 그만큼 흑자도산이나 단기적 파산 가능성을 가늠하기에 좋은 비율이다.

유동비율이 클수록 재무안정성은 높다고 볼 수 있다. 유동자산은 재고자산 및 당좌자산으로 구성되어 있는데 현금화 가능성이 높은 자산이다. 이런 자산을 처분해 유동부채를 상환할 수 있는 가능성이 높다는 것은 그만큼 단기적 안정성이 높다는 뜻이다. 여기서 '유동'이란 통상 1년 이내에 현금화가 가능하다는 것을 뜻한다.

일반적으로 유동비율이 높으면 좋다고 볼 수 있지만 이 비율이 절대적인 것은 아니다. 유동비율이 높다는 것은 오히려 재고자산이 지나치게 누적돼 팔리지 않기 때문일 수도 있다. 따라서 유동자산 중에서 재고자산을 제외하고 판단할 필요가 있다. 이것은 바로 당좌비율로 파악할 수 있다.

당좌비율 활용하기

$$당좌비율 = \frac{당좌자산(=유동자산-재고자산)}{유동부채}$$

당좌비율은 유동부채 대비 당좌자산의 비율을 뜻한다. 여기서 당좌자산이란 유동자산 중에서 재고자산을 제외한 나머지를 말한다. 그래서 유동비율보다 더 안정성과 활동성을 잘 반영한 비율이라는 평가를 받는다.

이 비율은 안정성에서 유동비율보다 더 엄격한 비율이며, 당좌비율이 1.0을 넘는 기업은 매우 안정적인 기업으로 볼 수 있다. 당좌자산이 유동부채보다 많다는 것은 웬만한 유동부채는 당좌자산을 사용해 즉시 갚을 수 있다는 뜻이기 때문이다. 구체적으로 당좌자산은 현금 및 현금성자산, 단기금융자산, 장기금융자산 중 만기가 일찍 도래하는 것 등이므로 현금화가 매우 용이하다.

이자보상비율 활용하기

$$이자보상비율 = \frac{영업이익}{이자비용}$$

이자보상비율은 이자비용 대비 영업이익을 나타내는 비율로 기업이 이자를 갚을 수 있는 능력을 뜻한다. 이자보상비율이 1.0을 넘으면 영업이익으로 이자를 충분히 갚을 수 있다는 뜻이며, 반대의 경우에는 영업이익으로 이자를 갚고도 모자라 자산을 처분해야 한다는 뜻이다. 따라서 이자보상비율이 1.0 이하라면 기업이 위기에 처한 것으로 봐도 좋다. 일반적인 기업은

2.0~5.0 정도가 되기 때문이다.

영업이익은 기업이 주된 영업활동으로 벌어들인 이익이므로 매년 시장상황에 따라 달라진다. 이자보상비율도 이에 따라 변동할 수 있으므로 매기 잘 파악해야 한다. 어쨌든 이자보상비율을 분석해서 웬만하면 2.0이 넘는 기업에 투자하자.

〈참고〉 안정성 분석의 실전

최근에 각광받고 있는 태양광산업의 대장주인 OCI 종목의 안정성을 함께 파악해보자. 먼저 네이버 금융에 접속해서 검색창에 종목명인 'OCI'를 입력, 검색한다.

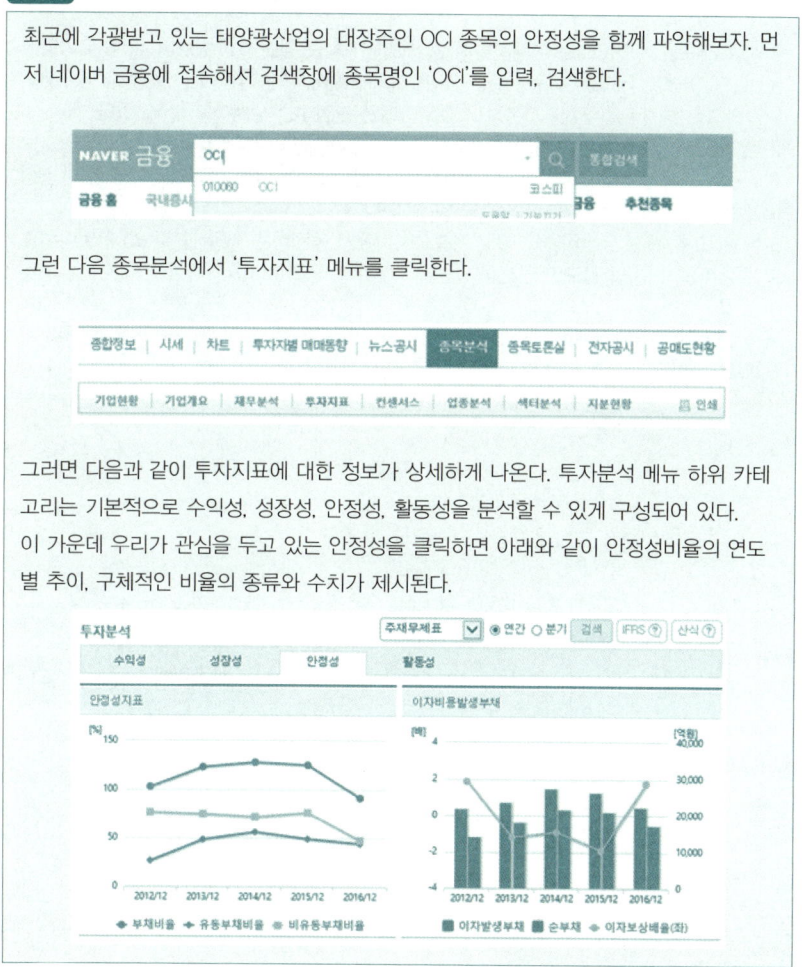

그런 다음 종목분석에서 '투자지표' 메뉴를 클릭한다.

그러면 다음과 같이 투자지표에 대한 정보가 상세하게 나온다. 투자분석 메뉴 하위 카테고리는 기본적으로 수익성, 성장성, 안정성, 활동성을 분석할 수 있게 구성되어 있다. 이 가운데 우리가 관심을 두고 있는 안정성을 클릭하면 아래와 같이 안정성비율의 연도별 추이, 구체적인 비율의 종류와 수치가 제시된다.

• 단위 : 억원, %, %p, 배 • 분기 : 순액기준

항목	2012/12 (IFRS연결)	2013/12 (IFRS연결)	2014/12 (IFRS연결)	2015/12 (IFRS연결)	2016/12 (IFRS연결)	전년대비 (YoY)
부채비율	102.78	123.09	127.88	125.12	91.40	-33.71
유동부채비율	26.42	48.27	55.98	48.90	44.05	-4.85
비유동부채비율	76.36	74.81	71.90	76.22	47.36	-28.86
순부채비율	39.52	55.01	66.55	65.33	53.50	-11.84
유동비율	208.41	116.76	103.49	151.37	137.79	-13.57
당좌비율	151.55	89.13	71.15	73.36	79.84	6.48
이자보상배율	1.86	-1.21	-0.94	-1.95	1.74	3.69
금융비용부담률	2.59	2.96	3.34	3.23	2.54	-0.69
자본유보율	2,393.13	2,149.02	2,101.11	2,208.55	2,391.30	182.74

안정성 지표를 보면 OCI는 부채비율이 증가했다가 최근 감소하고 있으며, 2016년 기말에는 100% 아래로 내려간 것으로 보아 자본 대비 부채의 비중이 감소한 것을 알 수 있다. 일반적으로 부채비율(부채÷자본)이 100% 아래면 안정적인 상태라고 볼 수 있다.

한편, 이자비용발생부채 그래프는 이자보상비율(영업이익÷이자비용)을 보여준다. 이자보상비율이 2016년부터 증가하는 추세이므로 이자를 감당할 만한 영업이익이 충분히 발생해 유동성 위험이 낮은 상태라는 것을 알 수 있다.

또한 위 표를 보면 유동비율이 100~150% 사이에서 움직이는 것을 볼 수 있다. 일반적으로 유동비율이 120% 정도면 안정성이 높은 기업으로 평가한다.

* 상장기업의 경우 네이버 금융이나 에프앤가이드를 통해 그래프와 매년의 수치 비교자료를 보며 간단하게 안정석 분석을 할 수 있으니 참고하기 바란다.

매출총이익률 분석

보통 손익계산서 맨 위쪽의 매출액에서 매출원가를 차감한 매출총이익으로 수익성을 판단하곤 하는데, 매출을 통한 가장 직접적인 수익성의 지표라고 할 수 있다. 사실 재고자산이 판매되면서 발생하는 매출원가의 비율과 그 추세를 통해서 회계감사에서 재고 관련 분식회계를 의심하는 데 사용해왔다. 매출총이익률은 '1-매출원가율'이므로 이 또한 회사의 이상 징후를 포착하는 데 사용할 수 있는 비율이다.

항목	2012/12 (IFRS연결)	2013/12 (IFRS연결)	2014/12 (IFRS연결)	2015/12 (IFRS연결)	2016/12 (IFRS연결)	전년대비 (YoY)
매출액(수익)	2,011,036.1	2,286,926.7	2,062,059.9	2,006,534.8	2,018,667.5	0.6
내수			207,289.2	208,278.2		
수출			1,854,770.7	1,798,256.6		
매출원가	1,266,519.3	1,376,963.1	1,282,788.0	1,234,821.2	1,202,777.2	-2.6
매출총이익	744,516.8	909,963.6	779,271.9	771,713.6	815,890.3	5.7

삼성전자의 손익계산서

삼성전자는 매년 매출총이익이 증가하는 추세에 있고, 매출액 대비 매출총이익의 비율도 38~40% 정도로 증가하고 있지만 일정한 편이므로 이익의 신뢰성이 높은 편이다.

$$\text{매출총이익률} = \frac{\text{매출총이익(매출액} - \text{매출원가)}}{\text{매출액}}$$

매출총이익률은 매출액에 비해 얼마큼의 매출총이익이 창출되었는지를 나타내는 비율이다. 이는 손익계산서의 맨 위에 나타나는 비율이다. '매출원가율+매출총이익률=1'의 등식을 만족하므로 해당 기업의 매출원가율에 따라서 매출총이익률이 달라진다. 즉, 원가구조에 따라 매출총이익률이 다르므로 기업의 사업형태를 반영한다고 볼 수 있다. 이는 경쟁사와 비교해 사업성이 좋은지, 원가가 적정한지를 파악하는 지표로 쓰인다.

매출총이익률은 업종에 따라 천차만별이다. 유통업은 물건을 사서 매출을 일으키기 때문에 중간마진만 매출총이익이 되므로 매출총이익률이 낮을 수밖에 없다. 반면 제조업은 원가절감을 통해 매출총이익률이 높은 편인데, 이는 경쟁기업이나 산업평균지표와 비교해서 파악하는 것이 타당하다. 단순하게는 매출총이익률도 높을수록 좋은 지표이기는 하다.

•단위: 억원, %, %p, 배 •분기: 순액기준

항목	2012/12 (IFRS연결)	2013/12 (IFRS연결)	2014/12 (IFRS연결)	2015/12 (IFRS연결)	2016/12 (IFRS연결)	전년대비 (YoY)
매출총이익률	37.02	39.79	37.79	38.46	40.42	1.96
영업이익률	14.45	16.09	12.14	13.16	14.49	1.32
순이익률	11.86	13.33	11.34	9.50	11.26	1.76
EBITDA마진율	22.52	23.60	21.67	22.88	25.02	2.14
ROE	21.65	22.81	15.06	11.16	12.48	1.32
ROA	14.16	15.43	10.53	8.07	9.01	0.95
ROIC	24.04	27.71	17.21	15.90	19.67	3.77

삼성전자의 수익성 지표

삼성전자를 예로 들면 매출총이익률도 꾸준히 증가하고 있고, 매출원가의 감소가 급격하지 않고 일정한 추세를 유지하므로 꾸준한 원가절감과 시장성개선이 이루어지고 있다는 것을 파악할 수 있다. 이를 통해 수익의 지속성을 예측할 수 있으며, 향후에도 안정적인 매출총이익이 창출될 수 있으리라 기대할 수 있다.

78 영업이익률 분석

　보통 기업의 영업활동에서 계속·반복적으로 기대할 수 있는 업황에 따른 이익은 영업이익이라고 할 수 있다. 영업이익은 주된 영업활동에 따른 매출액에서 매출원가를 차감하고 판매비와 관리비를 차감해 계산한다. 영업이익의 금액과 추세에 따라 기업가치에 대한 평가액이 달라지는데, 추세가 우상향하는 경우에는 기업가치를 더 크게 평가하는 것이 일반적이다. 기업의 자산운용으로 인해 지속적으로 발생될 것으로 기대되는 것이 영업이익이므로 손익계산서에서 가장 중요한 지표라고 할 수 있다. 285쪽의 표는 반도체 설비 제조업체인 테라세미콘의 매년 손익계산서상에서 영업이익과 관련된 자료만 추려온 것이다. 테라세미콘의 영업이익은 2012년 101억에서 2013년 14.9억, 2014년 48.3억, 2015년 41.8억으로 감소 후 유지되다가 2016년에 급등해 259억이 되었다. 2017년 영업이익도 사상 최대치를 달성했다고 하니 증가 추세로만 보면 기업가치도 높은 평가를 받는

* 단위 : 억원, %, 배, 천주   * 분기 : 순액기준

항목	2012/12 (IFRS별도)	2013/12 (IFRS연결)	2014/12 (IFRS연결)	2015/12 (IFRS연결)	2016/12 (IFRS연결)	전년대비 (YoY)
매출액(수익)	767.6	501.3	716.4	1,066.9	1,723.9	61.6
・내수	720.7	357.6	512.0	673.3	1,422.0	111.2
・수출	46.9	143.7	204.4	393.7	301.9	-23.3
매출원가	538.1	360.0	515.8	841.2	1,286.0	52.9
매출총이익	229.6	141.3	200.6	225.8	437.9	93.8
상각후원가로측정하는금융…						
상각후원가로측정하는금융…						
판매비와관리비	128.3	126.4	152.3	183.9	178.6	-2.9
영업이익	101.2	14.9	48.3	41.8	259.3	519.7

테라세미콘의 매년 손익계산서

게 당연하다. 다만, 주가는 미래에 대한 기대를 반영하기 때문에 이후의 시장상황에 대한 전망에 따라 주가가 달라질 수 있다는 데 유의해야 한다.

이와 같이 영업이익이 매출에서 차지하는 비율을 통해 수익성을 분석하는 것이 영업이익률 분석이다.

$$영업이익률 = \frac{영업이익}{매출액}$$

영업이익률은 매출액 대비 영업이익의 비율을 나타낸 지표이다. 영업활동으로 벌어들인 수익이 매출액에서 차지하는 비율을 보고 지속적으로 창출되는 수익률을 평가할 수 있다. 여기서 영업이익은 매출액에서 매출원가를 차감한 매출총이익에서 판매비와 관리비를 차감한 순액으로서 주된 영업활동으로 벌어들인 수익이다.

따라서 영업이익률은 기업의 본업에 충실해 벌어들인 수익률이므로 사업성을 나타낸다. 또한 영업이익률도 업종별로 상이하므로 산업평균치나 경

쟁기업의 수치와 비교해서 높을수록 좋다.

다시 테라세미콘의 사례를 보자. 영업이익률도 영업이익 추세처럼 2년간 증감을 반복하다가 급격히 증가하고 있다는 것을 알 수 있다. 유사기업인 비아트론의 영업이익률이 17~18% 정도인 것을 감안하면 테라세미콘의 영업이익률은 2015년 이전까지는 매우 낮은 수준이었고, 2016년(15%)도 그리 높다고 볼 수는 없다.

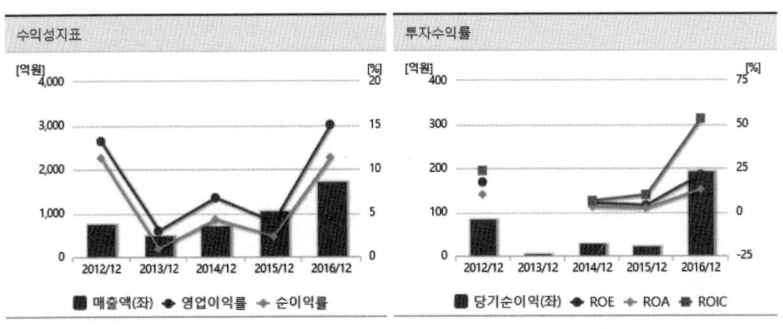

테라세미콘의 수익성 지표 자료

당기순이익률이란 무엇인가

수익성은 결국 돈을 얼마나 벌었느냐를 파악해야 알 수 있다. 돈을 얼마나 벌었느냐는 사용한 돈에 대해 얼마를 더 추가로 획득했는지를 뜻하므로 결국 순이익이 얼마나 났는지를 따져야 한다. 수익은 비용을 차감하기 전에 얼마를 벌어들였는지를 보는 것이기 때문에 여기서 비용을 차감해야만 투자자에게 귀속되는 소득을 정확히 파악할 수 있다.

기업이 매출액이라는 수익을 창출하면 공급업자에게 매출원가라는 항목으로 분배하고, 종업원과 임대업자 등에게 판매비와 관리비로 분배해주며, 채권자에게 이자비용 등 영업외비용 명목으로 분배해준다. 그리고 나면 세전이익이 나오는데, 여기서 국가에 법인세 비용으로 분배해주면 결국 남는 것이 당기순이익이다. 이는 주주에게 최종적으로 배분되므로 주주들이 가장 궁금해하는 이익은 당연히 당기순이익일 수밖에 없다.

당기순이익률은 매출액이라는 수익을 벌어들여 주주 몫으로 얼마의 비중이 남아 있는지를 비율적으로 산출해본 것이다.

$$당기순이익률 = \frac{당기순이익}{매출액}$$

당기순이익률은 매출액 대비 당기순이익의 비율을 의미한다. 이는 주주에게 배당을 줄 수 있는 재원인 당기순이익이 매출액에 비해 얼마나 창출되었는지를 보여주는 지표다. 당기순이익률이 5%라는 것은 매출수익에서 모든 비용을 차감하고 주주에게 귀속되는 이익이 5%라는 뜻이다. 당기순이익은 영업외수익과 영업외비용이 모두 반영된 이익이므로 기업을 운영하면서 발생된 모든 수익과 비용이 조정된 후에 주주에게 귀속되는 결과치다.

당기순익률은 한마디로 사후적인 배당을 예측할 수 있는 이익률이지만, 그 자체로는 큰 의미가 없다. 왜냐하면 영업외손익은 매년 큰 폭으로 변화하기 때문이다. 따라서 장기적인 예측치로서의 의미는 크지 않고 당기의 실적 파악에만 유용하다.

80 ROA 분석

우리는 부채와 자본을 통해 조달한 자금으로 자산을 투자해서 이익을 벌어들인다. 그 이익이 투자한 자산에서 차지하는 비중이 총자산수익률이다.

$$ROA(총자산수익률) = \frac{당기순이익}{총자산}$$

ROA^{Return On Assets}는 기업이 총자산 대비 얼마의 당기순이익을 벌어들였는지를 나타내는 지표다. 현재 운용하는 자산으로 당기순이익을 얼마나 많이 창출했는지를 보면 투자액 대비 수익성을 알 수 있다.

이 지표는 주주에게 귀속되는 당기순이익이 기업 전체 자산에서 차지하는 비율이므로 주주의 수익성을 검증하는 데도 사용한다. ROA는 뒤에서 설명할 ROE에 자기자본승수를 곱한 값이므로 기업의 부채비율이 클수록 ROA는 감소하는 경향이 있다. 즉, 빚을 많이 지는 기업은 ROA가 작아진다. 따라서 ROE를 계산해본 뒤 ROE와 ROA가 동시에 높다면 기업의 전체 수익성이 좋다는 것을 뜻하고, 기업의 잠재력이 크다고 해석해도 좋다.

구체적으로 ROA는 다음과 같이 구분해서 분석할 수 있다.

$$ROA = \frac{당기순이익}{총자산} = \frac{당기순이익}{매출액} \times \frac{매출액}{총자산} = 매출액순이익률 \times 총자산회전율$$

결국 ROA는 수익성을 대변하는 매출액순이익률과 효율성을 대변하는 총자산회전율의 곱으로 나타내며, 수익성과 효율성이 개선될 때 증가한다고 볼 수 있다.

총자산순이익률은 기업의 총자산을 활용해 얼마의 이익을 창출했는지를 나타내는 지표인데, 총자산은 부채와 자본의 합이므로 기업이 영업활동을 해서 주주에게 배당을 주기 위해 어느 정도의 당기순이익을 창출했는지를 보여준다. 따라서 동종업종에 비해 분석대상 기업의 ROA가 높다면 경영자가 주주를 위한 자산운용을 잘하고 있다는 증거다.

* 단위: 억원, %, %p, 배 · 분기: 순액기준

항목	2012/12 (IFRS연결)	2013/12 (IFRS연결)	2014/12 (IFRS연결)	2015/12 (IFRS연결)	2016/12 (IFRS연결)	전년대비 (YoY)
⊞ 매출총이익률	37.02	39.79	37.79	38.46	40.42	1.96
⊞ 영업이익률	14.45	16.09	12.14	13.16	14.49	1.32
⊞ 순이익률	11.86	13.33	11.34	9.50	11.26	1.76
⊞ EBITDA마진율	22.52	23.60	21.67	22.88	25.02	2.14
⊞ ROE	21.65	22.81	15.06	11.16	12.48	1.32
⊞ ROA	14.16	15.43	10.53	8.07	9.01	0.95
⊞ ROIC	24.04	27.71	17.21	15.90	19.67	3.77

※ 출처: 네이버 금융

삼성전자 수익성 지표

삼성전자의 경우 ROA를 살펴보면 2013년 15.43%, 2014년 10.53%, 2015년 8.07%로 감소하는 추세를 보인다. 그 원인은 역시 ROA의 공식에 숨어 있다.

> ROA = 매출액순이익률 × 총자산회전율

ROA의 구성요소인 매출액순이익률이 감소하고 있어 총자산 대비 순이익의 비중도 점점 줄어들고 있었던 것이다. 순이익률은 2013년 13.33%, 2014년 11.34%, 2015년 9.5%로 감소하고 있음을 알 수 있다. 이는 기업의 투자대비 수익성이 다소 하락해왔음을 보여준다.

한편, 다음 표에서 삼성전자의 총자산회전율을 보아도 감소 추세라는 것을 알 수 있다. 즉, 2013년 1.16, 2014년 0.93, 2014년 0.85로 하락해왔다. 이는 삼성전자의 자산활용 효율성도 다소 떨어지고 있다는 것을 보여준다.

* 단위: 억원, 비율　　* 분기: 순액기준

항목	2012/12 (IFRS연결)	2013/12 (IFRS연결)	2014/12 (IFRS연결)	2015/12 (IFRS연결)	2016/12 (IFRS연결)	전년대비 (YoY)
⊞ 총자산회전율	1.19	1.16	0.93	0.85	0.80	-0.05
⊞ 자기자본회전율	1.81	1.68	1.30	1.16	1.09	-0.07

이와 같이 ROA와 매출액순이익률 및 총자산회전율의 관계를 알면 각 변수의 변화 원인을 설명할 수 있다.

81 ROE 분석

ROE$^{\text{Retrun On Equity}}$는 자기자본순이익률로 자기자본 대비 얼마의 당기순이익을 벌어들였는지를 나타내는 지표다.

$$\text{ROE(자기자본수익률)} = \frac{\text{당기순이익}}{\text{자기자본}}$$

ROE는 기업이 자기자본을 활용해 당해연도에 얼마의 순이익을 거두었는지를 나타내는 수익성 지표로 경영효율성과 수익성을 나타낸다. ROE가 동종업계의 다른 기업들보다 낮으면 경영효율성이 낮거나 기업의 시장성이 낮아지고 있다는 의미로 해석할 수 있다.

ROE는 순수하게 주주가 투자한 금액 대비 주주에게 귀속되는 순이익의 비율이므로 주식에 투자해서 올린 수익률이라고 봐도 무방하다. 즉, 이 비율과 다른 자산에 투자했을 때의 수익률을 비교해서 투자가 적정한지 의사결정을 할 때 활용하면 의미가 있다. ROE는 주주가 투자한 금액에서 발생된 수익률을 뜻하므로 투자대상 주식의 주가가 몇 퍼센트로 성장할지를 예측하는 데도 사용된다.

ROE가 높다는 것은 주주의 자본에 비해 당기순이익이 높다는 것이므로 영업활동을 잘하고 있다는 뜻이다. 따라서 ROE가 높은 종목일수록 주식투자의 수익률도 높아진다고 볼 수 있어 주식투자자의 입장에서는 자신의 이익에 대한 척도로 사용한다.

보통 ROE가 회사채수익률보다 높으면 성과가 양호한 것으로 평가하며, 최소한 국채수익률보다는 높아야 기업의 경영이 정상적인 것으로 판단한다. 주식투자자의 입장에서는 ROE가 적어도 은행 예금이자율보다는 높아야 해당 주식에 투자할 유인이 있다.

ROE는 세 가지 재무지표의 결합으로 구분할 수 있는데, 이는 다음과 같다.

$$\text{ROE} = \frac{\text{당기순이익}}{\text{자기자본}}$$

$$= \frac{\text{당기순이익}}{\text{매출액}} \times \frac{\text{매출액}}{\text{총자산}} \times \frac{\text{총자산}}{\text{자기자본}}$$

$$= \text{매출액순이익률} \times \text{총자산회전율} \times \text{재무레버리지}$$

즉, ROE는 매출액순이익률, 총자산회전율, 재무레버리지를 곱한 비율로 수익성, 효율성, 안정성의 결합관계에 따라 계산된다.

이때 총자산회전율은 효율성을 대변하는 재무지표로서 매출액이 총자산의 몇 배인지를 나타낸다. 이는 기업의 자산을 활용해 매출이 많아질수록 증가하게 된다.

재무레버리지는 안전성을 나타내는 경영지표로서 자본에 비해 얼마의 자산을 취득했는지를 나타내는 비율이다. 이 비율은 '1+부채비율'로 나타낼 수 있는데, 부채로 자금을 많이 조달할수록 재무레버리지는 상승한다. 결국 ROE를 높이려면 수익성, 효율성뿐만 아니라 부채비율을 늘리면 된다.

하지만 업계의 시장성이 좋지 않은 상황에서 부채의 비중을 늘리다 보면 레버리지 효과에 따라 매출액이 감소하는 비율보다 당기순이익이 훨씬 더 큰 폭으로 감소할 위험이 있다. 워런 버핏은 주식투자자들에게 "ROE가 3년 평균 15% 이상인 종목에 투자하라"고 조언했지만, 부채비율이 과다한지는 꼭 검토해볼 일이다.

다음 표를 보면 삼성전자는 ROA보다 ROE가 더 높다는 것을 알 수 있다. 이는 ROE가 ROA에 재무레버리지(부채를 사용한 정도)를 곱한 수치라는 것만 알면 금세 이해할 수 있다. 즉, 삼성전자는 자기자본에 비해 부채로 자금조달을 더 많이 하는 기업인 것이다.

* 단위: 억원, %, %p, 배 * 분기: 순액기준

항목	2012/12 (IFRS연결)	2013/12 (IFRS연결)	2014/12 (IFRS연결)	2015/12 (IFRS연결)	2016/12 (IFRS연결)	전년대비 (YoY)
⊞ 매출총이익률	37.02	39.79	37.79	38.46	40.42	1.96
⊞ 영업이익률	14.45	16.09	12.14	13.16	14.49	1.32
⊞ 순이익률	11.86	13.33	11.34	9.50	11.26	1.76
⊞ EBITDA마진율	22.52	23.60	21.67	22.88	25.02	2.14
⊞ ROE	21.65	22.81	15.06	11.16	12.48	1.32
⊞ ROA	14.16	15.43	10.53	8.07	9.01	0.95
⊞ ROIC	24.04	27.71	17.21	15.90	19.67	3.77

※ 출처: 네이버 금융

삼성전자 수익성 지표

확인해보니 자기자본 대비 부채의 비율이 35% 정도를 유지하고 있다. 이로써 ROA의 약 1.35배가 ROE라는 것을 알 수 있다.

※ 단위 : 억원, %, %p, 배   ※ 분기 : 순액기준

항목	2012/12 (IFRS연결)	2013/12 (IFRS연결)	2014/12 (IFRS연결)	2015/12 (IFRS연결)	2016/12 (IFRS연결)	전년대비 (YoY)
부채비율	49.05	42.70	37.09	35.25	35.87	0.62

삼성의 ROE를 보면 우량기업답게 15%에 가깝고 수익률이 지속적으로 높이 유지되고 있다. 게다가 부채의 비중도 위험할 만큼 크지는 않다. 워런 버핏의 말대로 이런 기업은 장기적으로 매년 15% 이상 성장할 것이 분명하다. 투자할 만한 가치가 있다는 이야기다.

ROIC 분석

ROIC$^{\text{Return On Invested Capital}}$는 투하자본수익률로 영업활동을 위해 투하된 자산 대비 영업이익의 비율이다. 이는 영업활동만을 통해 발생된 수익률을 뜻하므로 기업의 수익성을 가장 잘 반영한다고 볼 수 있다.

$$\text{ROIC(투하자본수익률)} = \frac{\text{세후영업이익}}{\text{영업투하자본}}$$

여기서 세후영업이익은 '영업이익×(1−세율)'로서 세금을 반영한 영업이익이고, 영업투하자본은 '순운전자본+유형자산증가액' 등을 의미한다.

$$\begin{aligned}\text{ROIC} &= \frac{\text{세후영업이익}}{\text{영업투하자본}} \\ &= \frac{\text{세후영업이익}}{\text{매출액}} \times \frac{\text{매출액}}{\text{영업투하자본}} \\ &= \text{세후영업이익률} \times \text{투하자본회전율}\end{aligned}$$

ROIC가 높은 경우에는 시장지배력을 통한 수익성이 좋고, 자산활용을 통한 효율성이 높다는 뜻이 된다. 하지만 업종에 따라 투하자본이 별로 필요 없는 벤처기업은 ROIC가 과대평가되고, 철강이나 자동차산업과 같이 투하자본이 많이 들어가는 산업은 ROIC가 과소평가되므로 이를 비교할 때는 같은 업종끼리 비교해야 오류를 줄일 수 있다.

증권분석가들은 대부분 기업의 성장성에만 관심을 두고 가치 측면에는 소홀한 경향이 있다. ROIC를 분석하는 것은 가치투자에서 매우 중요한 의미가 있다. ROIC가 높은 기업은 ROIC를 유지하거나 더 성장시킴으로써 주주에게 주가상승의 기회를 제공한다. 또한 WACC(가중평균자본비용)보다 ROIC가 낮은 기업에 투자하면 장기적으로는 주가가 하락해서 손실을 본다는 것이 여러 통계에서 입증되었다.

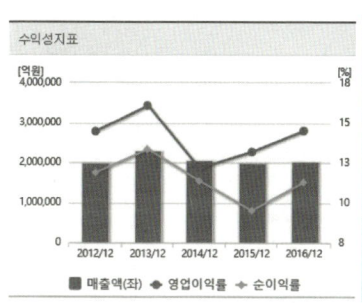 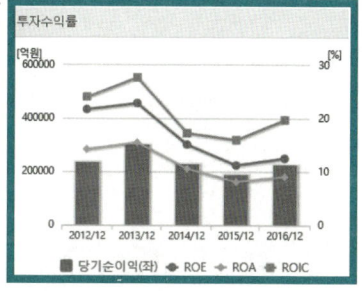

※ 단위 : 억원, %, %p, 배 · 분기 : 순액기준

항목	2012/12 (IFRS연결)	2013/12 (IFRS연결)	2014/12 (IFRS연결)	2015/12 (IFRS연결)	2016/12 (IFRS연결)	전년대비 (YoY)
매출총이익률	37.02	39.79	37.79	38.46	40.42	1.96
영업이익률	14.45	16.09	12.14	13.16	14.49	1.32
순이익률	11.86	13.33	11.34	9.50	11.26	1.76
EBITDA마진율	22.52	23.60	21.67	22.88	25.02	2.14
ROE	21.65	22.81	15.06	11.16	12.48	1.32
ROA	14.16	15.43	10.53	8.07	9.01	0.95
ROIC	24.04	27.71	17.21	15.90	19.67	3.77

※ 출처 : 네이버 금융

삼성전자의 수익성 지표

삼성전자의 경우 ROIC는 ROE, ROA와 비슷하게 투하된 자본 대비 순이익의 비율이므로 유사한 방향성을 가지고 움직이는 것을 알 수 있다. ROIC가 다소 감소한 시기인 2014년과 2015년에는 투하자본이 늘었다는 것과 당시 대규모의 설비증설 등이 있었다는 것을 알 수 있을 것이다.

총자산회전율 분석

총자산회전율은 기업이 보유한 자산이 얼마큼의 매출액을 창출하는지를 나타내는 활동성 지표다. 분석대상 기업의 과거자료와 비교해서 그 수치가 같거나 증가하고 있다면 활동성에 문제가 없다는 뜻이다.

$$총자산회전율 = \frac{매출액}{총자산}$$

총자산회전율은 매출액을 창출하는 데 기업의 총자산을 얼마나 활용했는지 그 수준을 나타내는 지표다. 자산을 투자해 매출액이 많이 창출될수록 활동성이 높고 효율적으로 자산을 이용한 것으로 평가된다. 이 비율은 과거보다 높을수록 좋으며, 다른 기업보다 높을수록 유리한 것으로 평가된다. 또한 이 비율은 산업마다 다르기 때문에 해당 기업이 속한 산업 및 업종의 평균과 비교해 판단하는 것이 좋다.

총자산회전율은 기업의 활동성을 나타내는 지표로서 자산 전체가 큰 무리 없이 활발히 운용되고 있는지를 보여준다. 같은 산업 내의 경쟁기업이라고 해도 자산구성이 다를 수 있으므로 총자산회전율을 일률적으로 비교하는 데는 무리가 있다.

총자산의 구성이 변화하지 않는 한 지속적으로 증가하거나 감소하는 경우 경제의 사이클 변동에 영향을 받은 것으로 해석할 수 있다. 해당 산업의 등락이나 소비자의 소비형태 변경 등으로 매출액이 변동하므로 이에 따라 총자산회전율도 변동한다.

 # 유형자산회전율 분석

유형자산회전율은 유형자산이 매출액을 얼마나 벌어들였는지를 보여주는 활동성지표다. 유형자산회전율이 증가하는 추세라면 해당 기업 유형자산의 효율성이 높아진 것을 뜻한다.

$$유형자산회전율 = \frac{매출액}{유형자산}$$

유형자산회전율은 주로 제조업의 경우에 사용하는 수치다. 유형자산회전율은 과거의 추세와 비교하는 것이 좋은데, 지속적으로 높아지는 추세라면 유형자산의 활용성이 높아진다는 이야기다. 그런데 유형자산이 별로 없는 서비스업의 경우에는 크게 의미가 없는 지표이기도 하다.

제조업이면서 유형자산회전율이 떨어지고 있는 기업은 성장 가능성도 그만큼 낮아질 것이라는 의미일 수 있다. 자산의 이용효율이 떨어진다는 것은 매출액 저하의 선행현상일 수도 있기 때문이다.

　제조업, 유통업 등 일반 업종의 경우에는 제품을 생산, 판매하는 데 필요한 공장이나 설비 등 유형자산의 비중이 크다. 따라서 유형자산이 별로 없는 서비스나 지식산업에 비해 유형자산회전율이 중요한 의미를 지닌다.

　유형자산회전율은 총자산회전율과 비슷하게 동종업계의 과거 수치와 비교할 때 의미가 있다. 유형자산회전율은 경기변동에 따라 증감이 이루어지기 때문에 주기적으로 어느 정도 변동이 생기는 것은 당연한 현상이다. 유형자산회전율이 일정한 수준으로 유지되려면 유형자산의 증가율과 매출액의 증가율이 비슷하게 움직여야 한다.

　유형자산의 증가만큼 매출액이 증가하지 못하면 유형자산회전율이 낮아지게 되며, 이는 기업의 수익성에도 악영향을 미칠 수 있다. 유형자산은 감가상각비를 발생시키기 때문에 투자액만큼 매출액이 따라오지 못하면 다음 연도부터 순이익이 하락할 수 있기 때문이다.

* 단위 : 억원, 비율　　* 분기 : 순액기준

항목	2012/12 (IFRS연결)	2013/12 (IFRS연결)	2014/12 (IFRS연결)	2015/12 (IFRS연결)	2016/12 (IFRS연결)	전년대비 (YoY)
총자산회전율	0.81	0.76	0.77	0.70	0.66	-0.04
자기자본회전율	1.53	1.40	1.43	1.29	1.17	-0.12
순운전자본회전율	3.79	4.05	4.00	3.85	4.19	0.34
유형자산회전율	2.09	1.82	1.83	1.67	1.55	-0.11
매출채권회전율	6.29	6.10	6.14	5.85	5.76	-0.08
재고자산회전율	5.56	6.07	6.42	6.22	6.15	-0.08
매입채무회전율	14.47	14.35	15.74	16.22	14.64	-1.58

※ 출처 : 네이버 금융

POSCO의 활동성지표

　이 표를 보면 포스코의 유형자산회전율이 2014년부터 지속적으로 하락하고 있음을 알 수 있다. 그 원인이 유형자산 투자증가 때문일 수도 있지만, 포스코는 매년 일정한 유형자산을 유지하는 회사이기 때문에 매출액의 감소에 따른 것으로 추정할 수 있다.

항목	2012/12 (IFRS연결)	2013/12 (IFRS연결)	2014/12 (IFRS연결)	2015/12 (IFRS연결)	2016/12 (IFRS연결)	전년대비 (YoY)
매출액(수익)	636,041.5	618,646.5	650,984.5	581,923.4	530,835.1	-8.8

* 단위 : 억원, %, 배, 천주 * 분기 : 순액기준

확인해본 결과 역시 매출액의 지속적 감소가 유형자산회전율의 감소원인이었다. 여기서 오해하지 말아야 할 것은 매출액이 감소하고 활동성이 낮아진다고 해서 반드시 수익성이 감소하는 것은 아니라는 점이다. 실제로 포스코는 2016년 원가절감을 통해 비약적인 영업이익의 증가를 이뤄냈다.

재고자산회전율 분석

재고자산회전율은 매출액을 재고자산으로 나눠 계산하며, 재고자산이 얼마나 빨리 팔리면서 매출액 창출에 기여하는지를 보여준다.

$$\text{재고자산회전율} = \frac{\text{매출액}}{\text{재고자산}}$$

이는 재고자산이 팔려 매출액을 창출한다는 논리를 바탕으로 재고자산이 얼마나 빨리 매출로 이어지는지를 나타낸다. 일반적으로 재고자산회전율이 높을수록 좋지만, 지나치게 높은 경우에는 재고자산이 부족할 수 있다. 따라서 재고자산회전율이 업종평균보다 지나치게 높은 경우에는 적정재고를 늘릴 필요가 있다.

재고자산회전율은 당해연도에 재고자산이 몇 번 팔려 나가면서 매출액을 만들었는지를 보여주므로 재고자산회전율이 높다는 것은 곧 기업의 제품이 빠르게 팔려 나간다는 뜻이다. 하지만 산업에 따라 재고자산회전율도 천차만별이기 때문에 일률적으로 높고 낮음을 비교할 수는 없다. 그렇기 때문에 과거 수치와 비교해 추세가 낮아지는지 높아지는지를 평가할 수밖에 없다.

재고자산회전율이 높아지는 추세인 경우에는 제품이 빠르게 팔리기 때문에 이후 수익성도 개선될 것으로 예상할 수 있다. 반대로 재고자산회전율이 낮아지는 추세인 경우에는 제품이 팔리지 않고 쌓여 진부화돼 수익성이 악화될 것을 예상할 수 있다.

한편, '365÷재고자산회전율'로 '재고자산회전기간'을 구할 수 있는데, 이는 재고자산이 며칠마다 다 팔리는지를 기간으로 계산한 지표다. 이 기간이 짧을수록 판매력이 좋은 기업이라는 뜻이다. 과거보다 매출이 증가하는 추세인 기업일수록 재고자산회전율이 좋으므로 추세를 보고 기업의 활동성을 평가하는 것이 좋다.

매출채권회전율 분석

매출채권회전율은 매출채권 대비 매출액이 얼마나 차지하는지를 비율로 나타낸 것이다. 이는 매출채권이 얼마나 빠르게 회수되는지를 보여주는 지표이기도 하다. 매출채권회전율이 높을수록 매출채권이 빠르게 현금화되므로 해당 기업 구매자와의 관계에서 우위에 있음을 보여준다.

$$매출채권회전율 = \frac{매출액}{매출채권}$$

매출채권회전율은 구매자와의 협상력을 알 수 있는 지표다. 보통 기업은 매출채권을 빨리 현금화하려고 하지만, 빨리 회수하려고 해도 상황이 여의치 않은 경우가 많다. 거래 상대방과의 관계가 매출채권 회수기간을 결정하는 중요한 요인인데, 거래 상대방이 경쟁력을 갖출수록 협상력이 약해지므로 매출채권회전율이 낮아질 가능성이 높다.

해당 기업의 과거 매출채권회전율보다 낮아지는 추세를 보이는 경우 매출채권의 회수에 문제가 생겨 대손이 발생할 가능성이 높아지고 있다는 뜻이다. 이는 기업의 수익성이 악화될 가능성이 높다는 신호일 뿐만 아니라 기업의 흑자도산 가능성도 있으므로 위험신호다. 매출채권회전율이 낮은 기업은 경쟁력이 낮다고 판단해도 좋으니 동종업종의 평균수치와 비교하는 것도 의미가 있다.

 # 매출액증가율 분석

매출액증가율은 전년 대비 매출액이 얼마나 증가했는지를 나타내는 지표다. 매출액은 주된 영업활동으로 벌어들인 수익이므로 기업의 수익성을 보여준다. 즉, 매출액이 지속적으로 성장한다는 것은 기업의 시장성이 좋다는 것을 증명한다.

$$매출액증가율 = \frac{당기매출액 - 전기매출액}{전기매출액}$$

매출액이 증가하는 추세에서 매출액증가율이 지속적으로 양수(+)를 유지하면 기업의 영업이익도 증가할 것이다. 그러면 자연스럽게 기업의 현금흐름도 증가하고 주가도 상승할 가능성이 커진다. 따라서 매출액증가율의 추세를 분석해 증가세를 보인다면 투자해도 나쁘지 않다.

만약 매출액증가율이 음수(-)를 보인다면 사업성 때문인지 경제상황 때문인지 원인을 따져보고 투자 여부를 고민해봐야 한다. 전체적인 거시경제 상황이 좋지 않아서 매출액증가율이 낮은 것이라면 주가가 하락했을 때 해당 주식에 투자하는 것도 좋은 전략일 수 있기 때문이다.

매출액증가율은 당해연도만 봐서는 의미 있는 분석을 하기 어렵다. 즉, 여러 연도에 걸쳐 추세를 확인해야 한다. 경기에 민감한 업종은 해마다 매출액의 변동이 크기 때문에 한 해의 매출액증가율만 가지고 투자 의사결정을 한다면 손실을 볼 가능성이 크다. 최소한 5년 정도의 매출액증가율 수치를 파악해야 합리적인 의사결정을 할 수 있다.

매출액증가율이 지속적으로 증가세라면 그 기업에 투자해 수익률을 늘려 나갈 수 있다. 하지만 지속적인 하락세에 있다면 산업 전체가 쇠퇴하는 경우에 해당할 수도 있으니 투자에 주의해야 한다. 보통 매출액증가율은 물가상승률과 비교하는 것이 적절한데, 최소한 물가상승률보다는 높은 매출액증가율을 기록하는 기업에 투자해야 할 것이다.

다음은 셀트리온의 매출액증가율을 연도별로 나타낸 것이다.

* 단위 : 억원, %, %p, 배   * 분기 : 순액기준

항목	2012/12 (IFRS연결)	2013/12 (IFRS연결)	2014/12 (IFRS연결)	2015/12 (IFRS연결)	2016/12 (IFRS연결)	전년대비 (YoY)
매출액증가율	25.50	-35.41	108.24	28.10	11.13	-16.97

재미있는 것은 매출액증가율이 2013년 108.24%를 달성해 물가상승률보다 100% 이상이었고, 이후 2015년 28.1%, 2016년 11.13%로 둔화되었지만 2017년에는 약 50% 정도를 예상하면서 지속적으로 높은 매출액증가율에 힘입어 주가도 상승했다. 우리나라 물가상승률이 4%라는 것을 감안하면 이보다 높은 매출액증가율을 기록하는 종목은 성장주라고 할 수 있다.

영업이익증가율 분석

영업이익증가율은 전기에 비해서 영업이익의 증가 추세가 어떤지를 보여주는 지표다. 영업이익증가율이 양수(+)라면 영업이익이 증가하는 추세이므로 기업가치와 주가가 성장할 가능성이 있다. 영업이익은 조금만 변형하면 기업의 현금흐름이기 때문이다.

$$영업이익증가율 = \frac{당기영업이익 - 전기영업이익}{전기영업이익}$$

기업은 영업레버리지(고정비효과) 때문에 매출액증가율보다 영업이익증가율의 변동이 크다. 특히 고정비가 큰 설비산업의 경우 감가상각비 때문에 다른 업종보다 그 변동이 크다. 따라서 매출액증가율보다 영업이익증가율이 훨씬 커야 정상적인 영업활동을 하고 있는 것이다.

만약 영업이익증가율이 비슷하다면 매출액 증가 추세에 비례해서 영업비용도 함께 증가하는 것이므로 기업의 비용효율성이 많이 낮아지고 있다는 것을 뜻한다. 이 경우 경영진의 관리능력이 저하되고 있다는 신호이므로 투자를 미루는 것이 현명하다.

영업이익은 기업의 영업활동과 관련된 직접비와 간접비를 차감하기 전 수익인 매출액보다 해당 비즈니스의 본질적 수익성을 잘 반영한 지표다. 따라서 영업이익증가율은 매출액증가율보다 기업의 계속적인 성장률을 확인하는 데 유용한 지표라 할 수 있다.

순이익증가율 분석

순이익증가율은 당기순이익이 전기순이익보다 얼마나 증가 추세에 있는지를 보여준다. 순이익은 주주에게 배당가능이익으로 귀속되는 이익인 만큼 주가에 큰 영향을 미치는 요소다. 따라서 순이익증가율이 클수록 주가가 상승할 가능성이 크다고 보면 된다. 그리고 주가가 상승할 가능성이 높다는 것은 그만큼 기업의 성장성이 높다고 풀이할 수 있다.

$$당기순이익증가율 = \frac{당기순이익 - 전기순이익}{전기순이익}$$

만약 매출액과 영업이익증가율은 양수(+)로 지속적으로 성장하는데 순이익증가율은 정체되어 있거나 음수(-)를 보인다면 이는 영업외손익의 영향이 분명하다. 보통 영업외손익은 이자비용이나 법인세비용, 기타 우발적인 손실에 영향을 받는다. 특별한 사항이 있는지 분석해보고 경영 과정에서 지속적으로 영업외손실이 우려된다면 해당 기업에 투자하지 않는 것이 타당하다.

한편, 당기순이익증가율이 음수(-)여도 당기에만 일시적으로 영업외손실이 발생한 것이라면 앞으로의 성장 가능성을 긍정적으로 평가할 수 있다. 따라서 다른 비율과 계정과목을 잘 살펴봐야 한다.

90 총자산증가율 분석

총자산증가율은 당기말 총자산이 전기말 총자산보다 얼마나 증가했는지 그 추세를 나타내는 지표다. 총자산은 기업 전체의 규모와 기업가치를 대변하는 요소다. 총자산증가율은 기업 자체가 얼마나 성장하고 있는지를 보여준다고 할 수 있다.

$$총자산증가율 = \frac{기말총자산 - 기초총자산}{기초총자산}$$

총자산은 자기자본과 부채로 이루어져 있다. 자기자본의 증가로 총자산이 성장하는 것이라면 긍정적인 현상이다. 주주의 몫이 커진다는 것은 곧 주가가 상승할 가능성이 크다는 것이기 때문이다. 반면 부채의 증가로 총자산증가율이 높아지는 현상은 바람직하지 않다. 채무자의 몫이 커져 결국 주가가 하락할 수도 있기 때문이다.

총자산에는 기업의 영업활동에 사용하는 영업자산과 영업활동과 무관하게 보유하는 비영업자산이 포함된다. 영업자산의 증가는 매출액과 영업이익을 성장시키는 요인으로서 바람직하다.

그런데 비영업자산에는 성격에 따라 전혀 수익을 내지 않은 무수익자산도 있는데, 이는 일종의 비용이라고 볼 수 있다. 무수익자산의 비중이 크면 주가에 좋은 영향을 주지 못하고, 결국 주가하락의 원인이 될 수도 있다. 따라서 총자산증가율이 높더라도 무수익자산의 증가율이 더 높다면 그 주식에는 투자하지 않는 것이 좋을 수도 있다. 물론 주가가 기업의 내재적 성장성을 모두 반영하는 것은 아니지만 말이다.

91 유형자산증가율 분석

유형자산증가율은 당기말 유형자산이 전기말 유형자산보다 얼마나 증가하고 있는지 그 추세를 나타내는 지표다. 유형자산은 서비스업을 제외한 대부분의 업종에서 수익성의 기초가 되는 자산이므로 유형자산증가율이 높다는 것은 투자를 많이 한다는 것을 뜻한다. 즉, 미래에 기업의 성장이 예상되고 경연진의 의지가 확실하다는 것을 보여준다.

$$유형자산증가율 = \frac{기말유형자산 - 기초유형자산}{기초유형자산}$$

기업은 수익성이 있는 시장에 진입해 이후 수익을 더 창출하고자 할 때 유형자산에 대한 투자를 확대한다. 이는 유형자산증가율의 양수(+)로 증명된다. 새 공장을 증설하거나 기계설비에 투자하는 등 캐파^{capacity}를 늘리는 것은 기업의 성장잠재력에 대한 기업가의 확신 때문이다. 이 때문에 부채도 증가한다면 조금 위험하지만, 유상증자 등을 통해 대주주의 지분율이 늘면서 유형자산증가율이 양수(+)를 보인다면 긍정적으로 해석하는 것이 타당하다.

그런데 유형자산증가율이 높아진다고 해서 무조건 바람직한 것만은 아니다. 기업의 수익창출에 기여하는 생산설비 같은 유형자산의 증가는 생산성 향상에 기여해 기업의 성장에 긍정적 영향을 주겠지만, 반대로 수익창출에 기여하지 않는 유형자산의 증가는 오히려 기업의 경쟁력을 약화시킬 수 있기 때문이다.

<참고> **한국은행의 2008년 금융위기 당시의 기업경영 분석**

한국은행이 전국의 30만 6,131개 기업(모집단) 가운데 표본으로 추린 7,097개 기업의 결산자료를 분석해 20일 발표한 '2008년 기업경영 분석(잠정)' 자료는 우리나라 기업의 현주소를 보여준다.

알맹이 빠진 매출·자산 증가

매출액과 자산규모 성장세는 단연 두드러졌다. 지난해 전체 산업 매출액은 2007년에 견주어 19.1%나 늘어나 95년(21.2%) 이후 가장 높은 증가율을 기록했다. 2007년(9.5%)보다 두 배 높은 성장세다. 특히 제조업 매출 증가율은 20.8%로 87년(22.6%) 이후 가장 높았다. 기업이 보유한 총자산 규모도 1년 새 16%나 늘어나 통계가 작성된 2002년 이후 최고 수준을 보였다. 한마디로 우리나라 기업의 덩치가 훨씬 커진 것이다.

하지만 그 속내를 들여다보면 알맹이가 빠진 외형 성장에 그쳤다는 게 바로 드러난다. 실제로 유형자산증가율은 14.%로 2007년(4.9%)의 3배가 넘었지만, 이 가운데 정작 생산능력과 관련된 기계설비 증가율은 2007년 3.1%에서 지난해에는 2.8%로 오히려 낮아졌다. 제조업의 경우 하락폭(3.2%→1.9%)이 더 컸다. 이와는 반대로 유형자산 중에서도 토지 및 건물 증가율은 자산재평가에 따른 자산가치 증가 등에 힘입어 2007년 4.1%에서 지난해 17.7%로 크게 높아졌다.

# 자기자본증가율 분석

자기자본증가율은 당기 말 자기자본이 전기 말 자기자본보다 얼마나 증가하는지 그 추세를 나타내는 지표다. 자기자본은 주주의 몫이므로 그 증가율이 크다는 것은 주가가 상승할 가능성도 크다는 것을 뜻한다. 즉, 자기자본증가율이 클수록 주가는 빠르게 성장할 것이다.

$$자기자본증가율 = \frac{기말자본 - 기초자본}{기초자본}$$

물론 주식수가 빠르게 증가하면 그만큼 주가는 증가하지 않을 수도 있다. 따라서 자본항목 내부적으로도 이익잉여금이나 기타자본요소가 증가해 자기자본증가율이 증가한다면 곧 주가가 상승하리라는 것을 알 수 있지만, 자본금과 자본잉여금이 증가해 자기자본증가율이 높아졌다면 추가증자로 인한 물타기 효과 때문에 오히려 주가가 하락할 수도 있다는 데 유의해야 한다.

자기자본증가율을 감소시키는 대표적인 활동이 자사주매입이나 유상감자라고 할 수 있는데, 효과에 대해서는 전문가들마다 의견이 다르다.

자사주매입은 상법상 자본(자산총액-부채총액)에서 자본잉여금과 이익잉여금의 일부분을 제외하면 배당가능이익 한도 내에서만 실시할 수 있고 일정기간 매도가 제한된다. 즉, 무제한적으로 자사주매입을 할 수 없을뿐더러 법적으로도 감자 요건만큼 자사주매입 요건도 엄격하다. 다만 단기적으로는 주가변동을 이끄는 효과가 있다.

주식수 감소로 인한 부수적 효과인 주당이익EPS 증가, 이익의 질적 향상, 대주주 주식매각 제한으로 인한 주식시장에서의 신뢰성 향상, 신호효과로 인한 추가물량의 매수에 따른 주가상승 효과 등이 발생할 수 있다. 그 결과 단기적으로 주가부양이 이루어질 수 있다. 다만 아주 예외적이기는 하나 배당가능이익의 감소로 배당이 줄어들어 그 반대의 결과가 일어나기도 한다.

기업이 추가 투자에 사용할 자금을 자사주매입에 사용한다면 추가 투자 유인이 없다는 신호로 해석돼 기업의 수익전망이 나빠질 수도 있고, 반대로 기업의 현금여력이나 유동성이 좋은 것으로 해석될 수도 있다. 따라서 기업의 업종이나 상황에 따라서 해석을 달리해야 하지만, 시장에서는 자사주매입이 주가에 긍정적인 신호로 작용해 주가를 상승시키는 것이 더 일반적이다.

자사주매입의 효과를 예측할 때 반드시 살펴봐야 할 것이 손익구조다. 손익의 레버리지(고정비가 많이 발생할수록 손익의 변동성이 커지는 구조)에 따라 시장이 불황일 때 고정비 투자가 많은 기업이 자사주를 매입하는 경우 현금여력이 부족한데 고정비를 부담해야 해서 일시적으로 손익에 악영향을 미칠 수 있기 때문이다. 이와 같이 특이한 상황에서는 주가가 폭락하는 경우도 있으므로 주의해야 한다.

93 EPS 분석

EPS$^{\text{Earning Per Share}}$, 주당순이익은 당기순이익을 발행주식수로 나누어 계산한다. 즉, 보통주 주식 한 주당 당기순이익이 얼마인지를 나타내는 주당 가치비율이다.

$$EPS(주당순이익) = \frac{보통주당기순이익}{유통보통주식수}$$

기업의 주가를 주당순이익으로 나누면 PER가 나오는데 이는 뒤에서 소개하겠다. EPS는 주식 한 주에 귀속되는 주주의 몫을 나타내므로 그 증가 추세를 분석하면 주가의 추세를 간접적으로 예상할 수 있다.

주당순이익은 당기순이익의 크기뿐만 아니라 발행 주식수에도 큰 영향을 받는다. 이때 발행 주식수만 증가시키는 신주인수권부사채의 행사나 전환사채의 행사는 주당순이익을 희석시켜 주식가치에 부정적 영향을 미칠 수 있다. 반대로 무상감자를 통해 주식수가 감소하면 주당순이익이 증가해 주식가치에 긍정적인 영향을 미치게 된다.

다음은 네이버 금융에서 OCI 종목을 검색했을 때 나오는 화면이다. 보통 주가와 함께 보여주는 다양한 정보에는 EPS가 포함된다.

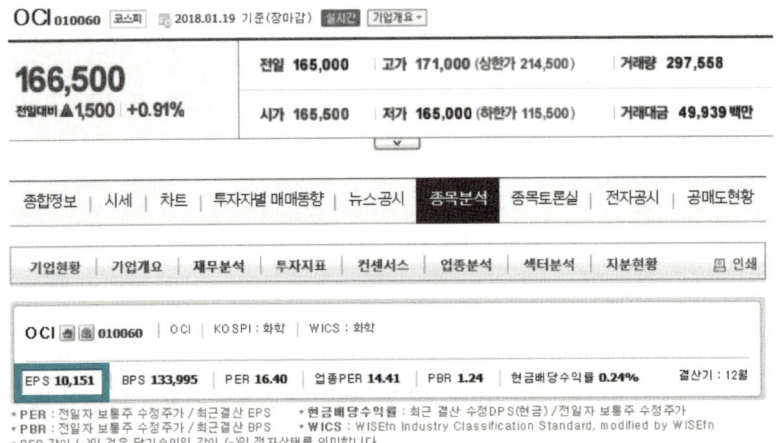

주당순이익EPS은 네이버 금융이나 에프앤가이드 등의 주식정보 사이트에서 기본적으로 공시되는 정보다. 손익계산서상에서는 당기순이익 아래에 주식 한 주당 순이익의 개념으로 공시된다. 주당순이익은 주식 한 주에 귀속되는 당기순이익의 개념이므로 배당을 가늠해볼 수 있는 좋은 지표다.

주당순이익은 당기순이익이 증가하면 자연스럽게 증가하는 지표이며, 분모 항목인 유통보통주식수를 감소시켜도 증가한다. 유통보통주식수를 감소시키는 방법으로는 유상감자 또는 자사주매입이 있는데, 이는 주당순이익을 증가시킬지는 모르지만 현금유출을 통해 자본이 감소하는 결과를 초래할 수 있으니 해석에 유의해야 한다.

94 BPS 분석

BPS ^{Book-value Per Share}, 주당 장부가치는 재무상태표상 자산에서 부채를 차감한 잔여지분인 자본을 발행주식수로 나눠 계산하는 지표다. 한 주당 장부가 기준으로 자본이 얼마나 되는지를 나타낸다. 이는 장부가 기준의 주가라고 볼 수 있다. 시간가치 기준의 주가를 주당 장부가치로 나누면 PBR이 나오는데, 이는 뒤에서 설명하겠다.

$$BPS(주당\ 장부가치) = \frac{장부상자기자본}{발행주식수}$$

주당 장부가치는 발행주식수에 영향을 많이 받는다. 주식수가 늘수록 주당 장부가치는 감소하게 되어 있다. 주당 장부가치는 해당 기업의 순자산이 지속적으로 성장하는지를 파악하기 위해 전기와 금액을 비교하는 것이 중요하다. 매기 증가하는 추세라면 주가가 상승하고 있다는 뜻이며, 시장에서 장부가치보다는 해당 종목에 대한 관심이 높다는 것을 보여준다.

주당 장부가치도 주식투자 관련 사이트에서 어느 종목을 검색하든 가장 먼저 나타나는 지표다.

관심종목인 OCI의 경우 1주당 순자산의 장부가치인 BPS는 133,995원인데, 현재 주가는 166,500원으로 장부가치보다 다소 높게 형성돼 있다. 이는 OCI가 장부에 기장된 가치보다 시장에서 높이 평가받고 있다는 것을 뜻한다.

95 PER 분석

PER ^{Price Earning Ratio}, 주가이익비율은 주가를 주당순이익으로 나누어 계산한 값이다. 이는 현재 주가가 현재 이익에 대비한 적정주가보다 과대평가되어 있는지, 과소평가되었는지를 알 수 있게 하는 지표다.

$$\text{PER(주가이익비율)} = \frac{\text{주식의 시장가치}}{\text{주당순이익(EPS)}}$$

주가이익비율은 주가를 추정할 때 많이 사용한다. 해당 기업의 PER를 계산해 전년 PER보다 높으면 과대평가되었다고 해석하거나, 업종평균의 PER와 비교해 높으면 과대평가된 것으로 판단할 수 있다. 이렇게 고PER 주식은 되도록 투자하지 않는 것이 유리하고, 저PER 주식은 시장에 비해 과소평가된 주식이므로 투자하는 것이 좋다.

일시적으로 기업에서 영업외이익이 발생하거나 영업외비용이 감소해 당기순이익이 높아진 경우에 PER가 급락할 수도 있는데, 이렇게 저PER가 된 경우 섣불리 투자를 하면 오히려 손해를 볼 수도 있으니 주의해야 한다. 이를 방지하기 위해서는 다른 재무비율 분석과 함께 검토하는 것이 좋다.

〈참고〉 **금리와 PER를 통한 투자 타이밍 잡기**

일반적으로 금리는 주가와 역의 관계에 있다. 즉, 금리가 높으면 안전자산인 예적금의 수익률이 높기 때문에 굳이 주식시장에 투자할 이유가 없다. 이런 상황에서 주식은 위험도 높고 예적금보다 수익률도 낮기 때문이다. 1997년 IMF 외환위기가 닥치면서 금리가 20%를 상회했기 때문에 주식시장의 자금규모는 협소했다. 투자자들이 금리가 높은 은행으로 몰렸기 때문이다.

그러나 1999년 이후 금리가 10% 아래로 떨어지기 시작하면서 자금이 주식시장으로 유입되기 시작했다. 금리가 하락하면 은행의 이자소득에 만족하지 못하는 투자자들이 증권시장으로 몰리게 되어 있다. 금리가 낮으면 주식시장의 호황이 예상되므로 금리에 주목하는 것이 당연하다. 전체 주가지수가 상승하면 자신이 투자한 종목의 주가도 덩달아 오를 것이기 때문이다.

금리와 관련해서는 다양한 이론이 있지만, 가장 많이 쓰는 것이 PER와 금리를 비교하는 모형이다. PER는 기업의 순이익 대비 주가가 얼마나 되는지를 나타내는 비율이다. PER를 보면 많은 의미를 발견할 수 있다. 투자자가 해당 종목에 투자한 금액인 주가를 회수하기 위해 매년 주당순이익이 발생하는데, 이런 관점에서 보면 주가를 순이익으로 회수하는 데 걸리는 기간으로 해석되기도 한다. PER가 20이라는 말은 해당 종목의 주가를 순이익으로 회수하려면 20년이 걸린다는 의미다.

한편, 1/PER도 큰 의미가 있다. 1/PER는 주당순이익/주가다. 주식에 투자하면 얼마의 이익을 창출하는지를 나타내는 지표이며, 주식에 투자하면 누릴 수 있는 수익률이라 볼 수도 있다. 이러한 1/PER는 시중의 금리와 비교돼 주식투자가 유리한지 채권이나 예적금에 투자하는 것이 유리한지를 알려준다.

1/PER가 5%이고 금리가 2%라면 주식에 투자하는 것이 수익률이 더 크다는 것을 알 수 있다. 따라서 주식에 투자하는 투자자가 늘어날 것이고 주식시장은 상승세를 보일 것이다. 반대로 1/PER가 5%인데 금리가 20%라면 당연히 예적금에 투자하는 것이 이익이다. 만약 1/PER가 5%이고 금리도 5%라면 위험이 덜한 예적금에 투자하는 것이 유리하다.

이와 같이 PER를 보면 주식시장이 어느 방향으로 움직일지 예측할 수 있다. 저PER 주식에 투자하면 향후 주가가 상승하리라 예상할 수 있고, 고PER주는 주가가 하락할 가능성이 그만큼 크다. 초보투자자는 PER가 낮을 때 투자해야 한다는 것을 반드시 기억해야 한다. 그리고 1/PER가 금리보다 크면 주식시장에 투자자로 들어가는 것이 좋다.

96　PBR 분석

PBR^{Price Book-value Ratio}, 주가장부가비율은 주가를 주당 순자산 장부가치로 나누어 구하며, 이는 현재 주가수준이 순자산 장부가치에 비해서 고평가되었는지 저평가되었는지를 나타내는 지표다.

$$PBR(\text{주가장부가비율}) = \frac{\text{주식의 시장가치}}{\text{주당 장부가치}(BPS)}$$

여기서 순자산 장부가치란 재무상태표상의 총자산에서 총부채를 차감한 가치로서 기업이 해산할 때 주주에게 분배할 금액을 뜻한다.

PBR가 낮으면 주가가 기업의 1주당 순자산가치보다 저평가되었다고 판단한다. 주가장부가비율^{PBR}은 기업의 정태적인 면을 반영하고, 주가이익비율^{PER}은 기업의 동태적인 부분을 반영하므로 두 지표가 상호보완 관계에 있다.

PBR가 1.0 이상이면 장부가 대비 과대평가된 것이므로 투자할 때 신중해야 한다. 최근 국제회계기준이 도입되면서 공정가치 평가가 확대되어 PBR는 과거보다 1.0에 가까워졌다. 따라서 PBR가 1.0보다 훨씬 큰 경우 그 주식에는 투자하지 않는 것이 현명하다.

과거에는 PBR가 주식투자에서 의미 있는 수치로 작용했지만, 현대 4차 산업혁명시대에는 PBR의 중요성이 크게 낮아졌다. 최근 기업의 형태가 다양화하면서 토지나 설비를 갖추지 않고 영업활동을 하는 기업이 늘어나고 있으며, 기업의 장부상 유형자산의 가치보다는 장부에 기재되지 않은 무형자산의 가치가 커지고 있기 때문이다.

이런 점에서 PBR는 PER가 고평가된 상태에서 거품이 있는지 검토할 때만 참고적으로 사용할 뿐이다. 그래도 아직 철강, 건설, 증권, 조선 등 전통적인 분야에서는 PBR로 저평가 여부를 검토하는 것이 의미가 있다.

EV/EBITDA 비율 분석

EV/EBITDA 비율은 증권가에서 기업가치를 평가할 때 흔히 사용하는 비율이다. 이 비율은 인수자가 지불할 기업가치인 EV(시가총액 + 순부채의 시장가치)를 EBITDA(이자와 법인세, 감가상각비 차감 전의 순이익)로 나눈 비율이다. 이 비율은 시장에서 평가되는 기업의 가치를 추정할 때 유용하다. 분모는 기업의 수익성이고 분자는 기업의 시장가치이기 때문에 기업의 수익성 대비 기업의 시장가치를 나타낸다.

$$\text{EV/EBITDA 비율} = \frac{EV}{EVITDA}$$

분자인 EV를 시가총액과 순부채를 더해 구하는 이유는 기업을 매수할 때 기업의 시장가치와 함께 기업이 차입한 부채까지 떠안아야 하기 때문이다. 또한 EBITDA는 영업이익[EBIT]에 감가상각비를 더해 구할 수도 있고, 매출액에서 매출원가와 현금유출비용만 따로 차감해서 구할 수도 있다.

이때 감가상각비는 기업의 영업활동에 사용하기 위해 취득한 유형자산 또는 무형자산을 매기 일정한 방법으로 비용화한 항목으로 현금유출이 없는 비용이다. EBITDA는 EBIT에 감가상각비를 더해 구하므로 현금유출입이 있는 수익비용만 고려한 영업이익이라고 볼 수 있다. 즉, 영업현금흐름의 대용치로 적합하다.

EV/EBITDA 비율이 1이면 1년간 기업에서 창출한 영업이익 또는 영업현금흐름으로 해당 기업을 인수하는 것이 가능하다는 의미다. 그리고 만약 EV/EBITDA 비율이 5라면 영업이익으로 5년은 걸려야 이 기업을 인수할 수 있다는 이야기가 된다. 따라서 EV/EBITDA가 낮을수록 기업의 수익창출력보다 기업가치가 낮게 평가돼 있다는 것이므로 매력적인 인수대상 기업이라고 볼 수 있다.

이 비율은 주식투자에도 유용하게 활용할 수 있다. EV/EBITDA가 낮은 기업의 주식은 저평가된 주식일 가능성이 크기 때문에 매수하면 좋다.

98 배당 지표 총정리

배당성향

$$배당성향 = \frac{배당금총액}{당기순이익}$$

'배당'은 기업이 일정기간 동안 벌어들인 당기순이익을 사내에 유보하지 않고 주주들에게 지급하는 것을 말한다. 주주총회를 거쳐 지급하는 '배당금'은 주주에 대한 회사의 이익분여금이라 볼 수 있다.

배당을 얼마나 주는지를 보여주는 대표적 비율이 배당성향이다. 즉, 배당성향은 당기순이익 가운데 현금으로 지급한 배당금 총액의 비율을 말한다. 이는 다른 용어로 '배당지급률'이라고도 한다. 만약 당기순이익이 100만 원인데 주주총회를 거쳐 배당금으로 50만 원이 지급되었다면 배당성향은 50%가 된다.

배당성향이 클수록 당기순이익에서 배당금으로 지급되는 부분이 높아지기 때문에 재무구조 악화의 원인이 되기도 한다. 반대로 배당성향이 낮으면 사내유보율이 높아지는데, 이는 다음번에 주식배당이나 현금배당의 재원인 미처분이익잉여금이 늘어난 것을 의미한다. 이는 다른 의미로 사내유보금을 통한 재투자 여력도 증가했다는 의미다.

그런데 배당성향이 크다고 해서 나쁜 것만은 아니다. 배당성향이 크면 그만큼 주주의 입장에서는 현금으로 받는 이익이 늘어 주식의 매력도가 상승하고 그에 따라 주가에 긍정적인 영향을 줄 수도 있다.

사내유보율

$$사내유보율 = \frac{사내유보금(당기순이익 - 배당금)}{당기순이익}$$

사내유보금은 당기순이익에서 배당금으로 주주에게 주고 회사 내부에 남은 금액을 뜻한다. 이 사내유보금이 당기순이익에서 차지하는 비율이 사내유보율인데, 이는 '1-배당성향'으로도 구할 수 있다. 만약 당기순이익이 100만 원인데 40만 원을 배당으로 지급했다면 60만 원은 사내유보금이 되고, 사내유보율은 60%가 된다. 사내유보율이 높을수록 재투자할 재원이 많아진다는 뜻이다.

사내유보율은 일반적으로 기업의 성장을 위한 투자가 많이 필요한 고성장기업에서 다소 높게 나타난다. 이런 기업의 배당성향은 낮은데, 성장 후 안정기업에 돌입하면 사내유보율보다는 배당성향이 늘어나게 된다.

배당률

$$배당률 = \frac{주당배당금}{액면가}$$

배당률은 액면가 대비 배당금의 비율이다. 주식 액면가에 비해 배당을 얼마나 지급하는지를 알려준다는 점에서 주식에 대한 순배당수익률을 알려주는 유용한 지표다. 여기서 주식의 액면가는 주식의 순가치라 할 수 있다. 주식의 액면가는 쉽게 변하지 않기 때문에 다른 지표보다 안정적으로 배당금의 수준을 나타낸다. 이때 주식의 액면병합과 액면분할로 액면가가 변하면 배당률이 높아지거나 낮아지는 경향이 있다.

배당수익률

$$배당수익률 = \frac{주당배당금}{주식의 시장가치}$$

배당수익률은 주식의 액면가가 아니라 시장가치에 비해 주당배당금이 얼마인가를 나타내는 비율로 '시가배당수익률'이라고도 한다. 만약 시장에서 주가가 10만 원이고 주당배당금이 5,000원이라면 배당수익률은 5%가 된다.

배당수익률은 배당으로 얻게 되는 실질적 수익률을 알려주는 지표다. 현재 시장의 주가를 기준으로 배당수익률이 10%라면 지금 해당 주식에 투자했을 때 실질수익률이 세전 10%라고 말할 수 있다. 다만, 주당배당금은 전년도 배당을 기준으로 하므로 이 배당금이 유지된다는 보장은 없다.

배당수익률이 높다는 것은 배당금이 높거나 주식의 시장가치가 낮기 때문이므로, 배당수익률이 높은 주식에 투자할 경우 저평가된 주식일 가능성이 크다. 따라서 배당수익률이 높은 주식에 투자하면 시세차익을 볼 가능성이 그만큼 큰 것이다.

절대로 사면 안 되는 종목

가끔 주식시장에 상장된 기업에 심각한 결함이 있어 상장폐지 되는 경우가 있다. 상장폐지란 증시에 상장된 주식이 매매대상으로 자격이 없어 상장이 취소되는 것을 말한다.

주식이 상장폐지 되면 비상장주식이 거래되는 사이트에서 매도자와 매수자가 개별적으로 거래를 해야 한다. 대부분 상장폐지가 된 주식은 주가가 의미 없는 휴지조각이 된다. 주가가 높은 종목도 상장폐지 요건에 해당되면 상장폐지가 될 수 있으므로 이런 징후가 있는 종목은 투자 시 각별히 주의해야 한다.

금융감독원에서 상장폐지가 된 기업을 대상으로 조사해 그 징후를 밝히고 있는데, 다음에 열거한 내용에 해당하는 기업의 주식에는 절대 투자하면 안 될 것이다.

경영권 변동이 잦은 종목

경영권이 자주 변동되는 것은 상장폐지의 전조증상이다. 조사에 따르면 상장폐지 기업 가운데 최대주주가 2회 이상 변경되었거나 대표이사가 2회 이상 변경된 기업이 절반 가까이 되었다. 이러한 기업들은 경영진의 안정적·지속적인 경영을 기대할 수 없는 상태였다. 경영권이 바뀐 이유 가운데 배임과 횡령이 큰 이유로 꼽힌 것을 보면 경영권 변동이 잦은 종목의 심각성을 알 수 있다.

주된 사업이 자주 바뀌는 종목

목적사업이 수시로 바뀌는 경우에는 상장폐지를 의심해보아야 한다. 상장폐지 기업의 절반 정도가 목적사업을 변경했으며, 이 가운데 상당수는 기존 사업과 전혀 관계없는 사업을 추가하기도 했다. 보통 중심적인 사업 분야를 벗어나서 신규사업을 벌이는 것은 커다란 영업위험을 수반하므로 이런 징후를 유심히 볼 필요가 있다.

지분법 손실이나 단일 거래처 비중이 큰 기업 종목

상장폐지 기업의 상당수가 다른 법인에 출자하는 비중이 컸으며, 단일 거래처 공급계약 체결 비중이 크고 공시정정 횟수도 잦았다. 부실징후 가운데 하나는 기업이 다른 회사의 주식을 과도하게 많이 가지고 있는 경우다. 타 회사의 지분을 20%가 넘게 가지고 있고, 지분법손실 등을 통해 순이익을 악화시키는 기업은 상장폐지 가능성이 크다고 볼 수 있다.

게다가 특정 거래처와의 단일계약 비중이 매출액의 대부분을 차지하고 공시정정 횟수도 많았다면 거래의 실질을 의심해봐야 한다. 거래처가 부실해질 경우 해당 기업도 망할 가능성이 크다.

감사보고서에 특기사항이 기재된 종목

상장폐지 직전 사업연도의 감사보고서에 특기사항이 기재된 기업이 80%를 넘었다. 여기서 감사보고서란 공인회계사인 감사인이 기업의 재무제표가 적정하게 작성되었는지 감사한 결과를 공시한 보고서를 말한다. 이는 금융감독원 전자공시시스템에서 검색할 수 있다. 여기서 특기사항은 이를테면 '계속기업 가정의 불확실성'과 같이 기업의 존속 자체가 불투명하다는 의견처럼 위험한 상황이라는 것을 알리는 사항을 말한다.

> 〈참고〉 **금리와 PER를 통한 투자 타이밍 잡기**
>
> 1. 2년 연속 감사보고서상 감사의견이 감사범위 제한 한정인 경우
> 2. 최근 사업연도 사업보고서상 자본금 전액 잠식
> 3. 자본금 50% 이상 잠식 2년 연속
> 4. 일반주주수 200명 미만 2년 연속
> 5. 지분율 10% 미만 2년 연속. 다만, 200만 이상인 경우 해당되지 않는 것으로 간주
> 6. 2반기 연속 반기 월평균거래량이 유동주식수의 1% 미만
> 7. 2년 연속 사외이사수 미달 또는 감사위원회 미설치 등
> 8. 2년 연속 매출액 50억 미만
> 9. 회생절차 기각, 취소, 불인가 등
> 10. 기업의 계속성 등 상장법인으로서의 적격성이 인정되지 않는 경우(상장적격성 실질심사)
> 11. 최종부도 또는 은행거래정지
> 12. 법률에 따른 해산사유 발생
> 13. 주식양도에 제한을 두는 경우

재무제표를 활용한 가치투자 시 유의사항

가치투자는 상당한 내공이 필요하다. 가치투자에 대해 제대로 알고 싶으면 먼저 공부를 많이 해야 한다. 이 책에서 다룬 회계지식과 재무제표 분석, 재무비율 분석은 기본이고 가치투자를 전문으로 하는 교육이나 인터넷 동호회에 가입해서 활동해볼 것을 추천한다. 아무런 공부 없이 투자해서 성공할 확률은 복권을 사서 1등에 당첨될 확률과 같다.

가치투자와 가치주

가치투자는 가치주$^{value\ stock}$를 발굴하고 이에 투자해서 장기적으로 고수익을 올리는 워런 버핏식 투자전략이다. 여기서 가치주는 현재 기업의 경영성과와 재무상태에 비해 상대적으로 시장에서 저평가된 주식을 말한다. 가치주는 증시가 불안정하고 경제상황이 급변하는 시기에 훨씬 큰 수익을 얻을 수 있는 주식이다.

가치주는 다른 주식에 비해서 경기변동의 영향을 덜 받기 때문에 상대적으로 안정적이며, 미래에 꾸준히 가치가 상승하기 때문에 장기적으로는 예금이나 적금보다 훨씬 큰 수익을 가져다준다. 우리나라에서는 2001년 코스닥 붕괴나 금융위기마다 가치주가 투자자들의 관심을 받았다.

옛날에는 가치투자라고 하면 기업의 재무상태를 보고 건실한 기업에 잘 투자하는 정도로만 생각했지만, 지금은 망하지 않기 위한 최선의 투자전략으로 급부상했다. 최근에는 가치투자와 더불어 주주에게 고배당을 주는 기업의 고배당주, 절대로 망하지 않는 대마불사주 등으로 투자 형태도 다양해지고 있다.

가치투자를 하는 방법

우리에게 고수익을 보장해주는 가치주를 찾으려면 앞에서 다뤘던 재무제표 분석을 활용해야 한다. 예를 들어 주가수익비율인 PER가 낮으면서도 기업의 잠재적 내재가치가 높은 기업을 찾고 그 주식에 장기적으로 투자하는 것이 한 방법이다. 하지만 이런 투자도 산업 전체가 사양화되어 있으면 통하지 않는 맹점이 있다. 따라서 업종이나 산업이 발전하고 있는지, 미래의 '신성장동력'인지까지 확인하고 이 기법을 이용해 투자하면 금상첨화일 것이다.

기업의 가치는 여러 가지의 재무적 특성으로 결정된다. 먼저 기업의 수익성을 통해 창출되는 현금흐름과 현재 보유하고 있는 자산의 수준, 부채를 얼마나 쓰고 있는지에 따른 리스크 등 여러 가지 요소로 기업가치가 달라질 수 있으므로 한 가지 재무제표 항목만 가지고 투자하면 낭패를 볼 수 있다. 따라서 가치주를 발굴하려면 기본적으로 PER·PBR·PCR를 통해 저평가 여부를 파악하고, EPS·SPS·CPS가 지속적으로 성장하는 추세인지를 검토하면서 재무제표상에 기업의 위험요인이 없는지를 동시에 검토해야 한다.

가치투자의 블랙홀, 가치함정!

재무제표를 활용한 가치투자가 만능이라고 생각하는 사람도 많다. 물론 재무제표를 이용해 분석적으로 투자에 접근하는 것이 다른 투자기법보다는 상대적으로 안전하다. 그리고 장기적으로 보면 수익이 날 가능성도 커지는 것이 사실이다. 그러나 가치투자에도 아킬레스건이 있다. 케인스가 말한 유동성함정(이자율이 더 이상 떨어지지 않는 블랙홀 같은 구간)처럼 '가치함정'에 빠질 위험이 있다는 점이다.

가치함정은 시장상황보다 재무제표 분석을 통해 살펴본 주식의 가치가 저평가돼 있어서 매수를 했는데 몇 년이 지나도 가치가 오르지 않는 경우다. 변함없이 저평가되어 있는 주식이 이런 함정에 빠진 주식이다.

가치투자는 장기간에 걸쳐 저평가된 주식 또는 성장잠재력이 있는 주식을 보유하는 전략이다. 그렇기 때문에 장기간에 걸쳐 가치가 오르지 않으면 투자자로서는 난감할 수밖에 없다. 이런 상황은 의외로 흔히 발생한다. 가치투자의 대가 워런 버핏도 2006년부터 테스코 주식에 가치투자를 했지만 2014년까지 주가가 오르지 않았고, 회계부정 스캔들이 터지면서 최악의 투자를 했다는 것을 시인한 바 있다.

가치함정 빠져나가기

가치함정에 빠지면 몇 년 동안 주가가 오르지 않는다. 그런데 희한하게 재무제표 분석을 하면 항상 저평가로 나온다. 이럴 때는 먼저 가치함정에 빠졌는지 의심해보아야 한다. 자신의 분석에는 오류가 없다고 고집을 부릴 것이 아니라 오류를 인정하고 새로운 해결책을 모색해야 하는 것이다.

재무제표는 만능이 아니다. 기업의 여러 가지 의사결정 결과가 재무제표에 반영되지 않고 은폐된 경우도 상당히 많다. 물론 회계부정이나 분식회계의 경우에는 범죄에 해당하지만, 범죄 수준이 아니더라도 재무제표에 기록되지 않은 잠재적 리스크가 생각보다 많다는 것을 염두에 둬야 한다.

일반적으로 가치투자를 잘하는 사람일수록 자신이 분석한 지표의 관계가 옳다고 맹신하는 경우가 많다. 그 판단이 옳으면 다행이지만, 5년이 지나도 그 판단을 고집한다면 절대로 가치함정에서 빠져나올 수 없다. 오히려 매도시기를 놓쳐서 손해를 볼 수 있다. 따라서 가치함정이라고 판단되면 원인을 조사해보고 빠져나갈 전략을 강구해야 한다.

워런 버핏은 이런 상태에 직면했을 때 이를 해결하는 전략으로 분산투자를 추천한다. 자신이 투자한 주식이 무조건 성공할 수는 없다. 그렇기 때문에 자금을 다른 가치주에 적절히 분산해서 투자하는 지혜가 필요하다. 만약 지금 투자한 주식의 주가가 오르지 않고 있다면 일부는 매도하고 다른 가치주를 발굴해서 적절히 분산투자를 할 필요가 있다.